Vidéo numérique POUR LES NULS

4e édition

Vidéo numérique POUR LES NULS

4e édition

Keith Underdahl

FIRST
> Interactive

Vidéo numérique pour les Nuls

Titre de l'édition originale : Digital Video For Dummies
Publié par Wiley Publishing, Inc.
111 River Street
Hoboken, NJ 07030-5774
USA

Edition française publiée en accord avec Wiley Publishing, Inc.
© 2008 Éditions First
2 ter rue des Chantiers
75005 Paris - France
Tél. 01 45 49 60 00
Fax 01 45 49 60 01
E-mail : firstinfo@efirst.com
Web : www.efirst.com
ISBN : 978-2-7540-0942-3
Dépôt légal : 3e trimestre 2008

Collection dirigée par Jean-Pierre Cano
Edition : Pierre Chauvot
Maquette et mise en page : Edouard Chauvot
Traduction : Philip Escartin

Imprimé en France

Sommaire

Introduction

Scénario 1 : Ah ! quelle scène admirable ! Imaginez des milliers de gens qui filment frénétiquement avec un caméscope numérique ou qui montent de la vidéo numérique sur leur ordinateur en faisant preuve d'une riche créativité. C'est beau, grand et bucolique !

Bon, c'est bien beau tout cela, mais permettez-moi de vous poser une petite question : que faites-vous avec ce livre en main alors que vous pourriez filmer et monter comme le font tous ces gens ? À mon avis, vous êtes très fin. Vous vous demandez sûrement à quoi rime tout ce battage autour de la vidéo numérique, surtout depuis qu'elle se pavane en haute définition ! Votre expérience vous a appris que la connaissance mène à la réussite. Et vous voulez en savoir plus – enfin, un peu plus... – pour tirer le maximum du matériel que vous avez acheté. C'est très intelligent.

Scénario 2 : Vous venez d'acheter un caméscope numérique SD ou HD et vous avez un ordinateur équipé d'un logiciel de montage non linéaire. Félicitations ! Mais c'est quoi ces petites perles de sueur ? Et ce cœur qui bat plus vite que la normale ? Je ne voudrais pas trop m'avancer, mais c'est peut-être parce que vous vous demandez par où commencer...

Prenez d'abord une grande inspiration. Vous vous sentirez déjà mieux. Car après tout, vous n'avez pas pris de mauvaises décisions. En fait, vous avez même très bien fait en choisissant de faire de la vidéo numérique. Vous éprouvez des sensations normales, celles de toute personne ayant un peu de jugeote et qui vient de franchir le pas ; il faut maintenant acquérir les bases qui feront de vous un vidéaste numérique ! L'image numérique c'est l'ouverture vers de nouveaux supports. A l'heure du développement incroyable du DVD (et sous peu en haute définition... excusez du peu), que diriez-vous de monter vos films de vacances et de famille, de les graver sur un disque, puis de les regarder sur votre téléviseur en insérant cette galette dans votre lecteur DVD de salon ? Vous ne pensez pas que cela est à votre portée. Eh bien, toute la suite de ce livre vous démontrera le contraire.

Au sujet de cet ouvrage

Un bon film en vidéo numérique résulte d'une succession de bonnes décisions. Ce livre vous indiquera lesquelles. Vous n'avez besoin d'aucune expérience préalable. Il vous faut seulement un brin de curiosité et le désir d'y prendre du plaisir.

La vidéo numérique pour les Nuls vous explique comment :

- Filmer et enregistrer de la vidéo standard ou haute définition.
- Capturer vos vidéos SD ou HD sur votre disque dur que vous utiliserez comme un véritable magnétoscope numérique qui, par définition, ne dégrade pas la qualité d'images.
- Monter les séquences vidéo capturées. Généralement, le programme qui en permet la capture en permet aussi le montage.
- Agrémenter la vidéo avec des graphismes et du son.
- Éditer et monter la vidéo avec iMovie, Windows Movie Maker (sous Windows Vista), Pinnacle Studio 11 et Premiere Pro CS3.
- Transférer le produit fini sur une bande magnétique, sur un CD-ROM, un DVD, ou sur le Web.

Vous découvrirez les types d'équipement et de matériel qui vous seront nécessaires pour démarrer dans la vidéo numérique, ainsi que bon nombre de trucs et astuces. Quand vous serez arrivé au bout de ce livre, vous saurez faire mieux que filmer ce qui passe à portée de la caméra. Vous serez capable de produire des *vidéos d'une qualité digne des professionnels.* Vous saurez créer des graphismes, faire de l'animation et effectuer des montages non linéaires (oui, je sais, vous ne savez même pas ce qu'est un montage linéaire, mais cette lacune sera comblée dans quelques pages). Vous aurez appris comment produire de la vidéo susceptible d'être diffusée sur bande magnétique, un DVD vidéo (ou sa déclinaison sur VCD et SVCD), un CD-ROM ou sur l'Internet.

Les conventions utilisées dans ce livre

La vidéo numérique pour les Nuls est un ouvrage en recherche constante d'efficacité. Par conséquent, nous utilisons certaines conventions pour accélérer ou faciliter l'exécution de certaines procédures et vous permettre de mieux identifier des propos précis.

- Les noms de fichiers ou les lignes de code informatiques auront cet aspect : `CECI` ou `ceci`. Ce style d'impression indique des termes que vous devez saisir à la virgule près.
- Les adresses Internet auront cet aspect : `www.efirst.com`. Nous vous épargnons le sacro-saint `http://` qui précède la saisie de toute adresse Web dans la mesure où les navigateurs modernes les saisissent à votre place.
- Les termes séparés par une barre indiquent une succession de commandes. Par exemple : dans Fichier/Imprimer, il faut d'abord cliquer sur le menu Fichier puis, dans le menu qui s'ouvre, sur la commande Imprimer.
- Vous utiliserez la souris sans compter. Parfois, il vous sera demandé de cliquer sur un élément pour le sélectionner. Cela signifie strictement que vous devez cliquer *une fois* et pas *deux*. Par défaut, nous présumons que vous cliquez avec *le bouton gauche de la souris* parce que vous être droitier, et que vous travaillez sous Windows (les souris Macintosh n'ont qu'un seul bouton). Parfois, nous vous indiquerons de cliquer *deux fois,* c'est-à-dire d'effectuer un *double-clic*. Cette opération consiste à

appuyer rapidement deux fois sur le bouton gauche de la souris utilisée sous Windows.

Suppositions hasardeuses

Tous les exercices de ce livre sont basés sur le fait que vous utilisez le système d'exploitation Windows Vista voire XP sur votre PC ou OS X sur un Macintosh.

Je présume également que vous êtes un utilisateur intermédiaire. Vous savez utiliser un ordinateur mais certains aspects vous échappent. La vidéo numérique en fait partie. Mais vous n'êtes pas aussi nul que vous en avez l'air. Par exemple, vous savez copier, coller, déplacer des fichiers d'un dossier à un autre, et déambuler sans encombre dans le ou les disques durs de votre système informatique. Vous savez également ouvrir et fermer des programmes, exécuter des tâches, et enfin utiliser un ordinateur dont le système d'exploitation est Windows (de préférence Vista) ou Mac OS, de préférence OS X.

Je suppose également que vous n'avez aucune connaissance des logiciels de montage virtuel, ou du moins qu'après quelques balbutiements dans Windows Movie Maker ou iMovie, vous avez décidé que ce type de travail n'était pas fait pour vous. Je présume donc que vous avez fait une erreur de jugement et qu'à la lecture de cet ouvrage bien des choses vont évoluer dans votre esprit buté ou votre manque de confiance. Croyez-moi, après quelques essais simples, vous comprendrez que les films de famille qui barbent tout le monde le dimanche après-midi vont devenir des productions sympathiques, rythmées, et créées avec un talent qui s'affirmera au fur et à mesure que vous gagnerez en confiance et en connaissance du programme sur lequel s'est porté votre dévolu.

Comment ce livre est organisé

Cet ouvrage est divisé en cinq parties. Chacune regroupe des chapitres, tous consacrés à un même thème concernant la vidéo numérique. Dans chaque chapitre, vous trouverez ce qu'il vous faut pour débuter dans la réalisation et le montage des films vidéo.

Vous n'êtes pas obligé de lire tous les chapitres de ce livre. Chacun est en effet indépendant des autres. Mais je pense que vous apprécierez l'organisation globale de l'ouvrage. Lisez ce livre comme vous l'entendez car après tout, c'est vous le maître.

Les pictogrammes utilisés dans ce livre

Souvenez-vous bien de ce qui figure dans cet encadré car c'est important.

Ce pictogramme indique une astuce qui vous fera gagner du temps.

Suggère avec délicatesse que l'avenir du monde et de l'humanité laborieuse dépend de ce que vous allez faire. En fait, ce pictogramme se contente d'attirer votre attention sur les risques que présente telle ou telle action ou manipulation.

Et maintenant...

La vidéo numérique est un art basé sur la logique et le bon sens. Rien n'y est arbitraire ou incompréhensible. Allez de l'avant, ne vous retournez jamais. Je vous retrouve bientôt dans ces pages...

Première partie

Un panorama de la vidéo numérique

"Saisissant ton travelling !"

Dans cette partie...

Les chapitres qui suivent donnent une vue d'ensemble de la création audiovisuelle et soulignent les changements révolutionnaires apportés par la vidéo numérique avec, aujourd'hui, la montée en puissance de la vidéo "amateur" haute définition.

Chapitre 1

Pleins feux sur la vidéo numérique

Dans ce chapitre :

- Les formats de la vidéo numérique.
- La haute définition HD
- Comparer les méthodes de montage de la vidéo numérique.
- Les logiciels de création vidéo.
- Utiliser (légalement) le matériel créé par autrui.

La *vidéo numérique* se rapporte à deux notions bien distinctes : d'une part l'image filmée avec un caméscope numérique standard (SD) ou HD, et d'autre part l'image capturée avec un ordinateur. La *capture* est une procédure exécutée par l'ordinateur – au travers d'une carte d'acquisition ou d'une simple prise IEEE1394 (FireWire ou encore iLink) – pour convertir de la vidéo en fichier informatique. Dans ce livre, le terme "vidéo numérique" est utilisé dans ces deux sens ; vous y apprendrez à utiliser un caméscope et à transformer votre ordinateur en studio de montage vidéo.

Les formats d'enregistrement

Avant l'avènement de la vidéo numérique, la qualité de la vidéo dépendait étroitement du pouvoir d'achat. Pour une production présentable, il fallait acquérir un équipement onéreux et assez conséquent. Il y avait un monde entre ce que l'on pouvait obtenir avec un caméscope et la qualité dite *broadcast* (diffusion) des professionnels. La vidéo numérique a complètement changé cette donne, sauf avec l'avènement de la haute définition qui, avouons-le, s'adresse encore à un public de privilégiés. En effet, acheter un caméscope HD n'est pas suffisant pour profiter pleinement de cette merveilleuse innovation technologique. C'est tout votre parc audiovisuel que vous devez renouveler. Cependant, force est de constater que les caméscopes HD grand public d'aujourd'hui coûtent moins cher que les premiers caméscopes numériques standard de la fin des années 90.

Le format de stockage le plus courant, en vidéo numérique, est le MiniDV. Le format MiniDV est relativement peu coûteux, facile à manier et il fournit une image de grande qualité. Il est concurrencé par deux autres formats :

- **Digital8**, également appelé *D8*. Certains caméscopes fabriqués par Sony enregistrent la vidéo sur une bande Hi8 ; ces bandes sont en vente partout et sont moins chères que les bandes des caméscopes numériques. (Quoique aujourd'hui, si vous êtes un adepte de l'e-commerce, vous trouverez de nombreux sites qui vendent des cassettes MiniDV à des prix défiant toute concurrence.) Les caméscopes Digital8 peuvent utiliser les bandes 8mm et Hi8 de votre ancien caméscope analogique. La vidéo numérique exige plus d'espace de stockage, de sorte qu'une bande Hi8 supposée contenir 120 minutes de vidéo analogique ne pourra en fait enregistrer que 60 minutes en numérique.
- **DVD-RW** (*Digital Versatile Disc ReWritable*, DVD réinscriptible). De nombreux caméscopes sont équipés d'un lecteur DVD-RW intégré. Ils sont de ce fait très compacts. Ils peuvent enregistrer jusqu'à 30 minutes de vidéo en qualité DVD.
- **HDD** Certains caméscopes, et je dirais même de plus en plus de caméscopes embarquent un disque dur de plus ou moins grande capacité. Donc, ne vous méprenez pas. Lorsque vous lisez l'acronyme HDD sur un caméscope, vous n'avez pas forcément affaire à un caméscope haute définition, c'est-à-dire HD. HDD signifie Hard Disk Drive,

c'est-à-dire Lecteur de disque dur. Cela signifie que vous n'utilisez plus de cassettes. Vous pouvez généralement stocker de 7 à 14 heures de vidéo sur un disque dur. L'autre avantage, bien qu'il existe aussi des inconvénients dévoilés dans la section traitant des caméscopes HD, est que vous n'avez plus à effectuer la capture de vos images. En effet, le caméscope est identifié par l'ordinateur comme un disque dur externe. Il suffit alors de copier le fichier vidéo sur le disque.

Les cartes mémoires permettent à des caméscopes d'enregistrer les vidéos sur des cartes dont la capacité de stockage grand public est assez limitée. Il n'y a qu'avec des caméscopes professionnels ou semi-professionnels HD que des cartes performantes sont disponibles. Restreints à une utilisation purement amateur, ces caméscopes sont plus des gadgets qu'autre chose. La qualité d'enregistrement ne saurait rivaliser avec la qualité DV des cassettes numériques. En effet, la faible capacité de stockage des cartes mémoires induit une compression au format MPEG-4. Il sera alors très difficile pour l'amateur que vous êtes de pouvoir monter vos films de famille comme vous aviez l'habitude d'y procéder avec votre bon vieux caméscope VHS-C.

Les hybrides ne sont pas des formats de stockage à proprement parler. Il s'agit en réalité d'une nouvelle race de caméscopes qui disposent à la fois d'un disque dur et d'un graveur/lecteur de DVD Blu-ray. Vous filmez en enregistrant sur le disque dur, puis vous copiez vos films directement sur disque Blu-ray afin de les lire sur un téléviseur HD Ready ou Full HD. La Figure 1.1 montre le premier caméscope Hitachi hybride DZ-BD7HE. Le disque dur permet d'enregistrer jusqu'à 4 heures d'images en full HD. Vous pourrez copier tout ou partie de ce contenu sur un DVD Blu-ray de 8 cm (capacité de stockage 7,5 Go contre 25 Go pour 12 cm, bien entendu incompatible avec ces caméscopes) pour lire et partager très rapidement vos œuvres. La limite ? Le montage virtuel qui ne semble pas vraiment à l'ordre du jour, et l'incompatibilité avec le format concurrent HD DVD.

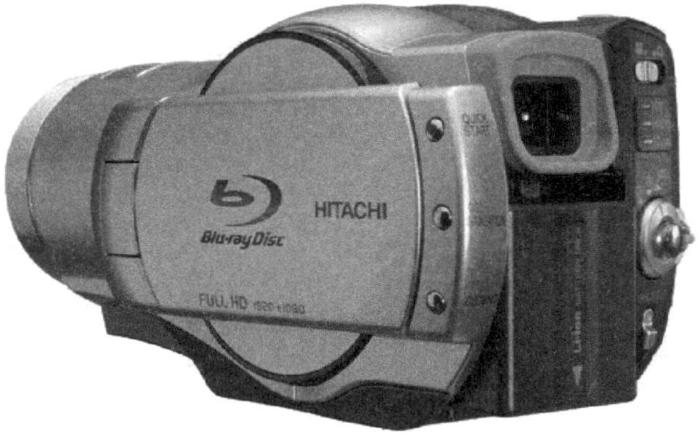

Figure 1.1 : Caméscope hybride HDD et Blu-ray.

N'OUBLIEZ PAS

Ces caméscopes hybrides ne sont pas l'exclusivité de la HD. Vous en trouverez au format DVD standard. Vous pouvez enregistrer jusqu'à 23 heures de vidéo sur un disque dur de 30 Go. Ensuite, vous pouvez copier tout ou partie de vos films sur un DVD inséré dans le caméscope.

Les professionnels ont utilisé pendant des années un format appelé Betacam SP. Quasiment tous les reportages diffusés à la télévision étaient filmés en Betacam, un équipement très coûteux. Aujourd'hui, la plupart de ces professionnels se sont convertis à la vidéo numérique en utilisant un format professionnel appelé le Beta Numérique.

A cela nous devons aujourd'hui ajouter un autre format d'enregistrement qui va supplanter, auprès du grand public et des professionnels, puis probablement dans la production cinématographique, le format HD. La section suivante dévoile la haute définition, présente les formats HD des caméscopes, et explique les avantages et les inconvénients de la HD et/ou de tel type de caméscope par rapport à tel autre.

La haute définition ou HD

Oui, la haute définition est partout. En êtes-vous si sûr ? Certes, à grand renfort de publicité, toutes les grandes marques de télévision veulent faire entrer la haute définition dans votre salon que ce soit sous forme Full HD ou HD Ready. Mais voilà, ce n'est pas parce que vous achetez une TV HD Ready ou Full HD qu'elle va instantanément délivrer de plus belles images que votre téléviseur à tube cathodique qui vous a servi fidèlement pendant de nombreuses années les mêmes images que vous allez maintenant regarder sur votre TV HD. Et là, ça fait mal. En effet, les TV HD, et surtout Full HD n'ont aucune tolérance aux défauts des images. Or, pour le moment, ni le réseau hertzien traditionnel, ni la TNT ne diffusent des émissions en HD. Alors vous êtes déçu car les images hertziennes sont assez moches, disons-le, sur un écran HD Ready ou Full HD. Pour que ces TV donnent le meilleur d'elles-mêmes, il faut les alimenter en haute définition. La TV par câble et satellite commence à y venir, les nouvelles consoles de jeux comme la PS3 et la Xbox gèrent l'une le Blu-ray l'autre le HD-DVD (formats concurrents), et les premiers DVD HD Blu-ray ou HD DVD font leur apparition aussi bien à la vente qu'à la location.

Mais dans tout cela, où en est la vidéo numérique de papa ? Pour bien répondre à cette question, il vous faut comprendre ce qu'est la HD afin de bien acheter, à terme, le caméscope qui convient.

Qu'est-ce que la HD ?

La haute définition est un nouveau format d'image vidéo. Pour simplifier, disons que la qualité des images HD est bien meilleure que celle des images SD du fait d'une résolution plus grande. Jusqu'à présent, la vidéo PAL (celle que nous utilisons en Europe) présentait (et présente encore) 576 lignes de détail. Les images vidéo ont une dimension de 720 x 576 pixels, c'est-à-dire pas terrible. Pourtant, nous nous en contentons.

De son côté, la haute définition explose le standard qualitatif en proposant plusieurs types de résolution allant de 720 à 1080 lignes. Mais là où c'est encore plus fort, c'est que chacune de ces lignes permet d'afficher de 1280 à 1920 pixels. L'image est plus nette, donc plus détaillée etc., etc. Il suffit d'ailleurs de mettre l'une à côté de l'autre une TV diffusant un DVD standard et une autre diffusant un DVD HD ou Blu-ray de type Full HD pour être époustouflé.

En matière de TVHD on distingue deux résolutions : 1080i et 720p. Quelle est la différence entre les deux ? En 1080i, l'image vidéo est d'une résolution dite Full HD c'est-à-dire de 1920 x 1080 pixels, tandis qu'en 720p nous sommes dans une résolution dite HD Ready de 1280 x 720. Que devez-vous en déduire ? Que pour profiter des images les plus détaillées, donc de la "vraie" HD, il faut une TV dont la dalle affiche 1920 x 1080 pixels, en d'autres termes une TV Full HD.

A quoi peut bien vous servir cette explication ? Probablement à acheter une télévision haute définition en fonction du caméscope HD que vous comptez vous offrir, et non pas acheter un caméscope en fonction de la TV que vous avez achetée. Ah ! Vous n'y aviez pas pensé ?! Heureusement que je suis ici pour penser à votre place !

Les caméscopes HD

Il se livre dans ce domaine une lutte acharnée dont le consommateur sera probablement la victime. Vous savez, ou peut-être pas d'ailleurs, que l'enjeu actuel de la haute définition n'est pas le système lui-même. Je veux dire ici qu'une TV HD ou qu'un caméscope HD gérera, en fonction de son électronique interne, un format d'image qui sera HD Ready ou Full HD.

J'utilise volontairement la terminologie HD Ready et Full HD car c'est probablement celle que comprend le mieux le consommateur, donc le lecteur. En soi, ces appellations ne correspondent pas à un format d'image HD, mais plus simplement à la résolution de la matrice (ou dalle) des téléviseurs HD.

La lutte se fait au niveau de la suprématie du support de diffusion DVD. Deux formats sont en concurrence : le Blu-ray de Sony, et le DVD HD de quelques autres.

Dans l'absolu, vous pourriez parfaitement ignorer cette lutte commerciale. Mais voilà, elle risque de conditionner l'achat de votre caméscope HD. Je vais tenter d'être clair. Depuis que vous faites de la vidéo, ou depuis que vous avez l'intention d'en faire, votre objectif est assez simple et vous le revendiquez : "Je veux monter mes films et les graver sur DVD". Jusqu'à présent, il n'y avait pas de problème. Vous filmiez en MiniDV par exemple, capturiez le contenu de votre bande sur le disque dur, effectuiez un montage, et graviez le résultat sur un DVD compatible avec la majorité des lecteurs de DVD actuels. Avec le DVD SD il n'y avait pas de problème de standard.

Je pourrais dire qu'il en est ainsi de la HD si vous ne visez pas un support particulier. Si vous choisissez un caméscope HD enregistrant sur bande (MiniDV par exemple), vous aurez vos images en Full HD (en fonction des caractéristiques de votre caméscope). Donc, vous pourrez capturer via une prise IEEE1394 le contenu de cette bande sur le disque dur de votre ordinateur, et effectuer un montage dans un logiciel supportant la HD. Mais ensuite, qu'allez-vous faire ? Une copie sur une bande MiniDV au format HD ou bien graver un DVD haute définition ? Comment ? Ben oui, le DVD vous tente. Toutefois lequel ? Le Blu-ray ou le DVD-HD ? Bien malin qui pourrait répondre aujourd'hui. Le marché du DVD haute définition débute. La prudence pousserait à dire au lecteur d'investir dans un caméscope neutre, c'est-à-dire qui, de facto se contente de filmer en HD sans se soucier du support DVD de destination. Il sera alors temps de choisir quand un standard se développera ou quand apparaîtront sur le marché les premiers graveurs informatiques compatibles Blu-ray et DVD-HD. En ce qui concerne votre TV, pas de souci. Elle se moque de savoir si les images proviennent d'un Blu-ray ou d'un DVD-HD. Elle ne fait que délivrer des images en haute définition transitant par sa prise HDMI, c'est-à-dire la péritel numérique.

À côté des caméscopes enregistrant sur bande vidéo MiniDV, il existe des modèles qui ont pris parti soit pour le Blu-ray, soit pour le DVD-HD. Si vous vous orientez vers l'un de ces modèles, sachez que vous prenez un risque, celui d'une potentielle incompatibilité si l'un des deux formats concurrents l'emporte.

Sony a développé un format propriétaire appelé AVCHD. Les caméscopes, sur le papier, sont séduisants. Mais là, point d'enregistrement sur bande. Vous n'aurez que des caméscopes à disque dur, carte mémoire, et DVD... mais le DVD est compatible Blu-ray, ce qui limite son usage à la PS3, au lecteur DVD intégré du caméscope, ou tout autre lecteur Blu-ray. Il est possible de récupérer le fichier vidéo AVCHD pour en faire le montage dans un programme comme Pinnacle Studio 11 sur PC.

Comme expliqué plus haut dans ce chapitre, Hitachi propose des caméscopes Blu-ray hybrides. L'enregistrement se fait en HD sur disque dur, et le contenu peut ensuite être gravé sur Blu-ray directement avec le graveur de la caméra. Là encore, vous êtes prisonnier du Blu-ray.

Dans l'absolu, l'utilisateur qui désire faire du montage virtuel s'orientera vers un caméscope HD à cassettes. En effet, il pourra capturer ses images, et lorsque le standard des disques HD sera défini (Blu-ray ou DVD-HD), il pourra encoder le contenu HD dans le support de son choix. Si les deux systèmes coexistent, il y a fort à parier que les génies du numérique inventeront un graveur capable, par logiciel interposé, de créer des DVD-Ray ou DVD-HD.

Le problème de l'achat du caméscope HD peut donc facilement être résolu. Se pose alors une question légitime : "Est-il nécessaire de passer à la HD ?" La HD a des avantages et des inconvénients présentés dans la prochaine section.

Avantages et inconvénients de la HD

Tôt ou tard vous passerez à la HD. Pourquoi ?

- Si votre caméscope MiniDV ou autre tombe en panne, vous allez probablement investir dans nouveau modèle HD.
- Parce que vous avez une TVHD et que vous désirez avoir de plus belles vidéos souvenirs numériques.
- Parce qu'il sera bientôt impossible de trouver autre chose que des caméscopes HD.

Psychologiquement, il y a plus d'inconvénients que d'avantages dans la HD. Le seul avantage est la qualité de l'image en 1080i (et même 720p). Le 720p délivre une HD de moins bonne définition que le 1080i. En revanche, les caméscopes limités à ce format sont bien meilleur marché.

Les inconvénients quant à eux sont légion :

- Le matériel est coûteux surtout dans le haut de gamme (de 300 à plusieurs milliers d'euros).

- Investir dans un caméscope HD n'a d'intérêt que si toute la chaîne audiovisuelle de votre domicile est en HD : lecteur Blu-ray ou DVD-HD, télévision HD ou Full HD.
- Ceux qui envisagent d'effectuer du montage en HD doivent disposer d'un ordinateur puissant, d'une carte graphique de course, de logiciels compatibles.
- Graver en HD coûte cher. Les graveurs au meilleur prix dépassent les 200 euros.
- L'interrogation sur le support DVD reste entière. Faut-il opter pour un graveur Blu-ray ou DVD-HD ? Personne aujourd'hui ne sait si un des deux supports va l'emporter sur l'autre.
- Un DVD Blu-ray ou HD vierge coûte cher. Environ 16 euros pour un 25 Go et 30 euros pour un 50 Go. En revanche, les disques DVD-HD sont vendus moins de 10 euros, mais ne présentent qu'une capacité de stockage de 15 Go.

Bien entendu, il y aurait beaucoup d'autres choses à dire sur la haute définition. Mais je rappelle que l'objet de ce livre est la vidéo numérique, donc limitons-nous à ce propos. J'espère simplement que les considérations problématiques de la HD du fait d'un standard de diffusion sur disque encore incertain vous auront tout de même permis d'identifier les quelques pièges à éviter lors de votre migration de la vidéo numérique SD à la vidéo numérique HD.

Le montage linéaire et non linéaire

La réalisation vidéo n'est âgée que d'une trentaine d'années. Et pendant une grande partie de ce temps, elle fut essentiellement *linéaire*. Le terme "linéaire" se rapporte à la manière dont le montage s'effectuait d'une machine vers une autre. Le montage machine-machine ne pouvait être fait que séquentiellement ; un segment vidéo était recopié sur la bande magnétique, suivi par un autre et ainsi de suite. En cas d'erreur, il fallait reprendre tout le montage à partir du point où celle-ci s'était produite.

La résistance à la multigénération

Que la vidéo soit enregistrée de façon analogique ou numérique, elle connaîtra de multiples générations. Une vidéo présentable, qui n'est pas dégradée, se caractérise par une excellente *capacité de survie à la multigénération.* En production vidéo, la multigénération est une recopie successive, par duplication ou par montage. Avant la vidéo numérique, la multigénération était synonyme de machines nombreuses et de multiples phases d'enregistrement.

Avant d'arriver à la phase de distribution finale, une production vidéo originale – qu'il s'agisse d'un programme télévisé ou d'un film de formation produit par une entreprise – avait connu au moins trois générations. Comme vous l'imaginez, les séquences tournées avec du matériel haut de gamme comme la Betacam SP pâtissaient moins du passage d'une génération à une autre que les séquences tournées avec du matériel à bas prix comme le S-VHS.

Voici une brève description des diverses générations que connaît une séquence vidéo :

- Première génération : La séquence est filmée par une caméra et un magnétoscope, ou par un caméscope. La bande magnétique est ensuite visionnée sur un magnétoscope.
- Deuxième génération : Des parties de la vidéo sont sélectionnées puis montées sur une autre bande. Parfois, un deuxième magnétoscope est utilisé, où la séquence A s'atténue pour laisser apparaître la séquence B (au cas où vous ne le sauriez pas, cette alternance de séquences est appelée "A/B roll"). Quel que soit le nombre de magnétoscopes utilisés, la bande magnétique qui en résulte est appelée "bande de deuxième génération".
- Troisième génération ("épreuve" ou produit fini) : La vidéo nécessite souvent quelques interventions supplémentaires, comme l'ajout d'une musique d'accompagnement ou de graphismes spéciaux. La bande de deuxième génération est placée dans le magnétoscope ; le son et les graphismes additionnels sont mixés et ajoutés sur une troisième bande.
- Quatrième génération (épreuve de duplication) : Pour préserver la bande de troisième génération de tout risque d'accident, une copie en est faite. La bande de troisième génération est mise en lieu sûr.
- Cinquième génération (copie de distribution) : Cette génération concerne toutes les copies faites à partir de la cassette de quatrième génération. Ces copies sont vendues aux clients.

La vidéo numérique a considérablement modifié les conséquences des générations multiples. Il est désormais possible, avec un seul ordinateur, d'effectuer plusieurs copies successives d'une vidéo sans rien perdre de sa qualité. À partir d'un exemplaire maître – ou *master* – vous pouvez produire d'innombrables exemplaires que vous enregistrez sur une bande vidéo DV ou MiniDV, sur une bande VHS ou S-VHS (attention car vous retournez vers l'analogique), que vous gravez sur CD-R/RW, que vous publiez sur le Web, et le meilleur... que vous pouvez graver sur un DVD-R/RW lisible par la majorité des lecteurs DVD de salon fabriqués depuis début 2002. Le coût de l'équipement permettant de réaliser pareille prouesse numérique est ridicule comparé aux investissements nécessaires en analogique, un format loin de vous donner la qualité aujourd'hui légitimement exigée en numérique.

Imaginez ce que c'était de faire du montage linéaire heure après heure en plaçant interminablement une séquence après une autre. En cas d'erreur, il fallait supprimer une partie du film, c'est-à-dire tout ce qui était postérieur à la modification.

Le *montage non linéaire* (l'édition vidéo informatisée) a changé tout cela. Ce terme est un synonyme de "montage virtuel", c'est-à-dire du montage effectué sur un ordinateur. Pour revenir à une scène, il suffit de remonter en arrière sur la ligne de temps du logiciel de montage. Que vous utilisiez Windows Movie Maker, Apple iMovie, Apple Final Cut Pro, Pinnacle Studio 11 ou Adobe Premiere Pro CS3 (à qui nous consacrons une partie de cet ouvrage avec exercice de capture, montage et diffusion), un seul ordinateur suffit pour tout faire ! L'édition non linéaire permet de modifier la vidéo autant de fois que vous le désirez, dans n'importe quel ordre, un peu comme un texte modifié dans un programme de traitement de texte.

En 1998, Adobe Systems lança Premiere 5.0, un puissant logiciel de montage non linéaire pour Windows 95/98/NT et pour Mac qui a démocratisé la vidéo numérique de grande qualité. En l'an 2000, Apple a ajouté dans le système d'exploitation de son iMac un logiciel de création audiovisuelle iMovie (vous ferez connaissance avec lui au Chapitre 11). Cette même année, Microsoft a répliqué en incluant Movie Maker dans son système d'exploitation Windows Millennium Edition

(Windows Me), et que l'on retrouve avec quelques améliorations dans la mouture XP de Windows. Movie Maker sous Windows Vista est l'objet du Chapitre 10.

Les logiciels de publication

Enfin et surtout, les logiciels de publication sont venus assister la vidéo numérique semi-professionnelle. Ils permettent de :

- Poster de la vidéo sur le Web.
- L'envoyer sous forme d'un e-mail.
- L'incorporer dans une présentation PowerPoint.
- La transférer sur une bande vidéo.
- La graver sur CD-R/RW.
- La graver sur DVD-R/RW.
- En extraire des images fixes (photogrammes) pour l'impression.

Les logiciels de publication permettent d'utiliser des applications spécialisées pour créer notamment des graphismes de haute qualité et des effets spéciaux pour la vidéo.

Utiliser des vidéos et des sons préexistants

Ce n'est pas parce qu'aucune mention de droit d'auteur ou de copyright ne figure sur un document que vous pouvez vous l'approprier. En France et dans de nombreux pays, toute œuvre est protégée *dès le moment de sa création* et elle ne peut être utilisée sans l'accord *écrit* de l'auteur, que ce soit à titre onéreux, mais aussi gratuit (la loi ne fait pas la différence).

Si vous voulez incorporer des films, des photographies et du son réalisés par quelqu'un d'autre que vous, vous devez vous adresser à des agences d'illustration. Attention aux documents soi-disant "libres de droit" que l'on trouve sur des CD-ROM de magazines spécialisés. Ils ne peuvent être utilisés que dans un cadre personnel (vidéos projetées dans le cercle familial).

Chapitre 2

Présentation d'un caméscope numérique

Dans ce chapitre :

- Acheter un caméscope selon votre budget.
- Les principaux éléments d'un caméscope.
- Évaluer les fonctionnalités d'un caméscope.

Les caméscopes numériques SD ou HD utilisent majoritairement la technologie IEEE 1394 (FireWire ou encore iLink [terminologie de chez Sony]) qui permet de transférer de la vidéo directement dans l'ordinateur sans aucune perte de qualité visuelle ou sonore. Ce livre est écrit à l'intention de lecteurs qui envisagent d'acquérir un caméscope ou qui en possèdent déjà un.

Ce chapitre est divisé en deux parties. Dans la première, j'explique les différentes parties d'un caméscope. Dans la seconde, je fais le tour de ses diverses fonctionnalités.

Les types de caméscopes numériques

Il y a encore peu de temps, il n'y avait que deux types de caméscopes numériques : MiniDV et Digital8. Tous deux enregistraient la vidéo en qualité DV, c'est-à-dire un format à très faible compression permettant d'obtenir des images de grande qualité pour un format grand public. Ajoutez à cela que ce format était et reste compatible avec les programmes de montage virtuel. En d'autres termes, le format DV était le format par excellence de tous ceux qui voulaient créer de véritables films en utilisant un ordinateur comme structure de post-production vidéo.

Depuis quelques temps, le format DV n'est plus l'apanage de l'enregistrement en temps réel des images. De facto, la bande vidéo, c'est-à-dire la bonne vieille cassette, tend à être remplacée par des disques durs, des DVD, ou encore des cartes mémoires. L'avènement de la haute définition a accéléré ce processus.

Voyons les différents types de caméscopes disponibles aujourd'hui aussi bien en SD qu'en HD.

Les caméscopes SD ou HD à cassette

TRUC

SD signifie Standard Definition ce qui identifie une résolution d'enregistrement de 720 x 576. *HD* signifie High Definition (haute définition) et enregistre, quand elle est le format 1080i, dans une résolution de 1920 x 1080, c'est-à-dire la meilleure qualité HD connue à ce jour.

Qu'il s'agisse d'un caméscope SD ou HD, vous trouverez sur le marché des modèles qui enregistrent sur cassettes vidéo. La plus répandue reste la MiniDV. En effet, la majorité des caméscopes HD utilisant des bandes vidéo enregistrent directement sur des MiniDV. La grande différence avec un caméscope DV est que vous enregistrez moins longtemps, mais dans une qualité bien supérieure.

Voici deux caméscopes utilisant des cassettes MiniDV. Un est au format SD et l'autre au format HD :

- Le Sony DCR-HC47E, représenté à la Figure 2.1, est un caméscope SD équipé d'un objectif Carl Zeiss, fabricant réputé d'objectifs en tout genre s'il en est. Il dispose d'un zoom optique 25 fois, pouvant monter jusqu'à 200 fois en numérique (gare à la dégradation de l'image !). Son écran LCD est tactile ce qui facilite, donc accélère, la configuration de l'appareil. Il dispose de la traditionnelle sortie vidéo ILink, c'est-à-dire IEEE1394 (FireWire) petit format permettant de connecter le caméscope à la prise idoine d'un ordinateur pour capturer le contenu des bandes, puis réaliser un montage dans un logiciel approprié comme Windows Movie Maker, Apple iMovie, Pinnacle Studio 11, Apple Final Cut Pro, ou encore Premiere Pro CS3. Ce caméscope fait office d'appareil photo numérique de 1 mégapixel enregistrant les images sur carte mémoire Memory Stick. Enfin, une sortie USB permet de l'asservir en tant que webcam. Appareil d'excellente qualité, vous le trouverez au prix moyen de 300 euros.

Figure 2.1 : Un caméscope MiniDV classique au format SD, c'est-à-dire 720 x 576 pixels.

TRUC

N'oubliez jamais que le nombre de mégapixels affiché par un caméscope SD ne signifie pas que les images vidéo seront de meilleure qualité. Non ! Ces mégapixels ne doivent être pris en compte que pour la fonction appareil photo numérique de la caméra. Alors ne vous laissez pas griser par ces chiffres surtout si, par ailleurs, vous possédez un appareil photo numérique de bonne facture.

- Le caméscope Canon HV-20 est un caméscope HD (haute définition) enregistrant sur bande MiniDV (Figure 2.2). Il propose la pleine résolution HD 1080i, mais aussi l'enregistrement progressif de type cinéma 25p. Il dispose d'un stabilisateur d'image optique à large plage de fréquence et d'un système d'autofocus instantané. Ce caméscope est équipé d'une prise HDMI (prise péritel numérique) qui assure son raccordement à tout téléviseur LCD ou Plasma doté de cette connectique numérique. Ainsi, la lecture des vidéos directement depuis ce caméscope se fera entièrement de numérique à numérique. L'image restera donc excellente car ne subissant aucun transcodage. Le Canon HV 20 est équipé d'un capteur CMOS Full HD de 2,96 mégapixels pour une résolution d'image de 1920 x 1080, c'est-à-dire le fameux Full HD. Il est également équipé d'une entrée micro. Vous pourrez aussi le connecter à un ordinateur via sa prise DV (c'est-à-dire iLink) afin de capturer et de monter en HD en utilisant un logiciel approprié. Ce superbe caméscope a un coût moyen de 750 euros.

Figure 2.2 : Un caméscope MiniDV classique au format HD 1080i.

TRUC

Le très grand intérêt des caméscopes SD ou HD à cassettes est la souplesse de gestion du contenu enregistré. En effet, une fois la cassette remplie, vous pouvez la stocker dans un lieu sûr et monter son contenu le jour où vous aurez du temps devant vous. Vous utilisez ces caméscopes comme votre bon vieux VHS-C ou Hi8. De plus, il suffit d'emporter avec vous des cassettes vierges pour ne jamais être pris au dépourvu. Nous verrons que ce n'est pas le cas avec des caméscopes utilisant d'autres systèmes.

TRUC

Avec un caméscope SD ou HD de type MiniDV, vous pourrez toujours lire vos anciennes cassettes MiniDV. Réfléchissez bien à cela avant d'opter pour un des caméscopes présentés dans les prochaines sections.

Les caméscopes SD ou HD à disque dur

Lors de l'achat d'un nouveau caméscope, l'envie de passer à une technologie purement informatique est très tentante. Par conséquent, la tentation d'aller vers un modèle de caméscope SD ou HD n'utilisant pas de cassette mais simplement un disque dur est forte. Il y a beaucoup d'avantages à opter pour ce type de caméscope, mais il y a énormément d'inconvénients.

Le premier avantage est plutôt pour les fabricants de ces caméscopes. En effet, ils jouent sur une séduction purement technique. Imaginez, vous filmez, et tout s'enregistre sur un disque dur.

Le deuxième avantage est de permettre de voyager léger. Alors ça, c'est ce que l'on veut vous faire croire. Certes, en fonction des capacités de stockage des disques durs, vous allez pouvoir enregistrer des heures et des heures de vidéo. Mais, il y a un mais ! Lorsque vous partez en voyage durant plusieurs semaines, combien d'heures filmez-vous ? Êtes-vous sûr que le disque dur de votre caméscope ne sera pas rempli beaucoup plus vite que vous ne le pensez ? Dans ce cas, il faudra pouvoir vider le disque sur un... ordinateur ! Le portable sera alors indispensable. Voyager léger vous avez dit ?

Le troisième avantage est de pouvoir transférer rapidement le contenu du disque dur sur un autre. En effet, vous copiez un fichier vidéo, ce qui est bien plus rapide que de réaliser une capture qui se déroule en temps réel. En d'autres termes, une heure de vidéo est capturée en une heure, ce qui est bien plus lent que la copie d'un fichier d'une heure.

Enfin, dernier avantage : le disque dur permet un accès direct à une scène indexée.

Les inconvénients en revanche sont multiples, comparés aux caméscopes à cassettes :

- Le disque dur reste un système mécanique fragile. Gare aux coups !
- Pour enregistrer plus longtemps, vous devez réduire la qualité des images. Au final, vous obtenez des images à peine supérieures à ce que produisait votre vieux caméscope analogique VHS.
- Pour conserver vos vidéos, vous devez les transférer vers un autre disque dur. Comme deux précautions valent mieux qu'une il faudra faire au moins une double copie.
- Les possibilités de montage sont possibles mais au détriment de la qualité. L'enregistrement sur disque dur se fait généralement au format MPEG-2. Il s'agit du format de compression DVD. Or, si vous réalisez un montage à partir de fichiers MPEG-2 et que vous désirez le graver sur un DVD vidéo, le logiciel de gravure va de nouveau appliquer une compression MPEG-2. En fonction du niveau de cette seconde compression l'image finale risque d'être considérablement altérée.

Voici un modèle de caméscope SD et HD enregistrant uniquement sur disque dur :

- Le caméscope SD Sony DCR-SR 72 (Figure 2.3) propose un disque dur de grande capacité de 60 Go. En fonction du niveau de compression de l'image vous pouvez enregistrer jusqu'à 41 heures. (Attention cependant à la dégradation de l'image.) Simple d'utilisation, ce caméscope dispose d'un zoom optique 25x. La station Handycam de Sony permet de connecter l'appareil à un PC ou à une télévision. Lorsque vous le raccordez à un PC, le contenu du disque dur peut être gravé via le graveur de votre ordinateur par pression sur une simple touche. En mode photo, ce caméscope enregistre vos clichés sur une carte Memory Stick. Pour vous offrir cet appareil, il faudra débourser en moyenne 550 euros.
- Le caméscope HD JVC GZHD3 (Figure 2.4) enregistre la HD au format 1080i, c'est-à-dire en 1920 x 1080 ou Full HD. Il dispose d'un capteur tri-CDD qui assure une excellente qualité d'image (en plus de ce qu'offre la résolution HD).

Figure 2.3 : Un caméscope SD enregistrant uniquement sur disque dur.

Figure 2.4 : Un caméscope HD enregistrant uniquement sur disque dur.

Son disque dur présente une capacité de 60 Go permettant un enregistrement de 7 heures en pleine qualité HD. Il séduit aussi et surtout par sa connectique complète comprenant notamment une sortie HDMI et une sortie iLink. Celle-ci permettra une capture en pleine qualité HD pour tous ceux désirant réaliser des montages vidéo, et qui ont les moyens de graver du Blu-ray ou du DVD-HD. La qualité et la polyvalence ont un coût : 850 euros.

Les caméscopes SD et HD hybrides

Kezako ? Il s'agit d'un principe assez simple. Le caméscope enregistre sur disque dur et permet de graver tout ou partie du contenu du disque dur sur un DVD de 8 cm sans passer par un ordinateur. Ces caméscopes présentent quasiment les mêmes avantages et inconvénients que leurs homologues ne proposant qu'un simple disque dur. Je vous conseille donc de lire la précédente section.

La grande innovation est de permettre de graver les scènes de votre choix sur un DVD d'un diamètre de 8 cm. (Encore un format de plus à stocker chez vous !)

Il va être extrêmement difficile d'effectuer des montages depuis un ordinateur. En effet, le transfert depuis le disque dur n'est pas assuré sur les modèles SD via un connecteur IEEE1394. Vous pourrez utiliser alors une sortie vidéo composite ou YC (S-VHS) ce qui nécessitera alors de capturer le contenu via un boîtier analogique externe raccordé à votre PC. Bienvenue dans l'ancien monde de l'analogique ! Il semblerait que certains programmes de montage virtuel puissent extraire le contenu de ces DVD afin de l'exploiter pleinement.

C'est peut-être, et ponctuellement dans le domaine de la HD, que ces caméscopes ont un avenir. Encore faut-il que le support de diffusion sur disque se standardise le plus vite possible. Hitachi a sorti un caméscope qui enregistre le contenu du disque dur sur disque Blu-Ray. Le disque peut alors être lu directement par le caméscope, par une console de jeu Sony PS3, ou par tout autre lecteur Blu-ray de salon.

Ces modèles séduisants laissent un lourd point d'interrogation : comment transférer les images pour les monter dans un logiciel de montage virtuel HD ? Très peu d'informations intéressant les utilisateurs avancés filtrent sur ces caméscopes HDD HD Blu-ray. Les sites des fabricants ne parlent que de cette possibilité de transfert sur Blu-ray des scènes filmées sur le disque dur. Certes, ces caméscopes ont une sortie HDMI, mais quels ordinateurs en possèdent une, et quels logiciels de capture reconnaissent ces prises ? Sera-t-il possible de transférer directement les fichiers HD du disque dur sur un ordinateur puis de les importer dans un programme de montage comme Pinnacle Studio 11, Premiere Pro CS3, Apple iMovie, ou encore Apple Final Cut Pro ?

Peut-être que ces caméscopes seront commercialisés lorsque vous lirez ces lignes. Toutefois, pour le moment, je restreins mon propos au caméscope SD. Voici un modèle parmi d'autres :

- Le caméscope SD Hitachi DZ-HS500 (Figure 2.5) propose un disque dur de 30 Go. Son graveur de DVD multiformat assure une compatibilité avec de nombreux disques vierges. Attention, car les disques utilisés sont des DVD de 8 cm et non pas de 12 comme ceux que vous insérez dans votre ordinateur ou votre platine de salon. En qualité d'image réduite, vous pouvez enregistrer jusqu'à 23 heures de vidéo. Bien sûr, vous dégradez fortement l'image. Les données du disque dur peuvent être transférées vers l'ordinateur via une prise USB 2.0. Cela permettra de monter vos vidéos dans des programmes capables de gérer le MPEG-2 natif. Mais si vous créez un DVD à partir du montage, vous infligerez une nouvelle compression à vos images.

Figure 2.5 : Un caméscope SD hybride, c'est-à-dire avec disque dur et graveur/lecteur de DVD 8 cm.

TRUC

Ces caméscopes sont plus des gadgets qu'autre chose. Ils sont faits pour tous ceux qui ne veulent pas faire de la vraie vidéo numérique, c'est-à-dire du montage. Vous enregistrez sur disque dur, gravez sur DVD directement depuis le caméscope, et pouvez donner vos disques aux amis ou à la famille.

Attention, ils ne pourront les lire que si leur lecteur de DVD de salon accepte les disques de 8 cm.

Il existe d'autres systèmes, notamment les caméscopes qui enregistrent uniquement sur DVD. Ils présentent des caractéristiques identiques aux modèles hybrides, mais sans disque dur. Vous enregistrez directement sur le DVD. Des programmes comme Pinnacle Studio 11 permettent de récupérer les images et d'en réaliser le montage. Nous retrouvons toujours le même inconvénient : nouvelle compression infligée aux images pour graver le montage sur un DVD vidéo standard.

En haute définition, l'enregistrement uniquement sur DVD existe aussi. Il s'agit d'un format propriétaire développé par Sony et Panasonic : AVCHD. Ce système enregistre les images en 1080i ou 720p sur un DVD de 8 cm. Il encode les images en MPEG-4 avec le codec H.264. Le problème des DVD AVCHD est qu'ils ne peuvent être lus que sur des appareils compatibles. Ainsi, la PS3 de Sony sait lire ces disques, au même titre qu'une bonne partie du parc des lecteurs Blu-ray. C'est un format propriétaire, avec tous les dangers d'incompatibilité que cela présente ; je reste donc très réservé sur le format AVCHD, et ceci même si certains programmes de montage virtuel sont capables de récupérer les images enregistrées sur DVD ou sur disque dur.

Enfin, il existe des caméscopes enregistrant sur carte mémoire. Là, je vous arrête tout de suite. Si vous n'allez pas vers des caméscopes semi-professionnels, voire professionnels coûtant plusieurs milliers d'euros, votre matériel sera un joli petit gadget dont vous ne ferez pas grand-chose !

Les fonctions essentielles

Accrochez-vous bien car j'ai une info choc : une caméra numérique et un caméscope, ce n'est pas la même chose ! Une caméra *acquiert* une image, mais un caméscope fait plus : il l'enregistre. En vidéo professionnelle, la *camé*ra est souvent découplée de l'enregistreur (magnéto*scope*). C'est le cas dans un studio de télévision, où la partie "enregistrement" est superflue. Comme vous ne comptez sûrement pas conserver tout ce que vous filmez, un caméscope fait parfaitement l'affaire.

Maintenant que vous savez faire la différence entre une simple caméra numérique et un caméscope, vous pouvez songer à l'achat. Vérifiez bien les éléments suivants :

- L'objectif.
- Le nombre de capteurs (mono ou tri-CCD).
- Le viseur et l'écran à cristaux liquides.
- Les ports et périphériques d'entrée/sortie.
- Les présélections et réglages prédéfinis.

Ces caractéristiques varient considérablement d'un caméscope à un autre, mais restent sensiblement les mêmes qu'il s'agisse d'un caméscope SD ou HD. C'est pourquoi vous devez vous faire une idée précise de chacune d'elles pour juger d'un matériel et évaluer s'il répond à vos besoins.

L'objectif

L'objectif est l'œil de la caméra. Cette analogie n'est pas anodine dans la mesure où, à l'instar de l'œil humain, certains objectifs "voient" mieux que d'autres. L'avantage avec le caméscope, c'est que vous sélectionnez son acuité visuelle. Reportez-vous au Chapitre 3 pour en savoir plus sur les objectifs.

Les caméscopes sont équipés de deux types de zoom :

- **Le zoom optique.** Il est constitué de deux groupes de lentilles. La distance qui les sépare est réglable, ce qui entraîne une variation de la focale et par conséquent une variation du grossissement apparent de l'image. Une longueur focale élevée agrandit un sujet éloigné. Ce grossissement est appelé *zoom optique* car il est obtenu en faisant varier les paramètres optiques de l'objectif, c'est-à-dire les lentilles de verre qui le composent. Un zoom optique n'a aucun effet sur la résolution de l'image qui se forme sur le capteur CCD. En d'autres termes, un zoom optique ne pixellisera jamais une image à la différence d'un zoom numérique.

- **Le zoom numérique.** De nombreux appareils photo numériques (photoscopes) et caméscopes sont équipés d'un *zoom numérique.* Celui-ci se contente d'agrandir une partie de l'image formée sur le capteur CCD, d'où une perte de résolution due à l'interpolation des données graphiques, et aussi un effet de mosaïque quand l'agrandissement numérique est trop important. Une image obtenue avec un zoom numérique ne rivalise pas avec celle obtenue avec un zoom optique.

Très souvent, les prospectus publicitaires annoncent : "zoom optique 20x, zoom numérique 200x". Cela signifie que l'objectif est capable d'agrandir l'image jusqu'à 20 fois et qu'il est possible d'agrandir le sujet jusqu'à 200 fois en mode numérique interpolé. Dans ce cas, vous devez savoir qu'au-delà d'un agrandissement de 20 fois, la vidéo sera de moins bonne qualité. Autrement dit, ne vous laissez pas séduire par un rapport d'agrandissement élevé. Car ce qui compte réellement, c'est le zoom optique.

La Figure 2.6 montre trois niveaux d'un zoom, du rapport d'agrandissement le plus faible au plus élevé. La première image a été faite avec le grand angulaire, ce qui correspond à l'angle de prise de vues le plus élevé de l'objectif. La deuxième image a été prise avec le zoom optique en position téléobjectif. La troisième image a été faite avec le zoom numérique maximal. Comme vous le constatez, la qualité des images varie notablement. Celle du zoom numérique est très inférieure aux deux images obtenues avec le zoom optique.

Les caméscopes mono et tri-CCD

Si dans notre analogie de l'œil l'objectif est le cristallin du caméscope, le capteur CCD en est la rétine.

Un caméscope peut être :

- **Mono-CCD :** Les caméscopes bon marché possèdent un seul capteur CCD formé de 300 000 photosites qui

Figure 2.6 : Trois niveaux de grossissement : zoom optique minimum (en haut), zoom optique maximum (au milieu) et zoom numérique maximum (en bas).

recueillent les informations chromatiques, rouge, vert et bleu.

- **Tri-CCD :** Les caméscopes de bonne qualité sont équipés de trois capteurs CCD, un pour chaque couleur rouge, vert et bleu. À l'intérieur de la chambre noire, un prisme dichroïque divise la lumière de l'image en trois faisceaux qui sont ensuite filtrés en rouge, vert et bleu, comme le montre la Figure 2.7.

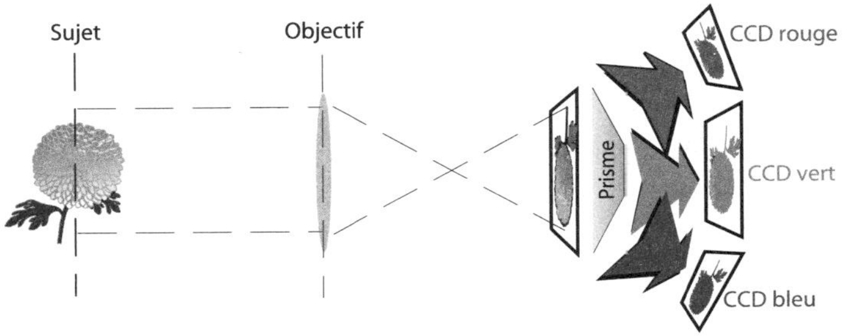

Figure 2.7 : Un prisme dichroïque dévie la lumière vers les trois capteurs CCD. Chaque faisceau est filtré selon sa composante rouge, vert et bleu.

La différence qualitative entre un caméscope mono-CCD et tri-CCD se manifeste au niveau de l'image finale. Les fabricants de caméscopes bon marché s'efforcent de compenser la moindre qualité en plaçant un filtre de couleurs primaires RVB devant le capteur. Il ne laisse passer, pour chaque photosite, que la composante rouge, verte ou bleue de l'image. Les couleurs de l'image sont ensuite restituées par synthèse additive. Ce dispositif ne peut toutefois pas rivaliser avec la qualité produite par les caméscopes tri-CCD.

Viseurs et écrans LCD

Si vous comparez le matériel d'amateur et le matériel professionnel, vous constaterez que ce dernier est équipé d'un viseur qui cadre très exactement ce qui sera filmé. La vidéo n'est pas toujours facile avec un minuscule écran de contrôle. C'est pourquoi la plupart des caméscopes sont équipés à la fois d'un viseur et d'un écran LCD (*Liquid Crystal Display*, écran à cristaux liquides). Quelle est la différence ?

- Un *viseur* est un dispositif électro-optique équipé d'un œilleton à travers lequel vous regardez pour cadrer le sujet. L'image apparaît dedans en noir et blanc ou en couleurs en fonction du caméscope. Le noir et blanc est préférable pour faciliter la mise au point. En revanche, si vous filmez toujours en automatique, vous n'avez que faire de cette possibilité.

- Un *écran de contrôle* est un minuscule moniteur fixé sur un côté du caméscope. Beaucoup de vidéastes (nom donné à une personne qui fait de la vidéo) préfèrent l'utiliser dans la plupart des situations.

Les écrans LCD sont pratiques pour filmer en intérieur et visionner ce que l'on vient de filmer ; ils sont moins commodes en extérieur, en lumière du jour, car l'image est à peine discernable. Je me sers de l'écran de contrôle lorsque, en intérieur, je veux poser le caméscope sur mes genoux pendant que je filme ou lorsque, dans une scène de foule par exemple, je dois tenir mon caméscope au-dessus de ma tête.

TRUC

Le viseur consomme généralement moins de courant que l'écran de contrôle. Si vous devez économiser la batterie, utilisez parcimonieusement l'écran LCD.

Les entrées et sorties

Presque tous les caméscopes sont équipés d'une sortie IEEE-1394 (FireWire ou encore ILink) qui permet de les relier à un ordinateur ou à un autre caméscope. Si votre objectif est le transfert (capture) du contenu de vos bandes ou du disque dur de votre caméscope sur le disque dur de votre ordinateur, vérifiez donc que votre caméscope dispose d'une entrée/sortie numérique (E/S MiniDV, IEEE-1394, FireWire, ILink, tous ces termes étant des synonymes). Une connexion FireWire peut transférer jusqu'à 400 millions de bits par seconde. Cela permet de gérer la vidéo numérique sans aucune perte d'images, de qualité ou de signaux audio.

N'OUBLIEZ PAS

Alors que tous les Macintosh sont livrés avec un port FireWire intégré – car après tout, c'est Apple qui a inventé ce standard de connexion – peu de PC en sont équipés en standard. La faute incombe aux fabricants de cartes mères. Si vous travaillez sous Windows, vous serez parfois obligé d'acheter une carte d'adaptation FireWire pour pouvoir importer la vidéo dans le PC. Les premiers prix de ces cartes sommaires se situent aux environs de 30 euros. Mais attention ! Une carte de ce type permet de capturer les images venant d'un caméscope numérique uniquement.

Les autres ports varient d'un caméscope à un autre. Beaucoup sont équipés d'une entrée et d'une sortie vidéo analogiques. C'est une grande innovation. L'entrée vidéo analogique permet en effet de transférer toutes les anciennes cassettes VHS en vidéo numérique. La sortie vidéo analogique permet d'envoyer l'enregistrement numérique vers une bande VHS. Certains caméscopes offrent en outre une entrée et une sortie S-VHS (une déclinaison professionnelle du format VHS).

TRUC

Pour ne pas être en reste, l'univers PC a fait d'énormes progrès. Aujourd'hui, les cartes mères modernes dont le prix atteint ou dépasse les 150 euros sont dotées d'un port FireWire. Le PC n'a donc plus rien à envier au Macintosh. Cette évolution est normale. Quel consommateur souhaitant faire immédiatement du montage vidéo considérera l'achat d'une carte supplémentaire ? Cependant, il y viendra à un moment ou à un autre car les cartes d'acquisition, qu'elles soient internes (connectées à un port PCI de l'ordinateur) ou externes (sous forme de boîtier USB pour la plupart), présentent l'avantage de capturer aussi des sources analogiques. C'est appréciable si vous souhaitez récupérer le contenu d'anciennes cassettes analogiques dont les jours sont comptés (du fait d'un support qui se détériore plus vite que les bandes numériques), ou pour transférer sur DVD vos films VHS rares et introuvables dans le commerce.

TRUC

Les caméscopes à disque dur proposent souvent une sortie USB 2.0 qui permet de copier directement le contenu du disque sur celui de l'ordinateur. L'opération est plus rapide que si vous capturiez le contenu du disque en temps réel. En revanche, vous copiez généralement des fichiers MPEG-2 déjà compressés. Gare à l'altération des images si vous montez ces fichiers MPEG-2 et que vous les recompressez pour en faire des DVD vidéo.

Le poids de la caméra (cela compte !)

Pendant vos supputations quant au choix du caméscope idéal, n'oubliez pas de prendre le poids en considération. Certains caméscopes pèsent bien moins d'un kilo. D'autres pèsent plus de trois kilos. Chaque gramme compte, ou presque. Les caméscopes les moins lourds sont ceux qui utilisent uniquement des cartes mémoires. Oubliez-les si vous désirez faire de la vraie vidéo numérique.

Les caméscopes HD à carte mémoire professionnels ou semi-professionnels coûtent une fortune. C'est pourtant à cette seule condition que la carte mémoire vaut vraiment le coup, sachant toutefois que la durée d'enregistrement est très limitée (environ 20 mn).

Pendant que vous y êtes, vérifiez si les commandes principales tombent bien sous les doigts. Manipulez la caméra que vous comptez acheter en vérifiant que le bouton d'enregistrement, le contrôle du zoom et la *bague de mise au point* sont faciles à atteindre pendant que vous filmez. Par exemple, les caméras grand public à carte mémoire sont très petites donc séduisantes, mais celui qui a une grosse main avec des gros doigts sera bien embarrassé.

Les autres fonctionnalités d'un caméscope

Les caméscopes numériques, même les moins chers, sont des objets techniquement très sophistiqués comparés aux caméscopes analogiques. Il est donc normal qu'ils proposent des fonctionnalités complémentaires. Celles-ci ne sont pas extrêmement importantes, mais elles peuvent vous aider. Les sections qui suivent font le tour des caractéristiques que vous devriez exiger.

L'exposition préprogrammée

Indépendamment de leur prix, la plupart des caméscopes numériques possèdent une exposition automatique plus ou moins préprogrammée. Chaque programme maintient une relation entre l'ouverture de l'objectif et la vitesse d'obturation.

Nous reviendrons sur ces paramètres dans le Chapitre 3. Un programme peut s'avérer fort utile dans des conditions d'éclairage difficiles, dans le cas par exemple d'un sujet clair placé sur un fond sombre ou inversement.

Les programmes prédéfinis sont établis par le fabricant et ne peuvent donc pas être modifiés par l'utilisateur.

Vous trouverez ci-dessus quelques noms de programme et leurs fonctions. Leur programmation varie d'un matériel à un autre. Reportez-vous à la documentation de votre caméscope pour découvrir les programmes pris en charge et leur utilisation.

Auto

Le programme Automatique prend presque tout en charge. Il suffit de cadrer : le caméscope fait la mise au point et règle le diaphragme. Certaines conditions de tournage ne posent strictement aucun problème ; le mode Enregistrement facile est alors idéal. Sur la Figure 2.8, un plan moyen a été filmé avec une bonne lumière d'ambiance arrivant de face, sans éclairage excessif du fond, ni aucune dominante de couleur, de luminosité dans le champ ou de mouvement rapide – ce qui fait que le programme Automatique est le bon choix. Le revers de ce mode est que plus aucun réglage manuel n'est accessible.

Priorité vitesse

Ce programme donne la priorité à la vitesse d'obturation (cette notion est expliquée au Chapitre 3). Il est à éviter lorsque vous filmez des sujets rapides. La Figure 2.9 montre une image extraite d'une vidéo où un personnage se déplace rapidement. En choisissant une vitesse de 1/60e de seconde ou plus, vous évitez la formation de traînées floues sur la vidéo. Sur certains caméscopes, la vitesse d'obturation peut être réduite à 1/15 000e de seconde (de quoi figer les battements d'ailes d'un colibri).

Fig. 2-8a

Fig. 2-8b

Figure 2.8 : Dans la photo du haut, la mise au point a été réglée automatiquement. Dans celle du bas, elle est manuelle.

Figure 2.9 : Le programme TV permet de régler la vitesse de l'obturateur afin de conserver la netteté des sujets qui se déplacent rapidement.

Priorité diaphragme

Avec le programme automatique, le mode de priorité au diaphragme est sans doute celui que vous sélectionnerez le plus souvent. Il prend en charge l'ouverture du diaphragme. Comme nous le verrons dans le Chapitre 3, cette ouverture régit la quantité de lumière qui traverse l'objectif du caméscope et vient frapper la surface photosensible. La Figure 2.10 montre deux images d'un même sujet filmé avec deux ouvertures différentes. Le réglage du diaphragme permet de définir la zone de netteté de part et d'autre du plan de mise au point (profondeur de champ). Dans la première image, le diaphragme est très ouvert, avec une profondeur de champ réduite. Dans la seconde, le diaphragme est très fermé, d'où une plus grande profondeur de champ.

Fig. 2-10a

Fig. 2-10b

Figure 2.10 : Le réglage manuel du diaphragme permet de détacher le sujet du fond (en haut) ou de ménager une zone de netteté plus vaste qui s'étend jusqu'à l'arrière-plan (en bas).

Manuel

Certains caméscopes offrent un contrôle manuel complet des commandes. Tous les automatismes de vitesse, de diaphragme, de mise au point et de gain audio sont débrayés. De nombreux vidéastes professionnels ne travaillent qu'en manuel. Au Chapitre 3, vous en apprendrez plus sur les commandes manuelles.

Les programmes spéciaux

Chaque fabricant de caméscope propose une façon de filmer dans des conditions d'éclairage extrêmes : dans les scènes très faiblement éclairées, les scènes très éclairées et les scènes sombres où se trouvent des sources lumineuses ponctuelles fortes ou des reflets ponctuels (dits "spéculaires") très brillants. Canon propose par exemple deux programmes : l'un pour les luminosités extrêmes, comme la lumière du jour sur une plage de sable blanc ou la neige, l'autre pour les sources lumineuses brillantes dans un environnement sombre, comme un artiste sur scène éclairé par un projecteur de poursuite. Ces deux conditions mettent le caméscope à rude épreuve. Dans les deux premiers cas, le problème est d'éviter au(x) capteur(s) CCD d'être saturé(s) par un excès d'informations lumineuses et chromatiques. L'objectif sera donc fermé au maximum pour éviter le déferlement de flots de lumière. Mais du coup, les photosites du ou des capteurs ne reçoivent plus assez d'informations car la lumière n'arrive plus à traverser les filtres colorés, rouge, vert et bleu. Les programmes Sable et Neige déterminent un moyen terme (en jouant essentiellement sur la vitesse d'obturation) pour compenser le manque de lumière globale. Dans le cas de l'artiste sur scène, le programme Projecteur évite de surexposer – et donc délaver – le sujet en surcompensant les régions sombres de l'image.

Quasiment tous les caméscopes sont capables de travailler en lumière très faible. Le problème avec les CCD, c'est qu'ils essayent de créer une image vidéo même si la lumière ambiante empêche de fournir une image bien définie. Le défaut ainsi engendré est appelé *bruit vidéo*. La quantité de lumière limite en dessous de laquelle le caméscope ne donne plus de bons résultats est exprimée en *Lux*. Une valeur faible, comme 4, signifie que le caméscope est capable de donner de bonnes images en lumière faible et même d'améliorer ce qu'il filme, la peau humaine par exemple.

Certains caméscopes Sony sont équipés d'une fonction Night Shot (prise de vues nocturne) qui permet de filmer *sans aucune lumière*. Elle capte en fait le rayonnement infrarouge à une vitesse d'obturation faible. Le seul inconvénient est que l'image est monochrome, faute d'informations colorimétriques.

Les modes de prise de vues numérique

La plupart des caméscopes numériques offrent plus d'un mode de prise de vues. Ce sont principalement les modes suivants :

- **Vidéo.** Il s'agit du mode normal d'enregistrement, à 30 images par seconde (norme de télévision NTSC) ou 25 images par seconde (normes de télévision PAL et SECAM).
- **Photo numérique.** Ce mode permet de prendre des images fixes. Normalement, les photos sont enregistrées sur six secondes, ce qui permet de les localiser rapidement en lecture et d'enregistrer un bref commentaire.
- **Balayage progressif.** Ce mode permet également de photographier. Vous filmez en fait à 50 trames complètes par seconde.

Le nom exact de ces modes peut varier légèrement d'un fabricant à un autre, mais les tâches restent les mêmes.

Certains caméscopes enregistrent des images fixes sous la forme d'un clip de plusieurs secondes. D'autres stockent les photos sur un autre type de support amovible, comme les cartes SmartMedia, CompactFlash ou Memory Stick. Les deux premières sont des standards industriels adoptés par diverses marques de matériels photo et ciné numériques et donc faciles à trouver partout. En revanche, la Memory Stick n'est utilisée que par le matériel Sony.

Certains caméscope HD proposent un mode d'enregistrement 25p qui simule le défilement des images cinématographiques.

Cela permet de réduire encore plus la froideur des images vidéo comparées à celles produites par les films 35 mm.

Les autres commandes d'image

Le développement de la vidéo numérique a ouvert un vaste champ de possibilités au vidéaste amateur, lui permettant notamment de filmer avec une qualité presque "broadcast". Il dispose désormais de fonctions qui étaient, il y a quelques années seulement, l'apanage des caméscopes les plus coûteux.

Contrôle de blanc automatique et manuel

La *balance de blanc* (nous y reviendrons dans le Chapitre 3) indique au caméscope comment il doit interpréter la couleur. Le contrôle automatique du blanc est souvent disponible sur les caméscopes bon marché. Le réglage manuel est moins souvent proposé sur le matériel d'entrée de gamme. Or, il est indispensable pour éliminer une dominante de couleur pendant la prise de vues.

Filtre gris neutre

Des caméscopes sont équipés d'un *filtre gris neutre*. Il permet de réduire la quantité de lumière que reçoit l'objectif lorsque l'éclairage est très fort et que la fermeture du diaphragme ne permet pas de le diminuer. Il sert aussi, dans des conditions plus normales, à travailler avec un diaphragme plus ouvert pour réduire la profondeur de champ et mieux détacher un sujet du fond. Dans les deux cas, le filtre gris neutre facilite la mise au point automatique.

Zébrures

Certains caméscopes ont une fonction *zébrures*. Lorsque celle-ci est activée, le viseur affiche une image légèrement différente de celle qui est enregistrée : des hachures noires et blanches sont en effet visibles là où la lumière est trop forte. Cette fonction est particulièrement utile lorsque vous filmez des personnages sur un fond brillant. Si vous voyez des zébrures, vous savez que l'excès de luminosité du fond risque de transformer le sujet en silhouette. Dans ce cas, vous réglez l'ouverture jusqu'à disparition des hachures. Vous êtes certain d'avoir une bonne image.

16:9 (mode TV écran large)

L'image de la plupart des téléviseurs est actuellement affichée au rapport 4:3. C'est-à-dire que si l'image est large de 40 centimètres, elle en a 30 de haut. Ou n'importe quelle proportion homothétique avec ce rapport.

Les écrans au rapport 16:9 ont déjà commencé à faire leur apparition. Ce format correspond à l'image projetée au cinéma. Par bonheur, la plupart des caméscopes sont capables de filmer dans les deux formats. Ainsi, votre caméscope ne sera pas obsolète quand le monde entier se sera mis au 16:9.

TRUC

Cette considération n'a plus cours avec la HD qui, de facto, enregistre en 16:9. Résolution d'image oblige !

Piqué

Les caméscopes les plus coûteux sont équipés d'une fonction spéciale appelée *contrôle du piqué*. Vous ne vous êtes jamais demandé comment font les présentateurs du journal du soir pour avoir l'air toujours aussi jeunes à l'écran après tant d'années ? La réponse est simple : le cadreur agit tous les mois sur le réglage de piqué pour avoir chaque fois une image plus douce, plus enveloppée du journaliste. Je suis sûr que vous croyez que je plaisante. Eh bien, essayez sur vous-même pour voir...

Contrôle de phase (teinte)

Si vous tenez à préserver l'ambiance et l'atmosphère de ce que vous filmez, veillez à ce que le caméscope que vous envisagez d'acheter ait un réglage de la *phase*. Il permet de régler la manière dont le caméscope restitue la teinte. Vous êtes dans votre période bleue... vous pourrez le faire savoir en faisant apparaître une dominante bleue dans l'image. Mais si vous êtes dans votre période cubiste, ce réglage ne vous sera d'aucun secours. La vie d'artiste est parfois bien dure...

Flash

Des caméscopes acceptent un flash lorsque le mode Photo est enclenché. Ils sont équipés d'un sabot semblable à celui des appareils photo. Ce mode Flash est d'autant plus pratique que ce dernier se règle automatiquement selon la focale utilisée et la distance de mise au point sur le sujet, ce qui permet de l'utiliser dans une complète obscurité. Le flash émet un faisceau invisible pour calculer la durée de l'éclair, en tenant compte aussi de la lumière ambiante.

Mire

La mire en couleurs est sans doute l'un des accessoires les plus anciens en vidéo. Si vous en avez l'âge, vous vous souvenez peut-être des barres colorées affichées sur l'écran de la télévision avant que les programmes n'aient commencé. C'était cela, la mire.

Aujourd'hui, tous les réalisateurs de films vidéo utilisent une mire. L'opérateur enclenche le générateur de mire automatique et la filme pendant quelques secondes. Par la suite, en régie, le monteur se basera dessus afin d'étalonner le matériel de montage pour que les couleurs soient toujours respectées. Cette procédure est particulièrement importante lorsque plusieurs caméscopes sont utilisés. La mire garantit que les tons chair, par exemple, ne varieront pas d'une caméra à une autre. Les caméscopes haut de gamme sont équipés d'un générateur de mire.

Le stabilisateur d'image

Le stabilisateur d'image élimine les trépidations en cours de tournage. Un caméscope doté d'une fonction de stabilisation d'image sait reconnaître les mouvements dus aux vibrations lors d'un tournage depuis une voiture ou lorsque l'opérateur se déplace en tenant la caméra. Aussi longtemps que ces trépidations sont prévisibles par la mémoire intégrée à la caméra, elle compensera automatiquement certains mouvements. La stabilisation de l'image a fait l'objet de recherches poussées. Aujourd'hui, elle s'est banalisée. Presque tous les caméscopes ont cette fonction.

Juste un dernier détail (j'espère que ce conseil ne vous secouera pas trop) : parfois, pour obtenir une meilleure image, il vaut mieux désactiver le stabilisateur d'image car il réduit l'efficacité du capteur CCD. Vous obtiendrez de bien meilleures images en installant le caméscope sur un trépied ou en le calant sur une surface stable, comme le dessus d'une table.

Préférez toujours l'utilisation du stabilisateur optique à celle du stabilisateur numérique. Le premier nommé ne réduit pas l'efficacité du ou des capteurs CCD.

Enregistrer du son de haute qualité

Tous les caméscopes sont équipés d'un microphone intégré qui enregistre le son en même temps que la vidéo. Mais, à moins d'avoir acheté un caméscope haut de gamme, le son ainsi enregistré est de piètre qualité. Il est même franchement problématique lorsque vous filmez des événements comme un mariage ou une cour de récréation car bien souvent, la caméra est à distance du sujet. Alors qu'il est très facile de se rapprocher visuellement grâce au zoom, vous ne pouvez en faire autant pour le son.

Pour pouvoir améliorer le son, choisissez un caméscope équipé d'un jack pour un microphone. Vous pourrez ainsi brancher un micro externe de meilleure qualité et avoir un son digne des images. Reportez-vous au Chapitre 5 pour en savoir plus sur le son en vidéo numérique.

Deuxième partie

Filmer en vidéo numérique

Dans cette partie...

Dans cette partie, chacun des chapitres aborde un sujet spécifique lié à l'enregistrement de la vidéo numérique. Un chapitre est consacré à la caméra. Le suivant montre comment éclairer correctement la scène. Un autre encore explique les subtilités du son. Quant aux deux derniers chapitres, ils vous familiarisent avec l'art et la manière de planifier la réalisation et de la mettre en scène. Tout compte fait, vous voilà parti pour produire une vidéo hollywoodienne...

Chapitre 3

Exploiter pleinement les possibilités du caméscope

Dans ce chapitre :

- Les principes clés.
- Régler le diaphragme d'un caméscope.
- Longueur focale et perspective.
- Tirer le maximum de la batterie.

Dans le petit monde de la vidéo, le terme *valeur de la réalisation* fait allusion à la qualité de l'image vidéo et du son. Dès que j'entends ces mots, je repense à l'époque où je travaillais dans l'industrie de la vidéo.

Aujourd'hui, il est aussi possible de filmer dans un format qui rivalise avec ceux de la télévision sans se ruiner. Je présume bien sûr que vous comptez tirer le meilleur de votre matériel. La compréhension des termes techniques, des principes de composition d'une image et de quelques procédures de tournage simples vous permettront de prendre de bonnes habitudes et d'asservir votre caméscope à vos besoins spécifiques.

Les lignes qui suivent expliquent comment tirer le meilleur parti de votre matériel.

Les principes clés

La plus grande partie du jargon et des techniques de la réalisation vidéo est issue du monde du cinéma. Des termes datant de l'époque de la pellicule au nitrate d'argent et du porte-voix du metteur en scène ont migré dans le lexique de la vidéo numérique. Ce langage très riche, parfois pittoresque, continue d'exister tout simplement parce que, à bien des égards, la vidéo s'est plutôt perfectionnée au lieu d'évoluer. Aujourd'hui, quand vous parlez de vitesse d'obturation ou de plan d'ensemble, vous utilisez un vocabulaire qui remonte aux temps héroïques du cinéma. Comprendre les concepts de base de cet art améliorera considérablement vos vidéos. Voici quelques termes et concepts qui sont à la base de toute séquence réussie :

TRUC

Au fait, comme vous êtes des nouveaux venus dans le monde de l'image, je vous rappelle que l'inventeur du cinéma n'est pas Steven Spielberg, mais bien les frères Lumière... en 1895 !

- **CCD :** En vidéo, un caméscope acquiert la lumière et la couleur par le biais d'un composant électronique photosensible, le CCD (*Charge Coupled Device*, capteur à transfert de charges). Il reçoit l'image et la convertit en signal analogique (une sinusoïde d'amplitude variable) ou, dans le cas d'un caméscope numérique, en signal numérique (une série de 0 et de 1).

- **Le foyer :** La courbure d'une lentille convexe ou biconvexe concentre les rayons de la lumière qui la traversent en un point nommé foyer.

- **Le plan focal :** En photographie, il s'agit d'un plan imaginaire, d'épaisseur nulle, sur lequel le sujet photographié est parfaitement net. L'image projetée sur le plan focal (N.D.T. : c'est-à-dire sur la surface sensible : film, capteur CCD ou papier) est une représentation bidimensionnelle de la réalité photographiée.

- **La longueur focale :** C'est la distance qui sépare le centre optique de l'objectif de son foyer. Reportez-vous à la section "Longueur focale et perspective", plus loin dans ce chapitre.

- **L'ouverture :** Elle contrôle la quantité de lumière transmise à travers l'objectif et projetée sur la surface sensible. L'ouverture est aussi appelée *diaphragme.*

Si vous avez déjà fait de la photo, vous apprendrez avec plaisir que le principe est exactement le même en vidéo (y compris numérique). Si vous n'y connaissez rien, ce que vous apprendrez vous sera très précieux. En sachant comment contrôler la lumière, vous améliorerez vos vidéos techniquement, mais aussi esthétiquement.

Contrôler la lumière avec le diaphragme

Quand vous filmez en vidéo, vous voulez reproduire la réalité avec une fidélité maximale. La réussite de cette tâche dépend de plusieurs facteurs. Le diaphragme, qui contrôle l'ouverture, en est un. Il règle la quantité de lumière qui traversera l'objectif et sera projetée sur le capteur CCD. Avec ses lamelles qui réduisent ou augmentent le diamètre du trou par lequel passe la lumière, le diaphragme rappelle l'iris de l'œil.

Si les termes *ouverture* ou *diaphragme* ne figurent pas dans le manuel de votre caméscope, cherchez le mot *exposition.* S'il mentionne que l'exposition manuelle est possible, c'est en fait l'ouverture, ou plus exactement le diaphragme, que vous pouvez régler.

Régler le diaphragme

Avant de commencer à filmer pour la première fois, beaucoup de gens ne peuvent s'empêcher de pointer le caméscope vers leur nez et de plonger leur regard dans les obscures profondeurs de l'objectif.

Sur la bague du diaphragme, un chiffre élevé (comme 11, 16, 22...) indique une ouverture de *petit diamètre.*

Le réglage du diaphragme sert à :

- Réduire l'ouverture, ce qui diminue la quantité de lumière qui frappe le capteur CCD.

Il vous arrivera souvent d'utiliser le caméscope dans un environnement très lumineux, comme une plage sous le soleil estival. Dans ce cas, la surexposition des photosites qui composent le capteur CCD risque d'entraîner une perte des couleurs, qui paraissent délavées.

- Augmenter la profondeur de champ de part et d'autre du plan de mise au point (cette notion est expliquée en détail dans la section "La profondeur de champ").

  Vous voudrez parfois extraire un sujet de son contexte en rendant son environnement flou. Ou alors, vous voudrez au contraire une netteté maximale pour tous les éléments visibles dans l'image. Ces choix esthétiques sont obtenus en faisant varier la profondeur de champ.

Le contrôle manuel du diaphragme permet de régler la lumière lorsqu'un sujet sombre se trouve sur un fond brillant, ce qui est notamment le cas en contre-jour. Dans ce cas, vous ouvrirez un peu plus le diaphragme pour exposer davantage le sujet à la lumière. L'arrière-plan clair sera légèrement surexposé, mais le sujet cessera d'être une silhouette car il sera un peu plus détaillé.

Il est conseillé d'utiliser une valeur moyenne du diaphragme pour les bonnes raisons que voici :

- L'ouverture maximale du diaphragme réduit la profondeur de champ à tel point que tout ce qui est à peine hors du plan de mise au point est flou (mais c'est parfois un effet voulu).
- À une ouverture maximale, les bords de l'image sont parfois déformés.
- Une valeur de diaphragme moyenne permet de mieux jouer avec la lumière.
- Une valeur de diaphragme moyenne étage mieux les différents plans de l'image. Un premier plan et un arrière-plan légèrement flous donnent plus de profondeur à la scène.

- Dans de bonnes conditions lumineuses, une valeur de diaphragme moyenne produit une gamme d'ombres et de lumières beaucoup plus subtile.
- N.D.T. : une valeur moyenne correspond au meilleur rendement de l'objectif car, quand le diaphragme est grand ouvert, la lumière est réfléchie par les bords collés des lentilles et parasite l'image (perte de contraste), alors que quand le diaphragme est entièrement fermé, une partie de la lumière est réfléchie dans l'axe optique, produisant des halos de diffraction. (Aïe aïe aïe, c'est compliqué de filmer ma belle-mère !)
- Un diaphragme fermé exige une lumière forte, au risque de "griller" les hautes lumières et de boucher les ombres.
- Lorsque le diaphragme est presque entièrement fermé, tout est net du premier plan à l'arrière-plan. Les plans se confondent, ce qui nuit parfois au réalisme d'une scène. Mais là encore, cet effet est parfois recherché (N.D.T. : au milieu du XXe siècle, un groupe de photographes paysagistes américains était connu sous le nom de "groupe 64" car ils travaillaient systématiquement à cette valeur de diaphragme).

Que faire si vous ne voulez plus laisser les automatismes du caméscope régler la lumière et la netteté ? Vous avez deux possibilités :

- Débrayer l'automatisme du diaphragme pour le régler manuellement.

  Choisir vous-même la valeur du diaphragme.

- Zoomer serré sur le sujet.

  Cette opération fait varier la focale de l'objectif. Ce dernier s'allonge ou se rétracte (N.D.T. : sauf pour les zooms à groupe optique flottant, dont la dimension extérieure reste constante).

Les deux actions peuvent être envisagées. Le réglage du diaphragme modifie la relation entre la lumière disponible et la profondeur de champ. Parce qu'elle entraîne une redistribution des zones lumineuses de l'image, le zoom entraîne un réajustement de la lumière et exige un nouveau réglage de la focale. Reportez-vous à la section "Du bon usage du zoom" pour en savoir plus sur les objectifs à focale variable des caméscopes.

Comprendre la profondeur de champ

La profondeur est une tolérance de netteté qui s'étend de part et d'autre du plan de mise au point (N.D.T. : la profondeur de champ est un peu plus étendue au-delà du sujet qu'en deçà). Une des règles les plus importantes en photographie est que plus la valeur du diaphragme est élevée, plus la profondeur de champ est étendue.

La Figure 3.1 illustre parfaitement ce principe. Elle montre trois réglages de diaphragme : en haut, il est presque grand ouvert et en bas, relativement fermé. Nous supposerons que pour les trois réglages, la lumière est correcte. Idéalement, et si la lumière le permet, une valeur moyenne – un diaphragme de 5.6, comme au milieu – est recommandé.

Longueur focale et perspective

Il est possible de modifier la profondeur de champ sans modifier le diaphragme. Il suffit de faire varier légèrement la distance focale. Dans la Figure 3.2, la mise au point a déplacé l'objectif jusqu'à ce que la variation de la distance focale sujet-objectif amène le plan focal exactement sur la surface sensible (N.D.T. : dans l'illustration, sur le plan frontal du prisme dichroïque). Dans la Figure 3.3, la distance focale entre le sujet et l'objectif a encore été réduite, ce qui place le plan focal hors du plan frontal du prisme.

Si vous ne touchez pas à l'objectif mais que vous rapprochez l'appareil du sujet, le plan focal se retrouve à l'arrière du sujet. Lorsque la relation sujet-objectif diminue, la position du plan focal par rapport à la surface sensible (le prisme CCD dans l'illustration) diminue proportionnellement, d'où une défocalisation (mauvaise mise au point) de l'image finale.

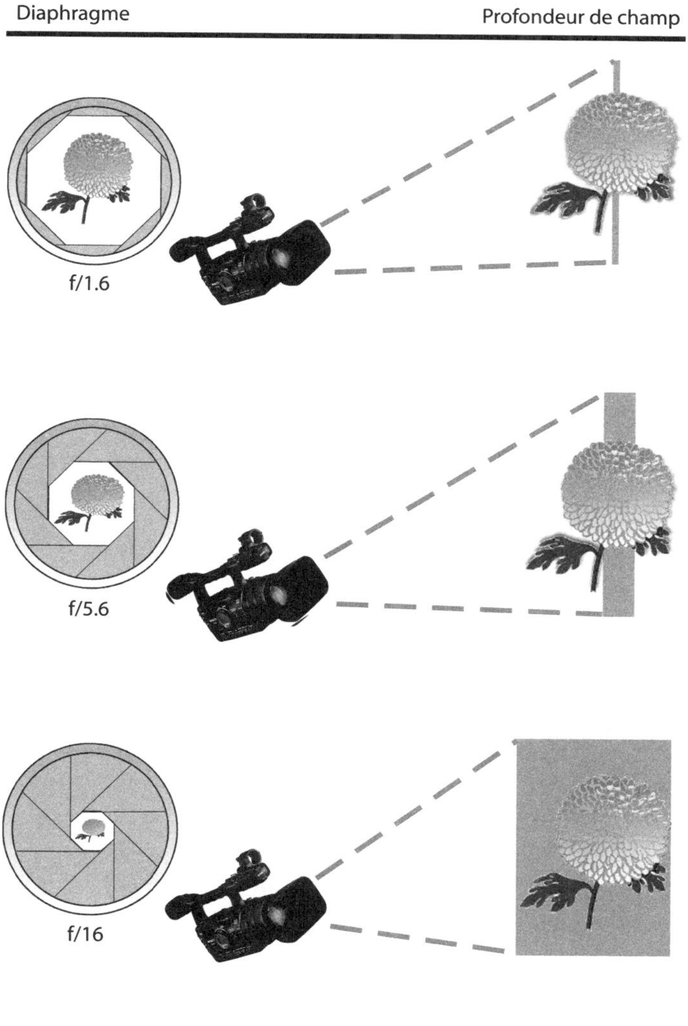

Figure 3.1 : La profondeur de champ dépend de l'ouverture du diaphragme.

Régler la longueur focale et la perspective

La profondeur de champ peut être modifiée sans agir sur le diaphragme, en jouant sur la longueur focale et la perspective

Figure 3.2 : La mise au point s'effectue en réduisant ou en augmentant la distance focale entre le sujet et l'objectif.

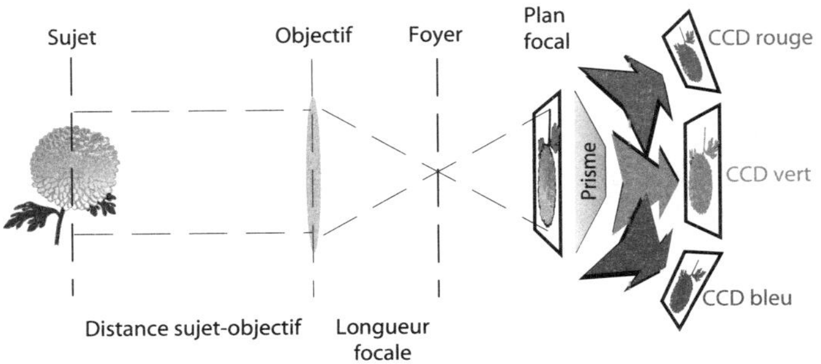

Figure 3.3 : Lorsque le plan focal n'est pas focalisé sur la surface sensible (prisme), l'image n'est pas nette.

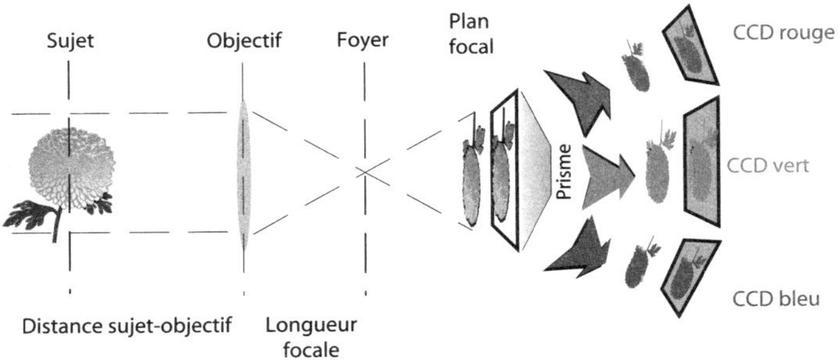

apparente. La longueur focale est la distance entre le centre optique de l'objectif et le point focal. La perspective est la manière dont l'objet apparaît à travers l'objectif.

La Figure 3.4 illustre la variation de la profondeur de champ selon la variation de l'ouverture de l'objectif. Dans l'illustration du haut, à une ouverture de *f* = 1.6, la zone de netteté est très étroite. Au milieu, à *f* = 5.6, la tolérance de netteté s'étend de part et d'autre du plan de mise au point. En bas, à *f* = 16, l'ensemble de la fleur se trouve dans la zone dite "de netteté".

La longueur focale

Une courte focale produit un effet *grand angulaire* ; le champ couvert par l'objectif est très vaste. Une longue focale produit

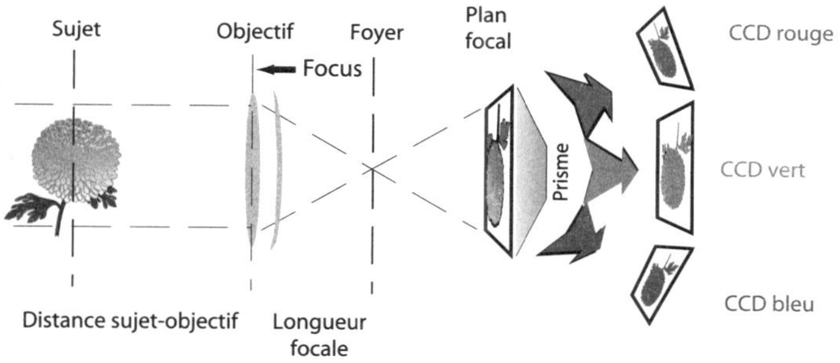

Figure 3.4 : La profondeur de champ est proportionnelle à la valeur du diaphragme.

un effet *téléobjectif*. L'angle parfois très étroit réduit l'étendue du champ photographié ou filmé.

Dans la Figure 3.5, la variation de la longueur focale entraîne plusieurs effets. Son augmentation progressive, de haut en bas dans la figure, réduit l'angle du champ de vision. Par analogie, imaginez un tunnel. Si vous êtes à cent mètres à l'intérieur, votre vision du monde extérieur sera beaucoup plus réduite que si vous n'êtes qu'à quelques mètres de la sortie. C'est la même chose pour la longueur focale d'un objectif.

L'augmentation de la longueur focale réduit l'angle de vision, produisant un grossissement apparent de l'image. Un objectif dont l'angle de vision est étroit est appelé *téléobjectif*. L'allongement de la focale exige un peu plus de lumière car, dans cette configuration optique, le diaphragme est plus éloigné du plan focal.

La perspective

La perspective est la manière dont les objets sont perçus selon leurs positions et distances relatives. En clair, cela signifie que l'œil évalue la taille et la distance des objets selon la manière dont ils apparaissent dans l'environnement tridimensionnel. Un artiste graphique est jugé sur sa capacité de restituer la perspective sur un support bidimensionnel.

Bien que le terme soit subjectif, un objectif *normal* est celui dont la focale est censée respecter une perspective considérée

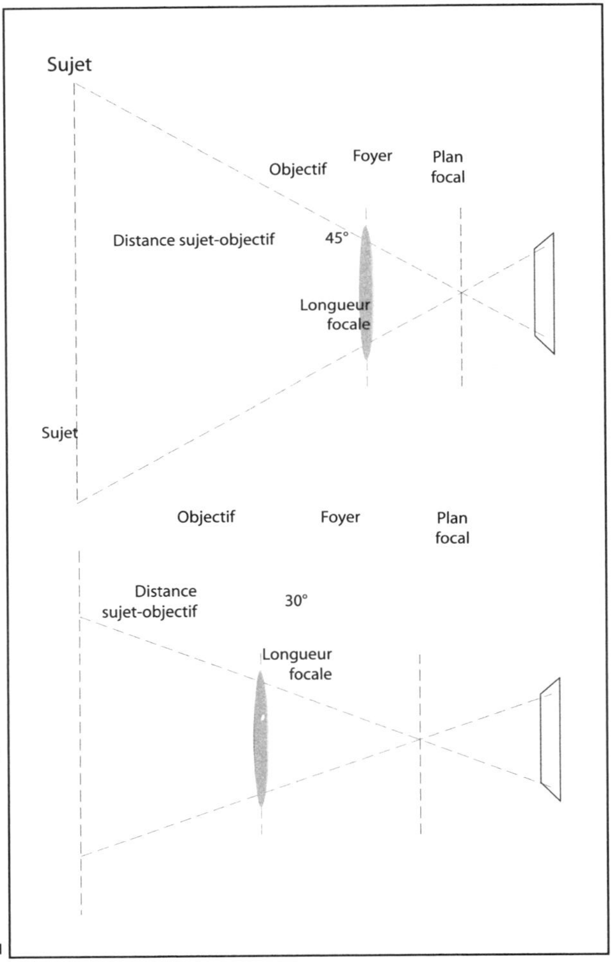

Figure 3.5 : Un objectif grand angulaire (en haut) embrasse un champ parfois plus vaste que celui perçu par l'œil humain, alors qu'un téléobjectif (en bas) limite l'étendue du champ de vision.

comme naturelle. Cette longueur focale se situe quelque part entre l'objectif grand angulaire et le téléobjectif.

Une perspective normale ne choque pas l'œil. Si vous êtes un admirateur d'Alfred Hitchcock, vous connaissez l'art de jouer avec les perspectives pour troubler et dérouter le spectateur. Et vous savez par conséquent comment mettre le spectateur à l'aise, juste avant que les événements dramatiques se produisent, par quelques plans préliminaires filmés avec une focale normale.

Un objectif grand angulaire couvre généralement un champ plus vaste que celui d'une vision normale. Il donne une sensation de grands espaces et produit parfois des images grotesques (portrait déformé). Par ailleurs, le téléobjectif a tendance à "aplatir" l'image en réduisant la perception des lignes de fuite (N.D.T. : contrairement à une croyance bien établie, la variation de la focale ne fausse pas les lignes de fuite – elles sont immuables – mais en révèle seulement une longueur plus ou moins importante, selon que le cadrage est fait avec un grand angulaire ou un téléobjectif).

Observez la Figure 3.6. Selon vos intentions, la longueur focale utilisée évoquera la beauté ou dramatisera l'image. Un objectif très grand angulaire produit une image déformée, donnant une impression d'abandon. Ce cadrage, ou un cadrage seulement grand angulaire, suggère que le bâtiment est vide, en attente d'un nouveau propriétaire. L'objectif normal dépeint une réalité plus... objective, à savoir que cet immeuble a connu des jours meilleurs. Le téléobjectif détaille le bâtiment, faisant oublier son aspect globalement délabré. Il ne s'attarde que sur des éléments architecturaux.

Le téléobjectif étendu est une technique électronique de doublement de l'agrandissement. Il existe sur beaucoup de caméscopes.

Du bon usage du zoom

Je dois l'admettre, j'utilise tout le temps le zoom. Le zoom automatique est un outil remarquable sur un caméscope, mais il est hélas souvent utilisé à mauvais escient. Avec un peu de pratique, vous pouvez faire beaucoup plus de choses avec le zoom en mode manuel. Le zoom automatique fait un tas de choses à la fois : il fait varier la focale de l'objectif, modifie la perception de la perspective, entraîne une variation du diaphragme, de la profondeur de champ et de la mise au point. C'est incroyable de penser que tout cela se fait tout seul.

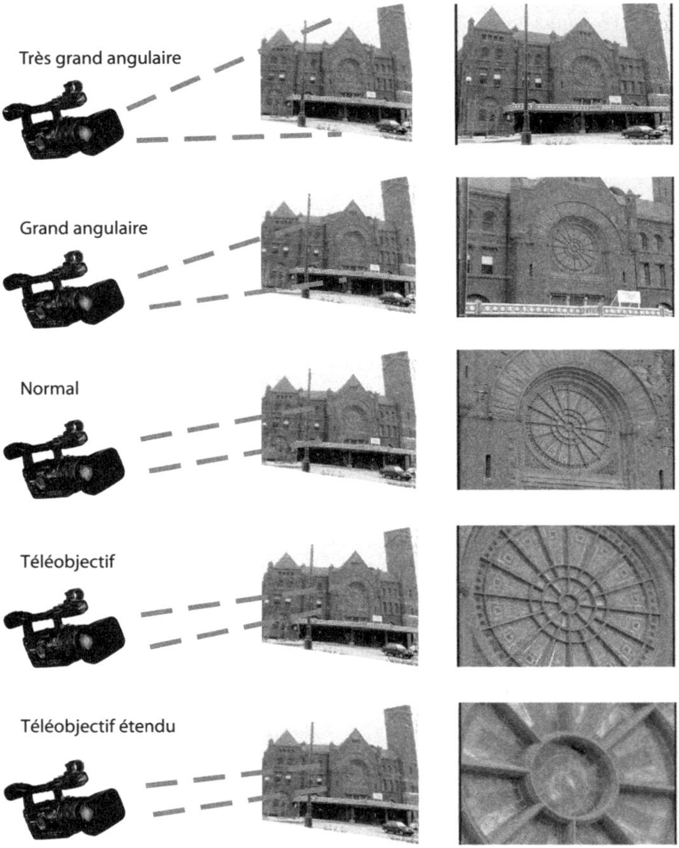

Figure 3.6 : Les particularités d'un objectif grand angulaire, normal ou téléobjectif sont évidentes lorsqu'elles sont expérimentées sur un même sujet.

Il arrive souvent que les fonctions automatiques du zoom causent des problèmes. Le cas classique est celui du zoom depuis la position grand angle vers une position téléobjectif en utilisant la mise au point automatique. Si le sujet est décentré et n'occupe de ce fait qu'une partie de l'image, la mise au point automatique s'effectue n'importe comment. Autre problème dû à l'automatisme du diaphragme : le passage d'un plan rapproché sur un visage à un plan large. Au cours du zoom, le visage s'assombrit.

Conclusion : travaillez en manuel chaque fois que vous le pouvez.

Comprendre l'obturateur

Il y a quelques lunes de cela, à l'époque où je travaillais pour payer mes études, j'étais projectionniste dans un cinéma. Bien que ce fût correctement payé et que je visse les films sans bourse déliée, le travail était vraiment trop facile et je m'ennuyais ferme. Donc, quand j'avais fini de réviser mes cours, je me plongeais dans les deux manuels techniques du projecteur 35mm qui trônait dans la cabine. À vrai dire, j'étais passionné par le cinéma. J'appris que vingt-quatre images défilent chaque seconde entre la lampe du projecteur et l'objectif.

C'est la base même du cinéma, à un détail près, et de taille : comment se fait-il que le défilement des images n'entraîne pas un flou ? Comment se fait-il que celles-ci soient si nettes ? La réponse est d'une géniale simplicité : vingt-quatre fois par seconde, le film s'immobilise brièvement. Chaque fois que le film avance d'une image, un obturateur s'interpose entre la pellicule et l'objectif et empêche la lumière de passer. En d'autres termes, un "écran" noir bloque le passage de la lumière.

L'avance du film s'effectue ainsi toujours dans le noir. La seule chose qui apparaît à l'écran est la brève projection d'une image immobile, à raison de 24 par seconde. Depuis des décennies, le principe n'a pas changé. Il est utilisé à peu près de la même manière en production vidéo.

L'explication du principe de l'obturateur appliquée à la projection cinématographique permet de mieux comprendre comment il fonctionne en vidéo. La vidéo est filmée à 25 images par seconde et non à 24, comme au cinéma. Pour bon nombre de raisons ô combien compliquées, une image vidéo est en réalité composée de deux trames entrelacées. L'image n'est pas produite, à l'écran, par un seul balayage d'une succession de lignes horizontales, mais par deux passages : un balayage est effectué uniquement sur les lignes impaires, puis un second passage est effectué sur les lignes paires. Ces deux images incomplètes, appelées "trames", sont entrelacées pour former

La HD propose le mode 24p

Je vais éviter d'entrer dans des détails trop techniques pour que vous compreniez bien de quoi il retourne. De nombreux caméscopes numériques HD font tomber le principe de la vidéo filmée à la cadence de 25 images par seconde en proposant un mode d'enregistrement appelé 24p.

Comme son nom l'indique, ce mode enregistre à la cadence de 24 images par seconde, c'est-à-dire comme le cinéma. (La cadence 24p est précisément de 23,976 images.) Comme cette cadence est liée à une grande résolution d'image (1080i soit 1920 x 1080 pixels), la vidéo HD donne, dans ce mode, un rendu assez proche du cinéma traditionnel.

Les problèmes posés par le 24p sont nombreux et dépassent le cadre de cet ouvrage. Sachez que le 24p est un mode de captation quand on l'applique aux caméscopes numériques HD, mais aussi un mode de diffusion lorsque l'on envisage les DVD haute définition Blu-ray et DVD-HD. Dans tous les cas de figure, pour profiter pleinement des images 24p, vous devez posséder un écran ou un vidéo-projecteur Full HD compatible 24p. Là, le cinéma prend quasiment place dans votre salon.

l'image finale, affichée 25 fois par seconde. En d'autres termes, une seconde d'images vidéo est constituée de 50 demi-trames que la vitesse de balayage permet à l'œil de reconstituer en une seconde d'images complètes, c'est-à-dire 25 images par seconde soit 50 demi-trames (ou champs).

Si votre caméscope est suffisamment perfectionné, vous pourrez limiter le flou de mouvement en augmentant la vitesse d'obturation.

Gérer la batterie

Vous avez sans doute oublié un petit détail : l'alimentation. En vertu du bien connu principe de Peter – la loi qui fait qu'une tartine tombe toujours du côté beurré – les batteries ont une fâcheuse tendance à déclarer forfait au moment précis où l'on a besoin d'elles. Je me suis parfois demandé si, dans leur jeune âge, les ingénieurs qui fabriquent les batteries n'ont pas partagé les bancs de l'école avec ceux qui concoctent des virus informatiques. Comment ne plus se faire piéger par une batterie rétive ? La réponse est simple : il suffit de connaître (un peu) l'ennemi.

Savoir utiliser la batterie

Vu son prix, il est crucial de savoir comment prolonger la durée de vie d'une batterie et éviter les erreurs de manipulation qui pourraient la mettre en péril. Il faut d'abord utiliser la bonne batterie pour le bon caméscope. Ce n'est pas un problème tant que vous vous servirez de celle qui se trouvait dans l'appareil au moment où vous l'avez acheté. Mais à un moment ou à un autre, vous remarquerez néanmoins quelques limitations, notamment celles-ci :

- La batterie semble ne pas tenir la charge aussi longtemps que vous l'espériez.
- La batterie est longue à se recharger.

Ces symptômes sont typiques des batteries rechargeables. Vous vous posez peut-être ces quelques questions :

- Peut-on ne charger que partiellement une batterie ?

  Oui, à condition que vous utilisiez un caméscope très récent, numérique. Ils sont en effet équipés de batteries de type Lithium-ion, qui supportent les recharges partielles. Mais les autres batteries, surtout celles au Cadmium-Nickel (CdNi), peuvent être endommagées.

- Peut-on recharger une batterie qui n'est pas entièrement déchargée ?

  Oui, si c'est une batterie Lithium-ion, mais non pour une batterie CdNi.

- Comment savoir qu'il est temps d'acheter une nouvelle batterie ?

  Les fabricants considèrent qu'il faut changer la batterie si elle ne fournit que la moitié de sa charge d'origine. Ainsi, si une batterie est censée alimenter un appareil pendant une heure, changez-en si elle ne possède plus qu'une demi-heure d'autonomie.

Vous vous épargnerez bien des problèmes en achetant une ou deux batteries supplémentaires pour votre caméscope. Vous en aurez ainsi toujours une sous la main si la batterie installée est complètement drainée.

- Les spécifications quant à l'autonomie des batteries diffèrent d'un modèle à un autre. Quelle durée d'enregistrement correspond à quelle puissance de batterie ?
- Combien de batteries dois-je posséder ?

  Un entretien régulier de la batterie peut faire beaucoup de bien à votre portefeuille. Partant du principe que la batterie fonctionne parfaitement et que vous comptez utiliser le caméscope tous les jours, pendant les vacances par exemple, vous devez en prévoir quatre. Vous aurez ainsi tous les jours huit heures d'autonomie. Pendant que j'y pense : quand vous mettez le caméscope en pause, la batterie n'en est pas moins drainée.

- Au moment d'acheter une nouvelle batterie, quel type dois-je envisager d'acquérir ?

  Achetez toujours des batteries conçues pour votre chargeur. Et bien sûr, achetez des batteries au voltage de votre caméscope.

  Si vous vous trompez en achetant une batterie, vous risquez de détériorer le chargeur, la batterie elle-même, voire le caméscope. Tenez-vous-en aux batteries de la même marque que le caméscope. Si vous tenez vraiment à prendre des batteries d'une autre marque, je vous conseille vivement d'opter pour celles provenant d'un fabricant réputé, comme Anton/Bauer.

  Sachez que des spécialistes en batteries proposent des modèles très performants qui permettent théoriquement de filmer pendant 6 heures sans utiliser l'écran de contrôle LCD. Demandez à votre revendeur si de telles batteries existent pour le modèle de caméra que vous envisagez d'acheter. Il existe à Paris un magasin où vous trouverez toutes les batteries possibles et imaginables, j'ai nommé *Mille et une piles* !

Entretenir la batterie

L'entretien d'une batterie passe par quelques bonnes habitudes. Vous l'exploiterez ainsi au mieux de ses possibilités et vous éviterez des dépenses inutiles.

La chaleur excessive est l'ennemi numéro un des batteries. Elles ne doivent jamais être exposées à des températures élevées. D'après Anton/Bauer, la chaleur accélère le vieillissement jusqu'à 80 % ! Elle tend aussi à limiter la capacité des batteries Lithium-ion à maintenir leur charge.

La règle d'or est de ne jamais placer une batterie là où vous ne mettriez ni votre chien ni votre chat. Cela a l'air bête, mais le vieux précepte qui interdit de laisser votre animal de compagnie enfermé dans la voiture vaut aussi pour les batteries du caméscope. Si vous filmez sous climat très chaud, comme une plage en été, placez vos batteries supplémentaires dans un endroit frais. Abritez aussi les batteries momentanément vides.

Lorsque des batteries ne sont pas utilisées pendant une longue période (plusieurs semaines), Anton/Bauer recommande de les placer dans le bac à légume du réfrigérateur. En vérité, Anton/Bauer ne parle pas de légumes, mais recommande un stockage dans un réfrigérateur. Avant d'y placer les batteries entre les laitues et les rutabagas, entourez-les d'un sac en plastique afin d'éviter qu'en cas de fuite, elles aillent contaminer la nourriture.

Ne placez jamais une batterie froide directement dans le chargeur ! Si vous venez de l'extraire d'un environnement froid, comme la voiture en hiver, laissez-la se mettre d'abord à température ambiante. Il est en effet arrivé que des batteries trop froides explosent lorsqu'elles sont mises en charge. Ce processus de chargement génère en effet de la chaleur et des phénomènes électrolytiques qui peuvent déformer une batterie trop froide.

Si vous avez plus d'un chargeur, tenez-les à bonne distance les uns des autres si vous les utilisez simultanément.

Enfin et surtout, ne laissez pas les batteries se bousculer pendant le transport, ce qui nuirait à leur durée de vie et à leurs performances. De plus, n'utilisez jamais une batterie visiblement abîmée. Son revêtement est en effet censé éviter toute fuite acide. Si elle est fissurée, l'électrolyte (un produit chimique notoirement instable et dangereux) peut s'écouler et endommager tout ce qui serait en contact avec lui.

Chapitre 4

Que la lumière soit

Dans ce chapitre :

- Se familiariser avec la lumière et la couleur.
- Améliorer une vidéo avec des éclairages supplémentaires.

Le caméscope est à la fois le meilleur ami de la lumière et son pire ennemi. La lumière éclaire et apporte de la couleur. Mais elle n'est pas forcément de bonne qualité. Mal maîtrisée, elle peut :

- Transformer un sujet en silhouette.
- Projeter des ombres hideuses sur le visage.

Dans ce chapitre, je vous expliquerai comment mettre en valeur ce que vous *voulez montrer* grâce à une utilisation judicieuse de la lumière. Il n'est pas indispensable de lire ces conseils pour vous en remettre entièrement aux automatismes de votre caméscope. Dans 70 % des cas, ce sera parfait. Mais tôt ou tard, vous serez obligé d'intervenir sur l'éclairage. L'expérience m'a appris que l'utilisation d'un caméscope nous expose tous, pour ne pas dire toujours, à des problèmes de lumière.

TRUC

Le contenu de ce chapitre vaut aussi bien pour les caméscopes SD que HD.

Les bases de l'éclairage

Ce que vous filmez ne vaut que par la lumière et la couleur. Celles-ci ne se contentent pas d'éclairer le sujet, mais donnent aussi à une scène son ambiance et son atmosphère.

La lumière

Que vous filmiez en extérieur sous une lumière naturelle ou en intérieur sous un éclairage artificiel, vous devez garder à l'esprit ces quelques préceptes simples :

- La lumière doit être suffisante pour que le capteur CCD réagisse. Sinon, la qualité de l'image en souffrira.

  Le capteur CCD convertit la lumière qui frappe les photosites (pixels) en signal analogique ou, dans le cas d'un caméscope numérique, en signal numérique.
- La manière dont vous exploitez les ombres et les lumières hiérarchise le contenu de l'image. La lumière attire l'attention sur un sujet tandis que les ombres donnent moins d'importance aux objets qu'elles estompent.
- La manière dont vous utilisez les ombres et les lumières détermine l'impact émotionnel ou esthétique (je présume que si le spectateur rit ou pleure, c'est parce que vous l'avez voulu).
- La lumière crée une relation ou une continuité d'un plan à un autre.

La couleur

La capacité d'un caméscope à interpréter la lumière repose sur sa capacité à restituer les teintes d'une grande variété de sources lumineuses, ce qui peut poser un gros problème. L'exemple classique est l'achat d'un vêtement que vous souhaitez assortir à un autre vêtement qui est chez vous. Vous farfouillez dans les rayons jusqu'au moment où vous dénichez la cravate ou l'écharpe assortie. Mais, de retour à la maison, vous vous apercevez que les couleurs ne vont pas du tout ensemble. Que s'est-il passé ?

Dans la boutique, vous aviez examiné l'écharpe sous une lumière fluorescente. Dans votre esprit, vous avez comparé sa couleur avec celle du vêtement resté à la maison. Le problème, c'est que l'image que vous vous êtes faite de ce vêtement est basée sur une vision en lumière du jour ou sous une lampe à incandescence. Or, pour choisir des couleurs sans se tromper, il faut les comparer sous des éclairages de même type. Vos yeux et votre cerveau ont été induits en erreur par un phénomène lié à la *température de couleur.*

La température de couleur

La température de couleur est une mesure de la couleur basée sur le rayonnement émis. Ce dernier est exprimé en degrés Kelvin, à partir du zéro absolu (corps noir dont le rayonnement est nul), soit -273,15 °C. Un caméscope doit être réglé pour interpréter convenablement la couleur de ce qu'il filme selon la température de couleur de la source lumineuse. Quand vous filmez au soleil, la manière dont le caméscope perçoit les couleurs est entièrement différente de la manière dont il les perçoit en intérieur.

Le cas typique, c'est quand vous filmez quelqu'un qui rentre chez lui. Dès que vous avez poussé la porte, le caméscope fait aussitôt le point et règle le diaphragme en fonction de la lumière ambiante. Mais vous remarquez aussi que pendant un bref instant l'image présente une forte dominante bleutée. Puis tout redevient normal : le caméscope tient maintenant compte de la température de couleur ambiante.

La balance des blancs

La balance des blancs indique au caméscope la couleur qu'il doit considérer comme du blanc. En la réglant manuellement, vous remarquerez que les problèmes liés à la température de couleur s'atténueront. Il faut néanmoins éviter autant que possible le *mélange* de différentes températures de couleur dans une même image. Cette situation se produit classiquement lorsque, dans une scène d'intérieur, une fenêtre apparaît dans le cadre. Si vous avez calé le blanc pour travailler en lumière artificielle, tout ce qui se trouve près de la fenêtre ainsi que le décor que l'on aperçoit au travers sera bleuté. Mais, si la scène est importante et que vous n'avez aucun moyen de contrôler les éclairages, enclenchez la balance des blancs automatique et croisez les doigts.

Si le caméscope est capable de se caler automatiquement sur le blanc, pourquoi en parler ici ? Il y a de bonnes raisons à cela. En mode automatique, la balance des blancs est effectuée sur la température de couleur moyenne qui règne dans la pièce. Le problème est qu'à certains endroits de la chambre, une couleur peut dominer nettement et donner une couleur bizarre à la peau des personnages.

Dans ce cas, que font les pros ? Ils se fient parfois à la balance des blancs automatique. De temps à autre, ils utilisent les présélections d'usine. Mais dans le doute, ils règlent manuellement la balance des blancs (N.D.T. : ils se servent pour cela d'un thermocolorimètre qui fournit une mesure précise de la température de couleur ambiante).

Le réglage manuel de la balance des blancs est assez simple. Voici la procédure générique de réglage de la balance des blancs (reportez-vous éventuellement au manuel de votre appareil) :

1. **Mettez le sélecteur de la balance des blancs sur Manuel.**

   Mettez le bouton de réglage de l'équilibre chromatique sur White balance, WB, ou encore WTH BAL (voir Figure 4.1).

2. **Placez une feuille de papier blanc à l'endroit où l'équilibre chromatique doit absolument être respecté, devant le visage du sujet, par exemple.**

   Vous serez ainsi certain que la température de couleur de l'élément principal de la séquence sera correcte.

3. **Actionnez le bouton Balance des blancs de votre caméscope.**

En intérieur et en extérieur, la balance des blancs est souvent établie selon des *présélections* faites en usine. Elles calent automatiquement le caméscope pour une utilisation en lumière artificielle ou en lumière du jour. Pour utiles que soient ces

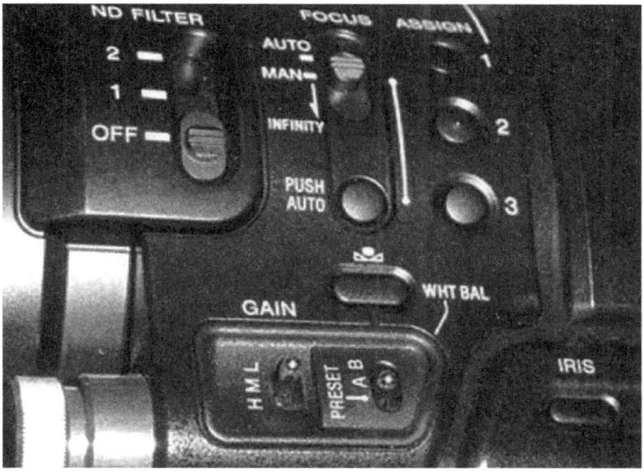

Figure 4.1 : Sur un caméscope, le réglage manuel de la balance des blancs est conservé jusqu'à ce que vous éteigniez le caméscope ou que vous procédiez à un nouveau réglage du blanc.

options, elles peuvent cependant facilement être fort mal utilisées.

Jetez un coup d'œil au Tableau 4.1. Il indique les températures de couleur de diverses sources lumineuses, de la bougie au soleil dégagé. Les présélections ont été faites pour un type de lampe à incandescence professionnelle (tungstène) et pour la lumière du jour. Les présélections sont classiquement établies à 3 200 kelvins (projecteur de studio à incandescence) pour les intérieurs et 5 600 K (soleil à midi) pour les extérieurs. Comme vous le voyez, ces deux présélections ne vous seront pas d'un grand secours si vous éclairez une scène avec des bougies, avec des ampoules domestiques ou avec des tubes fluorescents. Et en extérieur, vous aurez des problèmes à l'aube et au crépuscule.

N'OUBLIEZ PAS

La température de couleur d'un éclairage fluorescent varie selon son âge, le revêtement interne, son filtre et d'autres facteurs.

Les techniques d'éclairage

À moins que vous ne soyez fermement décidé à filmer en gardant le couvercle de protection sur l'objectif, vous serez

Tableau 4.1 : Températures de couleur approximatives de quelques sources lumineuses.

Source lumineuse	Température de couleur en kelvins
Bougie	1 900 K
Ampoule domestique de 60 watts	2 800 K
Projecteur de studio	3 200 K
Tube fluorescent	3 700 K
Aube et crépuscule	2 000 à 3 500 K
Soleil de midi dégagé	5 600 K
Jour brumeux	8 000 K

maître ou esclave de la lumière. Si vos notions d'éclairage sont rudimentaires, vous serez à des années-lumière d'une vidéo de bonne qualité. Notamment s'il s'agit de vidéo numérique. Des ouvrages entiers ont été consacrés aux techniques d'éclairage. Mais vous pourrez obtenir de très bons résultats en sachant seulement :

- Régler l'éclairage principal.
- Produire une lumière tamisée.
- Distribuer les ombres.

Frapper avec une lumière dure

Au cinéma et en vidéo, la *lumière dure* est un éclairage dirigé qui produit des ombres très nettes. Elle est dominante et fait que l'œil recherche inconsciemment les reflets. En règle générale, plus le diamètre de la source lumineuse est étroit, plus les ombres sont nettes et plus le contraste entre les lumières et les ombres est dur. La Figure 4.2 montre l'effet d'une lumière dure sur un personnage. Dans un studio, ce type d'éclairage est utilisé pour mettre en valeur ce qui doit être vu. En extérieur, la lumière dure est produite par un soleil dégagé.

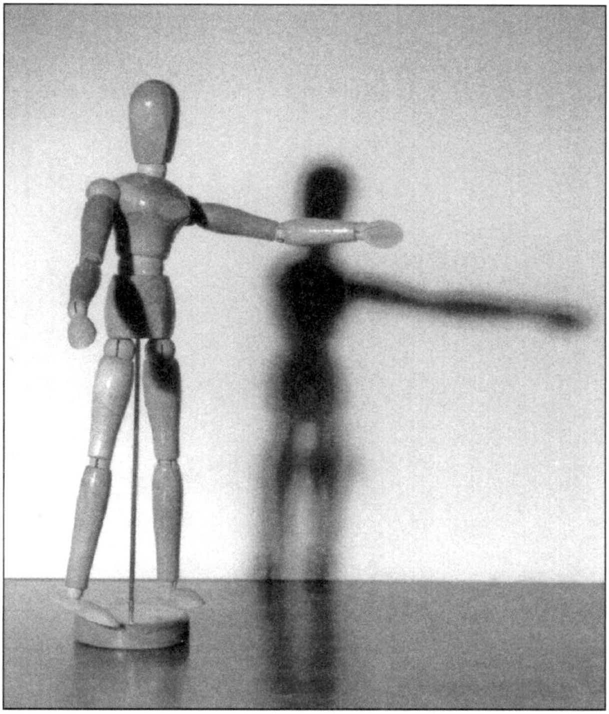

Figure 4.2 : Comme vous le voyez sur ce personnage, la lumière dure accentue les dimensions et la profondeur ; elle produit des ombres et des reflets très visibles.

Suggérer avec une lumière tamisée

La *lumière tamisée* est plus subjective – voire suggestive – qu'un éclairage dur. Elle inonde la scène et, comme le montre la Figure 4.3, elle projette des ombres très douces. En intérieur, la lumière tamisée est produite par des sources indirectes, comme une applique dont la lumière est renvoyée par un mur blanc. Elle peut aussi être produite par un éclairage direct recouvert d'un filtre ou d'un voilage en tulle ou en mousseline. En extérieur, la lumière tamisée apparaît quand le temps est couvert ou à l'ombre d'un bâtiment. Parfois, les éclairagistes recouvrent entièrement le plateau de tournage avec de la soie pour tamiser la lumière du soleil.

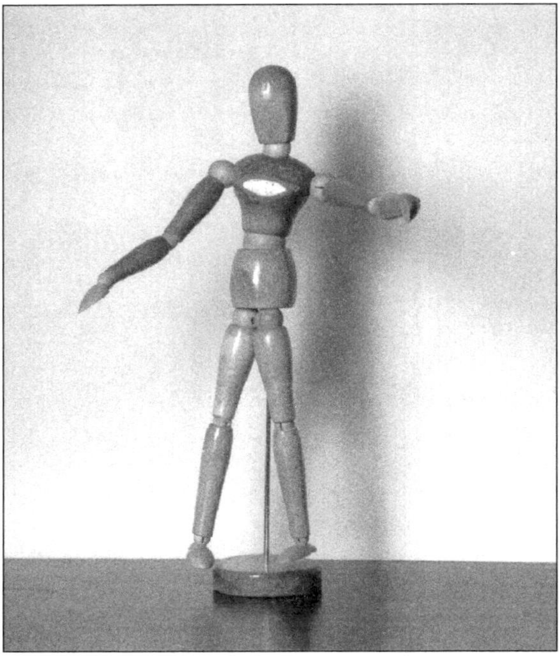

Figure 4.3 : À l'inverse d'un éclairage dur, la lumière tamisée est obtenue par une source lumineuse de grand diamètre. Elle produit des ombres très douces, peu denses.

Contrôler les ombres

Les *ombres* apparaissent là où la lumière ne parvient pas, ou peu, parce qu'elle est arrêtée par un objet. L'ombre peut apporter quelque chose à une image (voir Figure 4.4) ou la compromettre définitivement. La pire des ombres est celle projetée par le nez car elle fait du nez le sujet principal de la photo : on ne voit plus que lui ! Le meilleur moyen de vous assurer qu'une ombre ne défigure pas le sujet, c'est de vous fier à ce que vous voyez dans le viseur. Le caméscope perçoit en effet les ombres différemment que l'œil humain car il voit en deux dimensions, et non en trois.

Je sais bien que les éclairages de studio peuvent être très chers et qu'ils consomment beaucoup d'électricité, mais vous n'êtes pas obligé de faire des dépenses somptuaires.

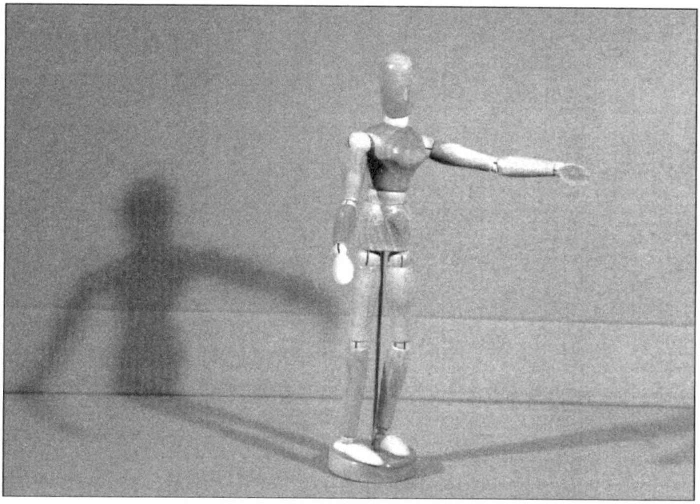

Figure 4.4 : Les ombres jouent un rôle prédominant dans une scène car elles suggèrent le relief et la profondeur. Elles révèlent aussi d'où provient la lumière.

Nous allons aborder quelques principes d'éclairage empruntés au cinéma, et notamment les trois éclairages de base :

- L'éclairage principal.
- L'éclairage d'appoint.
- L'éclairage à contre-jour.

L'éclairage principal (qui fait de tante Bertha une star)

L'éclairage principal est *l'éclairage de base* du plan. Provenant d'un point précis, il crée l'ambiance de la séquence. C'est souvent une lumière dure (reportez-vous à la section "Frapper avec une lumière dure", plus haut dans ce chapitre). Elle est placée hors du champ (voir Figure 4.5) et sert aussi à orienter les ombres de la scène. Tous les éclairages sont potentiellement une source de problèmes ; ceux de l'éclairage principal résident dans le risque de surexposition et de projection d'ombres disgracieuses.

Figure 4.5 : L'éclairage principal oriente la lumière.

L'éclairage principal est particulièrement important lorsque le sujet est filmé de face car il peut aussi bien flatter le visage que le déformer. Bien éclairer un visage exige de la pratique. La difficulté provient en effet de l'infinie diversité des traits et du modelé : il est impossible de filmer deux personnes de la même façon. La raison d'être de la séquence peut bien sûr déterminer directement la manière dont le visage doit être rendu. Vous ne l'éclairerez par exemple pas de la même façon dans une scène imprégnée de mystère que lors d'une interview. La Figure 4.6 montre comment la lumière modifie la perception que l'on peut avoir d'un visage.

Dans cette figure, j'ai modifié verticalement et horizontalement l'emplacement de la lumière principale dans chacune des images. À partir d'un même visage, la lumière produit une foule d'effets différents. Un éclairage peut être dramatique.

Placez l'éclairage principal à 30° ou 45° à droite ou à gauche de la caméra. Une bonne règle consiste à respecter le sens de la lumière naturelle et donc orienter l'éclairage dans la même

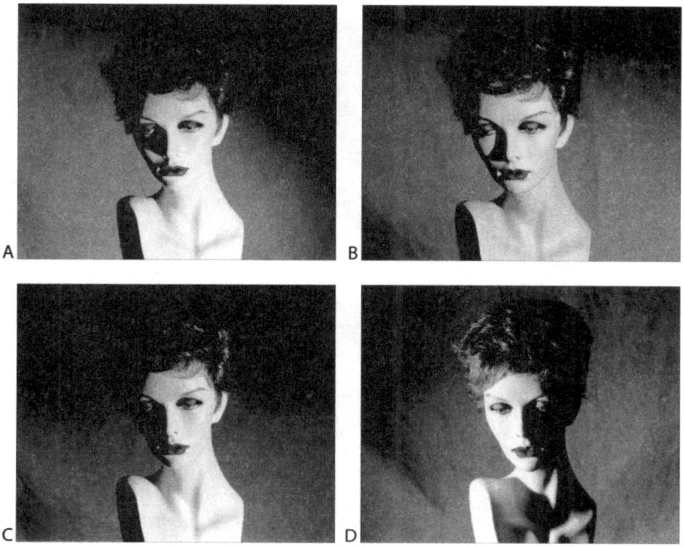

Figure 4.6 : L'angle de l'éclairage principal change un visage. En A, l'angle est inhabituel et suscite le mystère. En B, la lumière provient sous un angle naturel. En C, l'angle est naturel mais avec des zones d'ombre. En D, l'éclairage est concentré sur le front.

direction. Je préfère personnellement éclairer de la gauche ; faites des essais et voyez ce qui rend le mieux.

L'éclairage d'appoint (qui fait de tante Bertha une jeune première)

Sans la douceur apportée par un éclairage d'appoint, la lumière principale est souvent trop forte et peu plaisante. En général, une lumière d'appoint projette peu d'ombres, atténue la dureté de l'éclairage de base et débouche les ombres. Alors que l'éclairage principal crée l'ambiance globale de la scène, l'éclairage d'appoint apporte une touche plus subjective (voir Figure 4.7). Et, si la lumière principale peut "griller" le sujet, un excès de lumière d'appoint risque d'aplatir le modelé d'un visage, c'est-à-dire d'atténuer ses reliefs et de faire disparaître le grain de la peau. Placez la lumière d'appoint à 45° par rapport à la caméra, de l'autre côté de l'éclairage principal.

Figure 4.7 : Un éclairage d'appoint améliore la luminosité de la scène et débouche les ombres produites par l'éclairage principal.

Au naturel, la lumière d'appoint est généralement produite par une source secondaire, comme de la lumière provenant d'une fenêtre ou d'une lampe placée dans un coin. Pour la contrôler, vous pouvez étendre un drap par-dessus la fenêtre, ou utiliser un réflecteur blanc pour travailler la lumière indirecte.

L'éclairage à contre-jour (qui donne de la profondeur à tante Bertha)

Comme je l'avais déjà dit, la vidéo reproduit en deux dimensions une réalité qui, elle, est tridimensionnelle. Le problème, c'est qu'il faut éviter de donner l'impression que le sujet est plaqué contre l'arrière-plan. Faire ressortir le sujet du fond apporte beaucoup à l'image. Cette impression est produite par un *éclairage à contre-jour.*

Un éclairage à contre-jour crée une sorte de halo lumineux autour du sujet. Les hautes lumières le détachent du fond, comme l'illustre la Figure 4.8. Dans sa configuration la plus simple, l'éclairage à contre-jour est placé au fond de la scène et orienté vers la caméra, illuminant le sujet par l'arrière.

Figure 4.8 : L'éclairage à contre-jour est pointé vers le sujet et ne doit pas illuminer le fond.

Un éclairage à contre-jour peut être produit par une torche à incandescence placée derrière le sujet, à la hauteur des épaules ou de la tête.

On allume tout

Après avoir réglé séparément l'éclairage principal, l'éclairage d'appoint et l'éclairage à contre-jour, allumez-les tous et vérifiez la répartition de la lumière. Dans la Figure 4.9, l'éclairage principal donne la direction de la lumière et donne de la profondeur au plan sans trop de dureté. L'éclairage à contre-jour crée un halo qui détache bien la chevelure du fond. Quant à l'éclairage d'appoint, il adoucit le visage sans compromettre son modelé.

Vous savez que l'éclairage est bon lorsque le sujet paraît naturel et attractif dans le viseur. Si le visage est trop clair, réduisez un peu l'éclairage principal. Si les ombres sont trop denses, augmentez l'intensité de la lumière d'appoint ou rapprochez-la. Si le sujet semble plaqué contre le décor, augmentez ou déplacez l'éclairage à contre-jour.

Figure 4.9 : Le dosage de la lumière est rarement parfait. Mais ce qui est important, c'est de mettre le sujet en valeur.

Chapitre 5

La prise de son

Dans ce chapitre :

- Le son numérique au service de la vidéo.
- Enregistrer un son exploitable.
- Les outils d'enregistrement audio.

Un enregistrement sonore de qualité ne sera pas toujours une source de problèmes, notamment quand vous utilisez un caméscope SD ou HD. Dans le calme de votre salon, il suffira de pointer le caméscope dans la bonne direction et d'appuyer sur le bouton d'enregistrement. Une production audio de bonne qualité peut se révéler incroyablement simple. Mais parfois aussi, il vous faudra mettre en œuvre des trésors d'ingéniosité dans le seul but d'enregistrer un signal audio à peine acceptable, comme dans le cas d'une interview avec, comme bruit de fond, une rue très passante.

Ce chapitre vous aide à exploiter au mieux les capacités audio de votre caméscope. Avec un peu de pratique, vous finirez par prendre les bonnes habitudes pour une prise de son. Vous apprendrez aussi dans ces pages ce qui se passe quand vous enregistrez du son, pourquoi le son numérique est supérieur à tout autre type de son et comment améliorer la qualité d'un enregistrement, même dans un environnement bruyant ou difficile.

Reproduire la réalité sonore

L'enregistrement du son est toujours problématique. À quoi bon filmer une cérémonie de mariage si l'on entend la belle-mère se moucher bruyamment ? Dans un autre domaine, vos présentations seront plus efficaces avec des explications vocales. En ce qui concerne le son, votre caméscope ne peut cependant pas faire des miracles. C'est à vous d'apprendre à contourner ses limitations.

Enregistrer un son exploitable

L'oreille humaine s'accommode des imperfections du son. Même si votre esprit reconstitue volontiers les éléments sonores manquants, votre pensée rejette ce qui est mal reproduit. Beaucoup de gens ne supportent pas les voix exagérément sifflantes, les sons trop aigus ou les résonances excessivement fortes et profondes. Tous ces défauts sont propres à un phénomène appelé *distorsion.*

Deux types de distorsions menacent la qualité de la reproduction audio : celles causées par les limitations des périphériques d'enregistrement et celles dues à la mauvaise utilisation du matériel. Nous aborderons d'ici peu les limitations du matériel d'enregistrement numérique puis, dans la section "Améliorer la prise de son", nous verrons comment effectuer une prise de son correcte.

Choisir un microphone

Imaginez que vous ayez à effectuer une prise de son lors d'un mariage religieux. Vous allez à l'église – ou tout autre édifice apparenté – un peu en avance pour préparer le matériel. Vous placez le trépied à un endroit stratégique et le micro près de l'endroit où le serment doit être prononcé. Tout est prêt. Il ne vous reste plus qu'à attendre.

La musique commence. Les grandes orgues, bien fortes. Le cadrage est de toute beauté, la lumière idéale. Tout paraît parfait sauf que le vumètre audio s'affole complètement.

La musique cesse et le prêtre commence à parler. Puis c'est le grand moment : la jeune mariée répond à la question fatidique. Enfin, vous supposez qu'elle a répondu parce que l'aiguille du vumètre du caméscope n'a pas réagi.

Le prêtre se tourne vers le jeune marié et là, horreur ! C'est d'une voix forte qu'il clame son "oui, je le veux". Ce coup-ci, l'aiguille du vumètre saute dans la zone rouge de distorsion.

Que doit faire un vidéaste numérique ? La section qui suit propose bon nombre de suggestions, dont beaucoup sont assez techniques. Nous parlerons de microphones, d'acoustique et des divers moyens de résoudre des problèmes d'enregistrement fort trapus.

L'une des incohérences les plus notoires de la production vidéo, c'est qu'un objectif n'est utile que s'il est fixé au boîtier du caméscope alors que le micro ne donne vraiment de bons résultats que s'il est détaché du boîtier. Car, lorsqu'il est fixé sur le caméscope, le micro enregistre aussi les bruits mécaniques de l'appareil et les bruits inopportuns produits par l'opérateur de la caméra et son assistant (l'assistant peut être n'importe qui – du moment qu'il ne risque pas de détériorer votre matériel – que vous avez réquisitionné pour vous aider). En intérieur notamment, le micro intégré à la caméra a tendance à capter des sons réverbérés.

Les explications quant aux types de micros et leur emplacement peuvent vite devenir très techniques et terriblement sophistiquées. Pour rester simple et accessible, je n'en décrirai et recommanderai que quelques-uns.

Les catégories de micro

Comme je viens de le dire, la technologie audio est un domaine fort complexe. Mais si vous faites de la vidéo numérique, vous devez en savoir un peu plus sur les micros. Certains sont parfaits pour un usage donné et laissent à désirer pour d'autres. D'autres micros, comme ceux qui équipent les caméscopes, donnent de bons résultats pour un usage général, mais sont à peine acceptables dans bon nombre de circonstances.

Regardez la Figure 5.1 et remarquez les nombreuses réflexions de la source sonore. Le fait est que l'enregistreur audio du caméscope enregistre fidèlement tout ce que capte le micro ; or, le micro omnidirectionnel reçoit la somme de tous les sons environnants, et pas seulement la voix de la personne qui parle. Tentez une expérience. Placez une personne devant une fontaine publique à grand débit. Demandez-lui de parler normalement, comme si elle s'adressait à une autre personne située juste à côté d'elle. Quand vous regarderez la vidéo, vous noterez une prédominance incroyable du bruit de l'eau de la fontaine dont les fréquences l'emportent sur celles de la personne qui parle. Dans ce type de prise de vues, le micro intégré au caméscope pose problème.

Figure 5.1 : Un microphone ne sait pas différencier les sons. Il les capte tous sans en privilégier aucun.

TRUC

Un moyen de discriminer les sons et de n'enregistrer que celui que l'on veut consiste à modifier et à organiser l'environnement sonore autour du microphone.

Micro-cravate et micro tenu à la main

Si vous devez filmer un mariage, réaliser un film de formation ou toute autre vidéo où la qualité audio est indispensable, je vous recommande d'investir dans un micro-cravate convenable. Un *micro-cravate* (voir Figure 5.2) est un minuscule microphone que l'on peut fixer à une cravate ou à un revers. Il est généralement omnidirectionnel, mais il existe des modèles directionnels. Ces derniers servent principalement à enregistrer des instruments de musique.

Figure 5.2 : Un micro-cravate est plus discret qu'un micro tenu à la main, mais ce dernier est plus polyvalent.

Vous pouvez aussi acquérir un microphone à tenir à la main (ou posé sur un support). La plupart de ces micros sont omnidirectionnels.

Avec ou sans fil ?

Selon le budget dont vous disposez ou les nécessités du tournage, vous choisirez un micro à fil, ou un micro sans fil avec son émetteur et un récepteur. Un système de micro sans fil vaut environ 560 euros. Il en existe de moins chers, mais pour ce prix vous aurez du mal à trouver un système avec un récepteur adapté à la petite taille d'un caméscope.

TRUC

Lors de l'achat de votre caméscope, vérifiez attentivement, et plutôt deux fois qu'une, que celui-ci possède une prise pour un microphone externe. Et, pendant que vous y êtes, assurez-vous qu'il possède aussi un jack pour un casque. La plupart des caméscopes ont ces deux connecteurs, mais il est néanmoins bon de s'en assurer. Un casque permet d'écouter le niveau du son (voir la section "Améliorer la prise de son", un peu plus loin).

Les systèmes à fil sont bon marché et dépendants. Il suffit de les brancher au micro et à l'enregistreur. Mais ils ont aussi des limitations :

- En traînant par terre, le fil ramasse de la poussière et de la saleté, ce qui peut abîmer le matériel et être à l'origine de distorsions.
- Il faut trouver un moyen de cacher les fils pendant le tournage.
- Un bourdonnement induit peut se manifester si par inadvertance le câble audio longe un câble électrique.

Les systèmes de micros sans fil ont certes des avantages, mais aussi des limites :

- Ils consomment énormément de batteries.
- L'émetteur que porte la personne filmée n'est pas très discret.
- Des interférences radio peuvent se produire.

Chaque fois que j'ai le choix, je préfère utiliser un micro à fil à un micro sans fil. Mais la "loi de Murphy" recommande d'avoir les deux sous la main.

Améliorer la prise de son

La prise de son n'est jamais une mince affaire. Vous devez faire en sorte que le son enregistré reproduise aussi fidèlement que possible ce que vos oreilles ont entendu.

La règle d'or, c'est de ne jamais *saturer* le son pendant un enregistrement. La *saturation* se produit lorsque le micro est placé trop près de la bouche de la personne enregistrée, ou trop près d'un instrument de musique. Un son saturé est inévitablement distordu, c'est-à-dire déformé.

Vous trouverez ci-dessous quelques astuces et conseils pour améliorer vos enregistrements. Vous massacrerez parfois le son (la perfection n'est pas de ce monde) mais vous pourrez obtenir une bonne qualité audio en appliquant quelques règles simples.

- **Règle 1 :** Achetez un casque. Mettez-le au moment de la préparation de la prise de son et gardez-le au moins au début de l'enregistrement. Dès que vous serez certain que tout se passe bien, vous pourrez l'ôter.
- **Règle 2 :** Vous aurez peut-être intérêt à désactiver le contrôle automatique du gain (CAG) du caméscope. Le CAG est une fonction normale sur un caméscope, chargée de réguler le volume d'enregistrement et d'empêcher ainsi une saturation du son, lorsqu'il excède la plage dynamique. Coupez-le. Je ne rigole pas. Vraiment ("fais confiance à la Force, Luke"). Je n'utilise le CAG que dans deux cas : quand je n'ai pas le temps de surveiller le son et quand la situation est incontrôlable, comme lors d'un match de basket où tout le monde hurle. Autrement, je désactive cette fonction et je garde un doigt sur le contrôle du volume. Pourquoi est-ce que je me passe du CAG ? Parce qu'il est très bien pour ce pour quoi il a été conçu. Il analyse le son puis il l'exploite au mieux en fonction de la plage dynamique. Il favorise même les sons indésirables ; et c'est bien là le problème. Quelques caméscopes permettent de limiter le volume sonore à un certain nombre de décibels, par exemple -3 dB, -10 dB, etc., sans pouvoir effectuer une mesure précise du volume sonore. Dans ce cas, vous savez que le son n'excédera pas -3 dB ou toute autre valeur prédéterminée que vous aurez sélectionnée. Cela assure une absence de saturation tout en conservant un volume sonore très correct. Je rappelle qu'en numérique, la limite de l'intensité sonore est 0 dB. Au-delà, il y a saturation, voire coupure du signal audio !

  Le contrôle automatique du gain peut engendrer d'autres horreurs, notamment quand vous enregistrez dans un immeuble de bureaux. Si ce local est vide, vous pouvez penser qu'il est calme. Mais ce ne sera pas forcément l'avis du CAG. Il peut amplifier le son d'une climatisation, du ventilateur d'un ordinateur et de la photocopieuse de la pièce d'à côté à un niveau assourdissant. Car après tout, c'est son travail. Il m'est arrivé de devoir jeter une séquence uniquement à cause du bourdonnement d'un tube fluorescent ! À la lecture du son, il y avait de quoi devenir fou alors que je n'avais même pas remarqué ce bruit dans la pièce. Merci le CAG !

- **Règle 3 :** Faites des tests de son avec chacune des personnes présentes. Je sais que ce n'est pas toujours possible. Mais chaque fois que vous le pouvez, demandez aux gens de parler naturellement depuis leur place. Réglez le niveau du son, enregistrez puis écoutez. Avec un peu d'habitude, cela vous prendra moins d'une minute. Et, je vous assure que vous prendrez plus de plaisir à filmer en sachant que le son sera correctement couché. De plus, les gens sont en général ravis de participer au test car eux aussi tiennent à ce que leur voix soit correctement enregistrée.

- **Règle 4 :** Suivez le gain. *Suivre le gain* consiste à garder un œil sur le vumètre et un doigt sur la molette de réglage du volume. Avec un peu de pratique, vous saurez anticiper le moment où quelqu'un s'apprête à hausser le ton ou à parler plus doucement. Le but du suivi du gain n'est pas d'égaliser constamment le niveau sonore, mais de procéder de temps en temps à de subtils ajustements pour éviter une distorsion ou la disparition du signal audio.

- **Règle 5 :** Emportez des couvertures. De véritables couvertures. Vous remarquerez parfois que certaines pièces réverbèrent anormalement le son. Ce phénomène se produit surtout dans les pièces carrelées, ou dont le plafond renvoie facilement le son. Si vous percevez une réverbération, placez des couvertures de-ci de-là, hors du champ bien sûr. Vous noterez aussitôt une nette amélioration de la qualité de l'enregistrement.

- **Règle 6 :** Amenez un tas de batteries. Je peux vous assurer qu'il existe une mystérieuse corrélation entre le stock de batteries et la durée de vie de celles que l'on utilise. Si vous avez oublié d'en emporter, la batterie du micro rendra l'âme au beau milieu d'une scène impossible à refaire. Mais si vous avez des batteries sous la main, celle du micro durera sans fin. Il y a là quelque chose qui dépasse l'entendement...

Chapitre 6

Réussir les plans vidéo

Dans ce chapitre :

- Organiser les prises de vues.
- Écrire un script et préparer le tournage.

Si j'ai bien compris, vous avez l'intention de faire plus, avec votre caméscope, que simplement filmer tout ce qui se présente. Peut-être avez-vous l'intention de réaliser un film digne de ce nom qui impressionnera votre entourage. Ou alors, vous voulez inciter les spectateurs à faire quelque chose en leur racontant une histoire. Ou expliquer un procédé par l'image. Ou réaliser un documentaire, faire un reportage de mariage, filmer un match de foot...

Il faut que vous ayez un bon matériau de départ, c'est-à-dire *beaucoup* de bonnes séquences vidéo. Le meilleur moyen de les avoir, c'est de savoir communiquer une idée avec un caméscope, et surtout de préparer, par la rédaction d'un *script*, ce que vous avez l'intention de faire.

Préparer les prises de vues

Pour savoir filmer et communiquer vos idées, vous devez vous familiariser avec le jargon technique du cinéma, notamment les différents types de plans.

L'art du cadrage

TRUC

Voici une liste commentée des différents types de plans utilisés au cinéma et à la télévision :

- **PTGE (Plan de très grand ensemble) :** Ce plan montre le personnage dans son environnement. Utilisez-le au début d'une narration pour situer le personnage.
- **PE (Plan d'ensemble) :** Le personnage occupe la moitié ou les trois quarts de l'écran. Il montre la place du personnage dans le décor. En d'autres termes, le décor prédomine dans le plan.
- **PDE (Plan demi-ensemble) :** Ici, un équilibre se crée entre le décor et le personnage, c'est-à-dire qu'ils occupent chacun la moitié du cadre.
- **PA (Plan américain) :** Appelé aussi "plan genou", ce cadrage montre les trois quarts du personnage. Il établit une relation entre un personnage et le lieu qu'il occupe, ou entre le personnage et un interlocuteur. Ce nom de plan vient des westerns où l'on filmait les acteurs jusqu'aux genoux de manière à voir le revolver sur la cuisse.
- **PM (Plan moyen) :** Le personnage est cadré serré, en pied. Il est surtout utilisé pour accompagner les déplacements du personnage. Il donne de l'importance au personnage et à ce qu'il dit. L'abus de ce type de plan "conversationnel" risque cependant d'engendrer la monotonie. Une règle de base, en vidéo, consiste à relancer sans cesse l'intérêt visuel. Dans le cas présent, ce sera possible par un plan de coupe (une brève séquence montrant autre chose) ou par un champ/contrechamp (un bref plan de l'interviewer).
- **PR (Plan rapproché) :** Le buste du personnage apparaît à l'écran. On appelle aussi ce plan le *plan cravate*. N'abusez pas trop de ce plan qui rapproche le spectateur très près du personnage, d'une manière qui pourrait sembler indiscrète. Le plan rapproché est intimiste et invite aux confidences. Il est souvent utilisé – avec quelques plans américains – dans les journaux télévisés.

- **GP (Gros plan) :** Dans ce plan, le cadrage s'effectue entre le haut du front et les épaules. Utilisez-le parcimonieusement pour donner de la force à l'image ou à un sentiment.
- **TGP (Très gros plan) :** Seul le visage est cadré. Utilisez-le pour donner une force inattendue à un rire ou un regard cynique, en sachant toutefois que le personnage peut paraître bizarre.
- **PS (Plan serré) :** Le visage n'est que partiellement montré, du milieu du front au menton. Ce plan révèle les moindres émotions du personnage. Réservez-le pour les moments les plus dramatiques.
- **PTS (Plan très serré) :** N'utilisez ce plan que pour montrer un visage de très près ou pour révéler un détail. Comme il risque de déformer le visage, ce type de plan est plutôt utilisé pour les objets.

  La Figure 6.1 montre différents types de cadrages communément

Choisir l'échelle de plan

Bien que vous puissiez cadrer une scène comme vous l'entendez avec votre caméscope, vous devez penser au type de cadrage que vous utilisez et au moment où vous devez changer de plan. Voici deux bonnes raisons de changer de plan :

- **La narration :** Le spectateur doit connaître les relations entre les personnages ou découvrir certains détails. Un plan large plante le décor et situe les personnages. Un gros plan fournit des détails. Les changements de plan sont incontestablement aussi importants dans la narration que les mots.
- **Le montage :** Les changements de plan sont indispensables pour réussir un bon montage. Les transitions sont plus faciles à effectuer lorsque les cadrages sont variés. Un bon réalisateur remet au monteur (même si les deux ne font qu'une seule et même personne) des plans généraux et des plans rapprochés d'une même séquence.

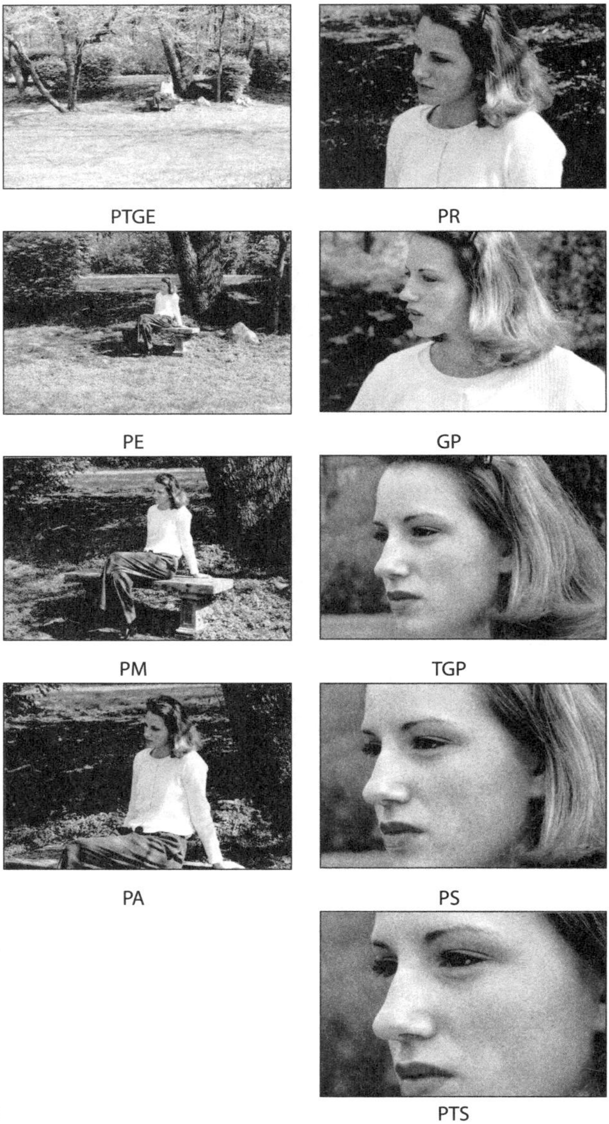

Figure 6.1 : Chaque plan a une signification particulière.

Le réalisateur aura ainsi toute latitude pour utiliser tel ou tel plan, qu'il soit large ou serré. Par exemple, si un présentateur doit mettre en valeur les caractéristiques d'un nouveau produit, et que vous avez des plans généraux du présentateur et des gros plans du produit, vous pourrez très facilement monter la séquence de manière à montrer le produit de près chaque fois que cela s'impose.

Savoir jouer avec la mise au point

L'ouverture est le quotient de la longueur focale divisée par le diamètre utile de l'objectif. Le réglage de l'ouverture s'effectue par un dispositif à lamelles nommé *diaphragme*.

La profondeur de champ est directement liée au diaphragme. Plus la valeur du diaphragme est élevée, plus la tolérance de netteté au-delà et en deçà du plan de mise au point est étendue. C'est pourquoi un diaphragme fermé donne l'impression que le point peut être fait dans une zone plus ou moins grande improprement appelée "zone de netteté". Corrélativement, plus le diaphragme est élevé, plus la lumière ambiante doit être forte.

L'inverse est vrai aussi. Avec un diaphragme grand ouvert, la profondeur de champ diminue. Cela signifie qu'à une très grande ouverture, la "zone de netteté" de part et d'autre du plan de mise au point est extrêmement ténue, presque nulle. De plus, en ouvrant le diaphragme, il est possible de photographier ou filmer avec très peu de lumière ambiante.

La Figure 6.2 montre deux images extraites d'une séquence. La première a été faite à $f = 11$, la seconde à $f = 2.8$; dans la première, les objets du fond sont relativement nets, dans la seconde, le fond est flou.

Régler la hauteur de la caméra

Vous pouvez aussi utiliser l'inclinaison en hauteur de la caméra pour influencer la perception d'un personnage par le spectateur. Observez les trois images de la Figure 6.3. Dans la première, la caméra est à l'horizontale, en *position neutre*, à la

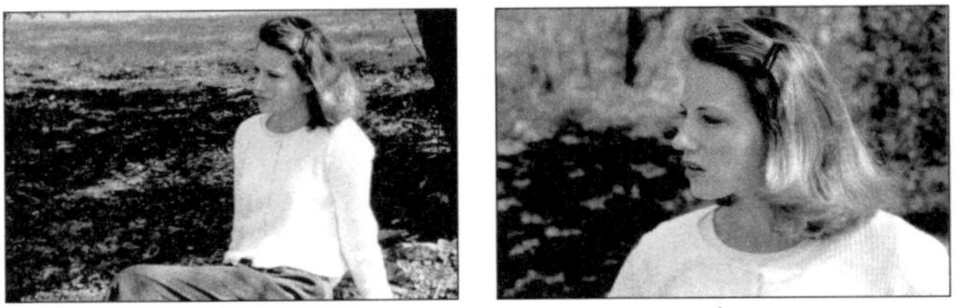

a b

Figure 6.2 : Le réglage de la profondeur de champ permet d'intégrer un personnage dans l'arrière-plan ou de l'extraire de son environnement.

hauteur du buste. Cette position ne produit aucun *effet subjectif* (elle n'influence en rien le spectateur).

Dans la deuxième image, la caméra est placée plus haut que le personnage. Cette façon de filmer en *plongée* met le personnage en état d'infériorité, de faiblesse ou de soumission.

Dans la troisième image, la caméra est placée à la hauteur de la taille. Filmer en *contre-plongée* donne au personnage une attitude dominante et de force.

Déplacer la caméra

Vous pouvez dynamiser un plan qui autrement serait statique par un simple mouvement de caméra. À l'instar des plans, les cinéastes leur ont donné des noms.

Panoramique et inclinaison verticale

Lors des panoramiques et des inclinaisons verticales, la caméra reste en place, fixée sur la rotule du trépied. Le *panoramique* est un mouvement de balayage horizontal alors que l'*inclinaison verticale* est obtenue en relevant ou en abaissant l'objectif. En d'autres termes, le panoramique est un déplacement de la caméra sur son axe et non pas un déplacement de la caméra dans l'espace.

Figure 6.3 : La hauteur de la caméra induit une relation subjective entre le spectateur et le personnage.

Il existe deux sortes de panoramique : le *suivi* et la *découverte*. Lors d'un suivi, la caméra reste pointée sur un personnage et le suit dans ses déplacements, que ce soit dans la même pièce ou d'un lieu à un autre. Ce suivi se fait sans déplacement de la caméra dans l'espace. La caméra pivote sur son axe, c'est-à-dire par un mouvement circulaire de la rotule de rotation du trépied. Lors d'une *découverte*, la caméra recherche un personnage ou un objet ; il est déjà en scène et la caméra va à sa rencontre ou le localise. Ici encore, la caméra pivote sur son axe.

L'inclinaison verticale consiste simplement à basculer la caméra autour de son axe transversal. Elle sert notamment à suggérer la hauteur d'un immeuble ou la profondeur d'un abîme.

Grue et travellings

Outre les mouvements latéraux et verticaux, une caméra peut être déplacée à travers ou au-dessus de la scène, ce qui dynamise encore plus l'image. Cette fois on parle de déplacement de la caméra dans l'espace. Bien que l'usage de la grue pour survoler une scène soit quelque peu hors de portée du vidéaste moyen, il est bon de savoir que cela se fait. Les autres mouvements, les travellings avant/arrière et latéral, sont plus à la portée de tout un chacun et sont très efficaces.

Aujourd'hui, la grue n'est pas abandonnée mais souvent remplacée par la *luma*, un appareil très sophistiqué qui permet de faire tourner la caméra dans tous les sens et à une hauteur impressionnante. Tous les films d'action usent et abusent de la luma.

Le terme *travelling* désigne un déplacement en avant ou en arrière dans la scène, comme le montre la Figure 6.4. Bien qu'à première vue ce type de travelling rappelle le zoom, il s'agit de tout autre chose. Au cours d'un travelling, la caméra se déplace parmi les objets alors que le zoom n'est qu'un recadrage de l'image filmée. En d'autres termes, le travelling est un déplacement de la caméra dans l'espace.

Le travelling modifie fondamentalement la relation entre le personnage et les objets qui l'entourent. En général, il faut modifier la mise au point et basculer légèrement la caméra au cours du mouvement. Les objets disparaissent ou apparaissent

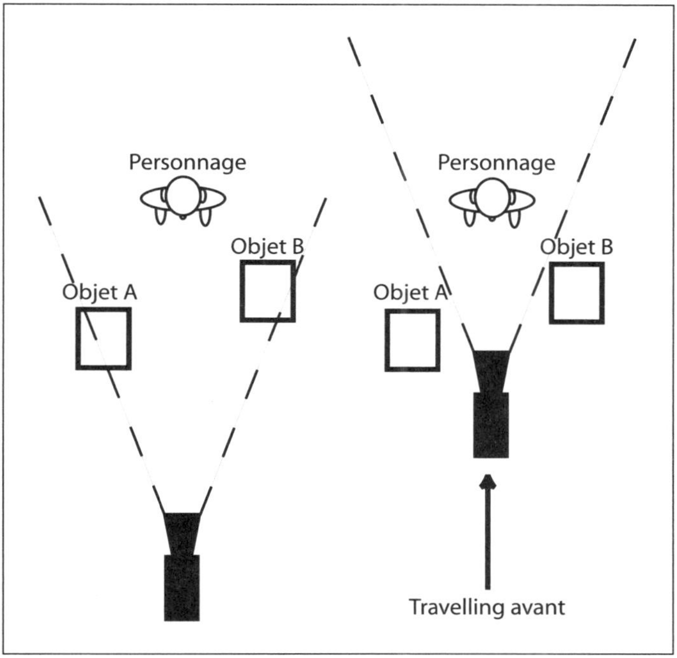

Figure 6.4 : Lors d'un travelling avant/arrière, la relation entre le personnage et les objets qui l'entourent est fondamentalement modifiée.

dans le champ au fur et à mesure que la caméra avance ou recule. En revanche, le zoom ne modifie en rien la relation spatiale des objets. La scène est simplement cadrée plus ou moins large, sans aucune autre transformation (même la perspective ne change pas, contrairement aux apparences).

Le *travelling latéral* consiste à déplacer la caméra en filmant à gauche ou à droite, ou selon un arc de cercle (Figure 6.5). Lorsque vous effectuez un travelling latéral avec votre caméscope, l'arrière-plan du personnage change. Ce genre de mouvement peut relever l'intérêt d'une scène qui serait autrement fort terne.

ATTENTION !

Bien que le travelling latéral ne manque pas d'intérêt, il faut savoir qu'il peut entraîner des changements sensibles, et parfois calamiteux, sur la manière dont un objet ou un personnage est éclairé. La lumière est en effet généralement réglée

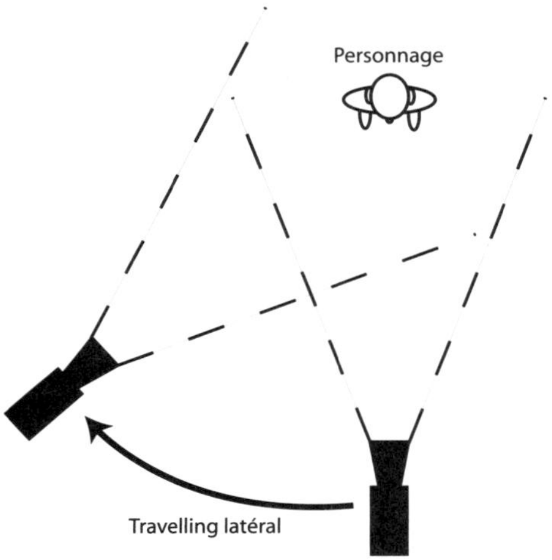

Figure 6.5 : Le panoramique latéral est un effet très dynamique car l'arrière-plan change au cours du mouvement.

selon un angle de prise de vues précis. Pour qu'elle reste satisfaisante tout au long d'un travelling latéral, vous devez la régler pour le début et pour la fin du mouvement. Si vous ne disposez pas de suffisamment de projecteurs pour cela, vous devrez reconsidérer le travelling.

Composer une image

Pour communiquer efficacement un message, vous devez composer l'image. La *composition* d'une image consiste à préparer l'environnement de la scène. On parle aussi de *scénographie* ou d'*exposition scénique*. À titre d'exemple, nous supposerons que vous devez filmer quelqu'un dans son bureau.

TRUC

Voici quelques préceptes à méditer avant de préparer l'environnement :

- **Travaillez avec la lumière.** L'un des facteurs les plus importants lorsque vous filmez, c'est bien sûr la lumière, notamment son emplacement par rapport au personnage et sa puissance. Quelle soit naturelle ou artificielle, elle doit d'abord mettre le visage du personnage en valeur et aussi, secondairement, le décor. Si la lumière du soleil n'est pas bonne, fermez les persiennes et filmez en lumière artificielle. N'oubliez pas de régler la balance des blancs (ce réglage est expliqué au Chapitre 4).

- **Placez le personnage.** Qu'il soit debout ou assis, assurez-vous de sa posture. Vous faites ici œuvre de mise en scène. Car, une personne n'est pas toujours consciente, par exemple, de la manière dont ses genoux sont placés. Vérifiez toujours systématiquement le décor. Attention aux effets inattendus, souvent comiques sauf pour l'intéressé : tubes au néon circulaires qui évoquent une auréole de sainteté, étagères à l'arrière-plan qui, par un effet d'écrasement des plans, semblent lui sortir des oreilles, antennes de radio en V qui lui font des oreilles de lapin, etc. Ayez toujours un œil critique.
- **Pensez aux détails.** Il n'y en a que pour un bref moment, mais dans la précipitation du tournage, un détail oublié ou ignoré (un objet qui traîne ou qui est trop voyant...) peut être regrettable par la suite. Ce n'est pas qu'une question de préparation de la scène, mais aussi d'égards vis-à-vis de celui que vous filmez. Par exemple, si un bureau se trouve dans le champ, le ranger fera plus "professionnel". Évitez les objets blancs ou brillants au premier plan. Demandez à la personne s'il faut inclure ou non les photos de famille dans le plan. Si possible, arrangez le décor en y plaçant un vase avec des fleurs ou des livres. Tout vaut mieux qu'un arrière-plan uniforme. Si vous avez emporté des éclairages, projetez un rai coloré sur le fond (mais seulement après avoir procédé à la balance des blancs). Si la personne porte des lunettes, assurez-vous qu'aucun reflet disgracieux n'apparaît sur les verres. Rappelez-vous toujours que beaucoup de gens n'aiment pas ôter leurs lunettes quand ils sont filmés.

Le cadrage

Le *cadrage* consiste à disposer judicieusement tous les éléments qui apparaissent dans l'image. Hormis le talent artistique, trois préceptes doivent toujours être présents à l'esprit :

tenir compte des zones de sécurité, préférer le décentrage à une composition symétrique et toujours donner de l'air.

Les zones de sécurité

Les *zones de sécurité* sont deux rectangles imaginaires concentriques disposés près des bords de l'image, comme le montre la Figure 6.6. Ils sont visibles dans le viseur de certains caméscopes. Le rectangle extérieur matérialise la limite en dehors de laquelle les éléments qui s'y trouvent risquent de ne pas apparaître sur certains écrans de télévision. Il va de soi que tout ce qui est important dans l'image doit impérativement se trouver à l'intérieur de cette zone. Le rectangle intérieur indique la zone de sécurité. C'est dans cette zone que vous pourrez placer d'autres éléments (titrages, incrustations...) au cours du montage.

Figure 6.6 : Les zones de sécurité ne sont pas toujours obligatoires, mais il est préférable d'en tenir compte.

Pensez toujours aux zones de sécurité pendant que vous filmez. Si vous n'en tenez pas compte, vous risquez de manquer de place pour incruster du texte, par exemple. Ce serait bête de devoir insérer un élément partiellement sur le front du personnage faute d'avoir assez de place au-dessus de lui. Même si votre caméscope ne montre pas les zones de sécurité, vous pouvez les estimer. Mettez éventuellement des marques au crayon gras (surtout pas au feutre !) sur votre viseur (N.D.T. : ou bricolez un cache en carton à poser par-dessus le viseur CCD).

Le décentrage plutôt que la symétrie

Pour obtenir une image esthétique, le moyen le plus simple consiste à *décentrer le sujet*, en général d'un tiers de l'image, en arrière de la direction dans laquelle il regarde (voir Figure 6.7). Par exemple, si les épaules du personnage sont tournées vers la droite du viseur, mettez le personnage à gauche, et inversement. Si le personnage fait face à l'écran, n'hésitez pas à le centrer.

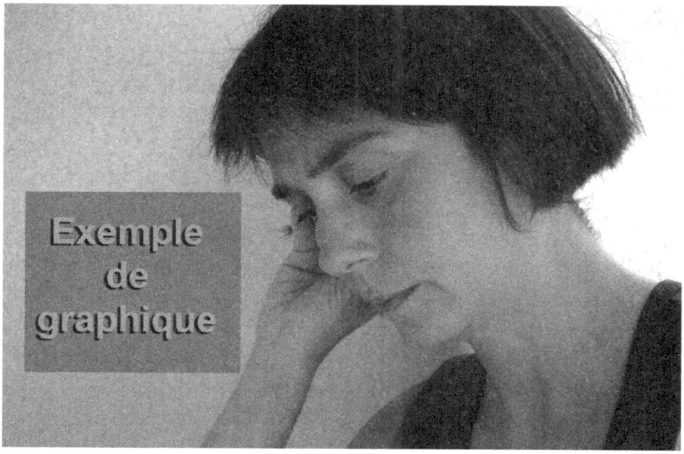

Figure 6.7 : Cette image montre bien les avantages esthétiques du décentrement. Un panneau a de plus été incrusté au montage.

De l'air !

Donner de l'air, comme disent les photographes, ne devrait pas même être mentionné, tant cette notion va de soi. Il s'agit simplement d'éviter que le personnage se retrouve nez à nez contre le bord de l'image, ou qu'il semble avoir glissé tout en bas ou tout en haut de l'image. La règle, c'est de prévoir un espace assez confortable – cette notion est bien sûr subjective et dépend du contexte – entre les yeux et la bordure, dans la direction du regard.

N'OUBLIEZ PAS

Essayer ces techniques, c'est les adopter. Elles vous seront particulièrement utiles si vous envisagez d'ajouter du texte par la suite. Inspirez-vous de la Figure 6.7 pour savoir comment ménager l'emplacement d'un élément à venir.

La préproduction de la vidéo numérique

La préproduction s'effectue avec du papier et des crayons. Les trois principaux éléments d'une préproduction sont :

- **Le storyboard (ou scénarimage).** Les idées sont couchées sur le papier, généralement sous la forme de croquis.
- **Le découpage.** Les dialogues, les cadrages et les mouvements de caméra sont décrits plan par plan.

Le storyboard ou scénarimage

Le *storyboard* est une succession de croquis. Il sert à planifier les scènes à tourner. La plupart des films modernes sont préparés ainsi. Un dessinateur griffonne les images des différentes scènes qui sont ensuite épinglées sur un tableau d'affichage. L'équipe technique consulte ensuite le storyboard pour voir comment chaque scène s'intègre aux autres.

Créer le scénarimage

Comment créer un scénarimage ? À vrai dire, le plus vite possible et sans trop se poser de questions. Il n'est après tout qu'un pense-bête, un ensemble de notes auxquelles vous vous référez lors du tournage.

TRUC

Pensez à utiliser des crayons bien noirs ou de l'encre pour les dessins du storyboard pour les photocopier facilement. Vous aurez souvent besoin de plusieurs exemplaires. Procédez ainsi pour créer le scénarimage :

Les origines du storyboard

L'écriture d'un storyboard est une pratique qui remonte aux débuts du dessin animé, avant la Deuxième Guerre mondiale. Les animateurs esquissaient les actions des différents personnages, notamment les temps forts comme ceux où un personnage virevolte ou se fait taper sur la tête. Ces moments cruciaux, appelés *images clés*, représentaient une série d'images qui décrivaient différentes phases de l'action. Elles étaient épinglées sur un tableau d'affichage et les dessinateurs se basaient dessus pour préparer les images intermédiaires. Lors d'une réunion de préproduction, l'équipe d'animation déplaçait les images clés sur le tableau, en ajoutait ou en supprimait, puis arrangeait finalement celles qui étaient retenues dans l'ordre où elles étaient ensuite utilisées. Le mot storyboard vient de *story*, "narration", et de *board*, "tableau d'affichage".

Le procédé avait si bien fait ses preuves qu'on l'a utilisé pour préparer des films plus conventionnels.

Si vous filmez vos vacances ou même un mariage, créer un storyboard peut sembler excessif. Mais il serait toutefois utile de coucher sur papier ce que vous comptez filmer. Si vous n'avez aucun don pour le dessin, contentez-vous de tracer les grands traits de ce que vous voulez faire.

Ne pinaillez pas. Accordez-vous un quart d'heure ou une heure de plus au tournage pour varier les angles de prises de vues. Vous éviterez ainsi bien des migraines lors de la phase de postproduction.

1. **Tracez les événements clés ainsi que la scène où ils doivent se produire.**

   Ne vous souciez pas de vos talents artistiques (ou de leur absence). Il s'agit simplement d'esquisser les principaux éléments de la scène.

2. **Couchez sur des feuilles séparées les idées de base de ce qui doit se passer et de ce qui doit être dit.**

   Notez tout ce que vous jugez utile.

3. **Étudiez l'ordre des événements clés, déplacez-les, ajoutez ou supprimez des feuilles jusqu'à ce que la**

succession des événements, dans la narration, vous convienne.

4. **Nommez les scènes ou les séquences de chacun des événements clés.**

   En nommant les scènes ou les séquences, vous obtiendrez la liste des éléments qui doivent être préparés avant le tournage, notamment les costumes et les accessoires.

Planifier les prises de vues

Après avoir développé le storyboard, vous devez planifier le tournage. Vous devrez donner des instructions pour la caméra, comme les plans et les gros plans à utiliser à chacun des divers événements clés. Vous pourrez bien sûr changer de plan au moment du tournage mais, pour éviter la pagaille et la désorganisation, il vaut mieux disposer déjà d'un scénario.

La planification de l'ordre de tournage des plans est sans doute l'une des étapes les plus importantes de la préproduction. L'*ordre de tournage des plans* est une liste chronologique des séquences à tourner. Car, peut-être ne le savez-vous pas, les scènes ne sont pas nécessairement tournées dans l'ordre où elles sont montées. S'il fallait respecter l'ordre chronologique au tournage, beaucoup de temps et de ressources seraient perdus (reportez-vous aux problèmes d'uniformité de l'éclairage évoqués au Chapitre 4).

Veillez à planifier, pour chaque événement clé, plus de prises que prévues. Si le scénario est complexe ou si les dialogues sont nombreux, vous devrez envisager l'écriture d'un script.

Le découpage

Le *découpage* est un plan précis de tout ce qui sera dit et effectué sur la scène. Il comprend généralement aussi des instructions pour la prise de vues, la prise de son et le montage. Pour certaines personnes comme moi, le découpage est beaucoup plus amusant que la réalisation. Pour d'autres, utiliser un traitement de texte est quasiment impossible : ils veulent écrire de façon créative. Je n'ai jamais dit que l'écriture d'un découpage est toujours facile, mais je tremble à l'idée de ce qui se passerait sur un tournage si aucun découpage n'avait été écrit.

Pour comprendre l'utilité d'un découpage, vous devez d'abord faire la différence entre deux techniques d'écriture : subjective et objective.

- **Subjectif :** L'écriture subjective (reportez-vous à la Figure 6.8 pour en voir un exemple) est narrative. Un découpage subjectif dépend largement de la vidéo pour établir l'environnement (remarquez les instructions visuelles dans la colonne de gauche). Vous y trouvez des personnages, une intrigue et un développement dramatique. Or, dans une vidéo censée communiquer avant tout des sensations (comme les clips musicaux), vous utilisez un mélange de mouvements et de sons pour susciter la réaction émotionnelle du spectateur.
- **Objectif :** L'écriture objective (reportez-vous à la Figure 6.9 pour en voir un exemple) est faite d'instructions ou d'informations qui visent un but. Vous voulez persuader le spectateur de croire ce qui lui est présenté ou lui enseigner quelque chose. Un découpage objectif est orienté vers les besoins du spectateur car il doit répondre à une demande de sa part.

Un découpage subjectif est généralement plus complexe qu'un objectif. Ce dernier est soumis à un test sans pitié : atteindre son objectif ou non.

De nombreux découpages sont bien sûr à la fois subjectifs et objectifs. C'est le cas d'un clip vidéo destiné à promouvoir le programme politique d'un candidat. Il n'a parfois que 30 secondes pour atteindre son objectif : convaincre de voter pour lui. Le message devra donc contenir toutes sortes de stimulations émotionnelles (subjectives). Le bon vieux truc consistant à montrer des drapeaux ou des logos peut fonctionner.

N'OUBLIEZ PAS

Un découpage n'est pas un scénario, bien qu'il en reprenne de nombreux aspects. Mais qu'est-ce qui distingue ces deux documents ? Tout simplement la technique. Un scénario ne doit jamais indiquer de mouvements de caméra, ni employer des termes attenants à la mise en scène ou à la scénographie.

VISUEL	AUDIO
(Début de la scène. Caméra : PE. Martha est assise à gauche de son lit. Elle est en peignoir. Ses longs cheveux légèrement dépeignés sont pour la première fois défaits et tombent sur ses épaules. Elle regarde fixement la caméra.)	
	(Le téléphone sur la table de chevet sonne.)
(Martha sursaute.)	
(Caméra : PR. Martha regarde le téléphone.)	
	(Deuxième sonnerie)
(Caméra : TGP sur le téléphone.)	(Troisième sonnerie)
(Caméra : PS sur Martha. Son air soucieux trahit la tentation de ne pas décrocher.)	(Quatrième sonnerie interrompue par Martha qui saisit le combiné. Martha parle doucement, c'est presque un murmure.)
(Caméra : PM sur Martha et sur le téléphone. Elle décroche soudainement à mi-sonnerie.)	MARTHA : Allo ?
	(Pause. Voix inintelligible au téléphone.)
(Martha regarde de nouveau en bas à gauche.)	MARTHA : OUI, OUI C'EST ÇA... C'EST BIEN ELLE.
(Caméra : PS sur la photographie placée près du téléphone. C'est manifestement une vieille photo montrant Martha plus jeune et George plus mince.)	(La musique s'atténue doucement - air de la réception du mariage de la Scène 1. On entend de la musique au fond, des éclats de rire.)
	MARTHA : VOUS L'AVEZ... VOUS L'AVEZ... TROUVÉ ?
(Travelling latéral vers la gauche. Cadrage en GP sur Martha qui regarde la photo. Des larmes apparaissent.)	

Figure 6.8 : Un découpage subjectif. Le spectateur est mené par la narration.

Le scénario raconte une histoire, définit des ambiances, établit des dialogues sans montrer comment cet ensemble prendra forme dans le cadre de la caméra, c'est-à-dire au tournage, puis sur un ordinateur lors du montage virtuel et du mixage audio. Le scénario est une sorte de roman sans style qui doit faire naître une idée de film dans l'esprit du lecteur. Ce lecteur sera un producteur et des acteurs. De leur décision dépend l'existence ou nom d'un film. À votre niveau, écrivez un scénario, c'est-à-dire une histoire dialoguée, que vous découperez plus tard. Le découpage est la transposition du scénario à l'écran.

VISUEL	AUDIO
(Caméra : PE sur la tondeuse à gazon autotractée ACME200CV. La tondeuse est au centre du cadre, le moteur en marche, en train de fumer. Une pelouse tondue s'étend derrière elle.)	(Voix off de l'instructeur.)
	INSTRUCTEUR : FAITES ATTENTION À L'ACME200CV LORSQUE LE MOTEUR TOURNE AU RALENTI ET QUE LA LAME EST DÉBRAYÉE.
(Travelling à droite en découverte sur l'instructeur. Il porte la combinaison anti-feu et le casque de sécurité comme il l'avait recommandé dans la scène précédente)	
	INSTRUCTEUR : SI VOUS RESPECTEZ CES SIMPLES RECOMMANDATIONS, VOUS N'AUREZ AUCUN PROBLÈME POUR MONTER LA PIÈCE.
(Travelling de suivi sur l'instructeur qui va vers la tondeuse. Caméra : PG. La caméra s'arrête sur la tondeuse.)	INSTRUCTEUR : COMME JE L'AVAIS DIT AUPARAVANT, DES CHAUSSURES À BOUT EN ACIER SONT RECOMMANDÉES LORSQUE VOUS PILOTEZ LA TONDEUSE AUTO-PORTÉE ACME200CV. C'EST SURTOUT IMPORTANT LORSQUE VOUS VOUS APPROCHEZ DE LA LAME, MÊME SI ELLE A ÉTÉ DÉBRAYÉE
(Postproduction. Ajout d'une ligne pointillée pour délimiter la zone de sécurité près de la tondeuse.)	

Figure 6.9 : Un script objectif. La narration est essentiellement informative.

Chapitre 7

Filmer sur site

Dans ce chapitre :

- Réaliser une vidéo numérique de qualité sur site.
- Penser au montage dès le tournage.
- Donner l'impression que deux caméras ont été utilisées au lieu d'une seule.

Pourquoi est-ce qu'un tournage se passe parfois bien et d'autres fois mal ? Qu'est-ce qui pourrait augmenter les chances de succès ? Quels sont les problèmes qui surgissent au moment où on les attend le moins ? Les réponses à ces questions ne sont pas toujours évidentes ou logiques ; de toute façon, la vidéo n'est jamais facile. Elle peut heureusement apporter des satisfactions. En fait, une grande part du plaisir de la réalisation vidéo est due à la prévention des problèmes et à leur résolution.

Préparer un tournage sur site

Vous n'avez pas à aller au bout du monde pour filmer sur site. Il suffit d'aller dans un bureau de votre immeuble. Ou dans le parking. Ou chez quelqu'un. Où donc réside la difficulté ? Lorsque vous êtes sur site, vous vous trouvez sur le territoire de quelqu'un d'autre, soumis à ses horaires et aux ressources qu'offrent les lieux. Ne pas tenir compte de ces impératifs peut non seulement compromettre la qualité du tournage, mais aussi vous faire mal voir.

Les risques du tournage sur site

Le tournage sur site peut s'avérer risqué, notamment pour votre équipement. En deux semaines, j'ai vu un viseur se faire griller parce qu'il avait été accidentellement pointé vers le soleil, et un enregistreur ainsi qu'une Steadycam (un dispositif de stabilisation d'un caméscope pour le tournage à l'épaule) détruits à cause d'une chute. Ces accidents auraient pu être évités si les propriétaires du matériel avaient fait attention.

Protéger le matériel

Il vous arrivera d'être obligé de filmer dans des lieux où l'équipement peut être endommagé. Vous limiterez cependant les risques en prenant quelques bonnes habitudes.

TRUC

Comme le principal responsable des incidents de tournage est la saleté, quelques précautions s'imposent :

- Protégez le matériel en le rangeant dans des valises ou des fourre-tout.
- Sur place, ayez toujours des bâches en plastique sous la main afin de le protéger des poussières et débris soufflés par le vent.
- Emportez toujours des lingettes de nettoyage pour les objectifs ainsi qu'un aérosol (on en trouve dans les boutiques d'électronique et d'informatique) pour dépoussiérer le matériel.
- Nettoyez systématiquement le matériel à la fin de chaque tournage. Si vous avez utilisé des rallonges électriques, pensez à les essuyer avant de les rouler et les ranger.

Le grand ennemi du vidéaste, c'est le vol. J'en ai été victime bien des fois ; je sais donc de quoi je parle. Un de mes amis s'est fait dérober un coûteux caméscope dans l'entrée d'un hôtel. Il se trouvait par terre, à ses pieds, et tout à coup il n'était plus là. Les beaux objets attirent les convoitises. Ne perdez jamais votre équipement de vue, même et surtout dans les lieux qui paraissent sûrs.

Comme vous attirez l'attention, on n'en veut pas qu'à votre matériel. Il faut aussi surveiller les sacs à main et les valises. Ma femme s'est hélas fait voler deux fois son sac à main lors d'un tournage.

L'autre ennemi est la casse. Elle se produit de deux façons. La plus évidente, c'est la chute du matériel. Mais le plus souvent, cela arrive lorsque vous confiez du matériel à des personnes inexpérimentées. En vidéo, quasiment tout est fragile. Les dommages les plus fréquents sont ceux causés par des gens qui essayent de forcer le matériel.

Voici quelques règles élémentaires :

- Si vous ne savez pas utiliser le matériel, demandez.
- Si le matériel ne veut pas se plier à vos désirs, ne le forcez pas. Car c'est peut-être tout simplement parce que vous vous y prenez mal.

La météo

Le temps qu'il fait et la température peuvent perturber considérablement l'équipement vidéo. Par exemple, transporter un caméscope d'un environnement frais et sec (un endroit climatisé) vers un lieu chaud et humide (le bord de mer en été) entraîne une condensation à l'intérieur de l'appareil qui le rend inutilisable pendant une heure ou deux. Le grand froid pose également un problème. Par exemple, le fluide de stabilisation d'une rotule à bain d'huile devient très visqueux, empêchant de le manier facilement (N.D.T. : de plus, le rendement des batteries baisse notablement dans le froid ; en montagne par exemple, il est conseillé de garder une batterie au chaud sous les vêtements, assez près du corps).

Voici quelques recommandations :

- Évitez de faire passer brutalement du matériel électronique du froid au chaud (et inversement).
- Ne laissez jamais le matériel dans la voiture (y compris dans le coffre) pendant toute une nuit, s'il fait froid (N.D.T. : en règle générale, il ne faudrait jamais laisser du matériel sans surveillance dans un coffre de voiture).

- Évitez l'exposition aux chaleurs extrêmes (la plage arrière de la voiture ou un siège exposé au soleil sont de parfaits grille-pain à matériel).
- Évitez d'utiliser le matériel dans une atmosphère très humide.

L'alimentation électrique

Lors d'un tournage sur site, l'alimentation électrique peut poser des problèmes. Voici quelques conseils :

- **Prise de courant :** Quand vous utilisez le courant électrique fourni sur place, demandez toujours, toujours et toujours la permission avant de brancher le matériel. J'ai personnellement été le témoin deux fois d'ordinateurs qui sont tombés en panne au moment où j'ai branché des appareils. Dans les deux cas, je me suis évidemment fait incendier par les utilisateurs qui avaient perdu des fichiers. Mettez-vous à leur place !
- **Disjoncteur :** Si vous comptez utiliser la lumière sur place, demandez toujours où se trouve le disjoncteur, au cas où... Repérez l'emplacement du tableau électrique et, si possible, identifiez le circuit que vous utilisez. Là encore, demandez l'autorisation d'utiliser ce circuit en précisant bien qu'une panne de courant peut se produire. Si vous utilisez vos propres projecteurs, veillez à ne pas brûler les effets d'autrui (rideaux, persiennes, vêtements...).
- **Batteries :** L'utilisation de batteries sur site peut être une rude épreuve. Le cas typique, c'est d'être à court de batterie. Beaucoup sont plus longues à charger qu'à drainer. La règle est de prévoir deux batteries par heure de tournage. Et si le tournage est long, mettez des batteries en charge chaque fois que c'est possible.

N'OUBLIEZ PAS

Si vous devez filmer à l'étranger, renseignez-vous sur les caractéristiques du courant (voltage et fréquence) et vérifiez si le matériel est conforme. Achetez éventuellement un transformateur et pensez à emporter des convertisseurs de prises électriques (on en trouve chez les quincailliers et, pour beaucoup plus cher, dans les boutiques des aéroports).

Transport et voyages

Le transport de l'équipement vidéo est parfois une cause de soucis. À moins que la valise du caméscope n'ait été conçue pour l'acheminement (vous pouvez acheter des valises spéciales, mais elles sont chères), veillez à prendre quelques précautions supplémentaires. Le moyen le plus sûr et bon marché de protéger votre caméscope est de l'entourer d'une feuille de plastique à grosses bulles et de le mettre dans une valise surdimensionnée. Si vous vous déplacez en avion, prenez le caméscope avec vous, en bagage à main, et faites mettre la valise vide (ou ne contenant que des accessoires moins fragiles) en soute.

ATTENTION !

Si vous allez à l'étranger, pensez à emporter tous les documents pour la douane, notamment les factures du matériel (ne les mettez jamais avec le matériel, mais à part et faites-en des photocopies que vous garderez chez vous). Dans certains pays, un caméscope doit être déclaré avant même votre arrivée, parfois des semaines à l'avance. Renseignez-vous toujours sur les restrictions douanières des pays où vous allez.

Les types de tournage sur site

Lors d'un tournage sur site, vous serez confronté à l'un ou l'autre des quatre types de prises de vues décrits ci-dessus (les termes peuvent vous paraître évidents, mais dans le cadre de cette discussion, ils valent néanmoins la peine d'être précisés) :

- Spontané.
- Événementiel.
- Formel.
- Fiction.

Spontané

Le tournage spontané est le plus simple et le plus aléatoire des types de tournage sur place. Comme le suggère son nom, vous mettez le caméscope en marche, vous cadrez et vous filmez. Les possibilités de prérégler le caméscope sont faibles et vous ne savez généralement pas ce qui va se passer. Vous devez vous adapter à l'environnement et aux circonstances. La plupart des gens sont des experts du tournage spontané, car c'est ce qu'ils font tout le temps.

Il est bien sûr possible d'améliorer un tournage spontané. Avant même d'appuyer sur le bouton de mise en marche, examinez la lumière et la qualité des arrière-plans dans le viseur. Si vous filmez les évolutions d'un dauphin dans un bassin, vous n'aurez aucun contrôle sur la lumière et le fond, mais dans d'autres situations, vous pourrez demander à votre sujet de se placer ailleurs pour éviter de filmer un arrière-plan peu attrayant.

Événementiel

Filmer un événement diffère d'un tournage spontané dans la mesure où vous contrôlez plus ou moins l'environnement. Vous avez aussi souvent votre mot à dire sur le déroulement de l'action.

Supposons que l'on vous ait demandé de filmer une rencontre sportive universitaire. En tant que "cinéaste officiel", vous bénéficiez d'une liberté de mouvement à laquelle les autres spectateurs n'ont pas droit. Mais vous n'avez cependant aucun contrôle sur la durée et le déroulement des événements.

Par exemple, en tant que reporter, vous pouvez demander d'assister au défilé avant le match, aller éventuellement dans les vestiaires, demander à l'entraîneur l'autorisation de circuler aux abords immédiats de la pelouse. Vous contrôlez certaines circonstances.

- Définissez à l'avance le ou les emplacements de la caméra.
- Préparez-vous à filmer toutes les éventualités.

- Vérifiez tous les réglages.
- Mettez un casque afin d'entendre le son qui sera réellement enregistré. Car à l'oreille, le brouhaha de la foule ne permet pas de savoir ce qui est véritablement enregistré.

Lors du tournage d'un événement, il vous est possible de contrôler étroitement ce qui est enregistré sur la bande. Vous pouvez demander aux gens de s'habiller d'une certaine façon, mais vous n'avez aucun pouvoir sur la météo, sur le temps qu'il fait. Vous bénéficiez de certaines opportunités (assister au défilé, choisir le point de vue...). Bref, vos chances de ramener de bonnes images sont beaucoup plus élevées que lors d'un tournage spontané.

Les événements formels

Les mariages et les conférences sont des événements formels très classiques. Ce qui les caractérise, c'est que vous êtes censé fournir un produit fini d'une qualité relativement bonne, pour ne pas dire élevée. Vous pouvez vous trouver sur les lieux en tant que membre de la famille, salarié de la société qui vous a demandé de filmer ou vidéaste indépendant. Que vous soyez là pour faire plaisir ou sur commande n'a pas d'importance. Dans les deux cas, vous avez un client qui attend un film de qualité.

Lors du tournage, le client vous autorise généralement à préparer le terrain. Parfois même, il vous demande de participer à l'organisation de l'événement et accepte quelques modifications de détails pour vous faciliter la tâche. Avant le tournage d'un événement, vous devez :

- Voir avec votre client où vous placerez le matériel vidéo et audio.
- Résoudre les problèmes électriques (surtout si vous devez éclairer la scène).
- Prévoir les personnes que le client souhaite voir figurer.

Les tournages d'événements formels sont plus contrôlables que les tournages d'événements simples. L'action ne peut néanmoins être arrêtée et se poursuit quoi qu'il arrive. C'est pourquoi vous devez avoir soigneusement planifié tous les aspects du tournage, en toutes circonstances.

Une conférence est un exemple parfait de contrôle d'environnement. Le conférencier (votre *client*), se trouve face à son public, en train de projeter une présentation PowerPoint sur un écran. Il sera obligé de baisser la lumière dans la salle pour améliorer le contraste de la saturation des images qu'il montre. Vous devrez donc vous arranger avec lui car chacun de vous deux a des besoins d'éclairages différents. Vous devrez trouver un compromis entre ce qui est acceptable au niveau de l'écran, et ce qui l'est pour le caméscope.

Fiction

Le quatrième type de tournage est la "fiction". Effectué d'après un scénario, vous avez un contrôle total sur les circonstances et sur l'environnement. Vous pouvez faire ce que vous voulez, dans les limites bien sûr du budget et des délais de la production. Vous pouvez notamment :

- Imposer les costumes portés par les acteurs.
- Choisir les décors et les accessoires.
- Placer la caméra où bon vous semble.
- Régler les éclairages.

Il n'existe bien sûr pas de *contrôle illimité*. Le temps peut changer et devenir mauvais, ou alors vos acteurs improvisés peuvent se lasser, ou encore, les limites budgétaires peuvent réduire sensiblement vos ambitions.

Savoir gérer le temps

Au cours de toutes mes années de réalisation vidéo, je n'ai jamais entendu quiconque se plaindre qu'il avait trop de temps pour tourner son film. Le temps est sans doute la ressource la plus précieuse lors d'un tournage, et il est difficile de le contrôler. La gestion du temps joue de ce fait un grand rôle, mais les choses vont plus loin encore.

Après l'effervescence du tournage, l'échec ou le succès de la gestion du temps tient à cette seule chose : avez-vous "mis en boîte" suffisamment de matériel pour le montage ? Car à ce moment, la vidéo est recadrée, améliorée puis montée afin de véhiculer un message clair et intelligible. Mais si vous avez oublié de tourner un plan ou avez tourné des séquences confuses qui ne sont pas toutes liées les unes aux autres, le film en pâtira et pas qu'un peu. Il vous faudra des heures de montage laborieux pour espérer rattraper le coup.

Voici quelques conseils qui vous faciliteront l'édition et le montage et vous éviteront de vous arracher les cheveux (devenus gris ou blanc entre-temps).

Numérotez vos prises

Vous avez tous vu, lors d'un reportage sur un plateau de cinéma, un drôle de bonhomme qui tient une drôle d'ardoise devant la caméra avec une petite claquette au-dessus, et portant une mention du genre "Scène 14, Plan 7, Prise 1". Puis, après que la caméra a été mise en marche, le type fait brusquement claquer la claquette. La scène a quelque chose d'archaïque mais, d'une façon ou d'une autre, ce rite est toujours en vigueur. Que faisait le drôle de bonhomme ? Il envoyait en quelque sorte un message à l'intention du monteur du film.

La Figure 7.1 montre une sorte de *clap* ou *claquette*. Bien que celui-ci varie d'un plateau de tournage à un autre, il comporte en général le nom du film, la date, le numéro de la scène et le numéro de la prise. Le terme *scène* se rapporte à une série de plans qui, une fois montés, forment une action complète, comme la fameuse "scène de la douche" dans *Psychose*, le chef-d'œuvre d'Alfred Hitchcock.

Un *plan* est une partie d'une scène. Une *prise* est la prise de vues de l'un de ces plans. Un plan est le temps qui s'écoule entre le moment où vous appuyez sur le bouton de la caméra pour lancer l'enregistrement, et celui où vous appuyez de nouveau pour passer en pause. Très souvent, même lors d'une production très simple, un plan est tourné plusieurs fois parce qu'un mot a été oublié dans le dialogue, parce que la mise au point n'était pas parfaite, parce qu'un bruit a gêné, etc. Le clap

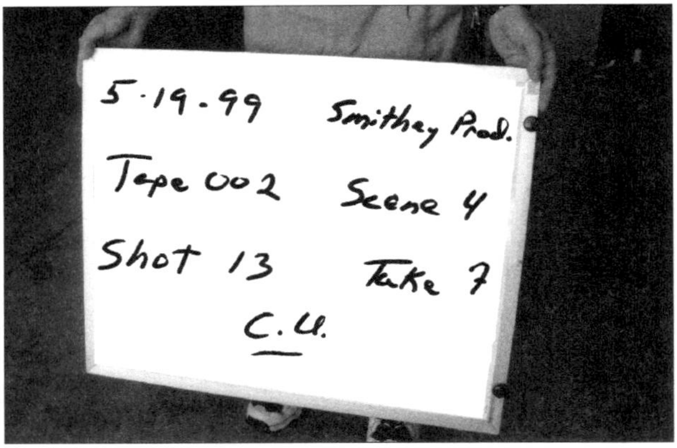

Figure 7.1 : Le clap contient toutes les informations dont le monteur aura besoin pour identifier une partie d'un film.

est claqué pour émettre un son fort et bref que le monteur pourra repérer lorsqu'il visionnera la scène sur la table de montage. Tandis qu'il avance ou rembobine le film, le bruit sec lui signale le début de la prise. Il immobilise alors la bande et la positionne de manière à pouvoir lire ce qui est écrit sur le clap.

Le clap n'est jamais qu'un des quatre outils de repérage de scènes utilisés lors d'un tournage vidéo. Les trois autres sont :

- **Le découpage.** C'est un plan de tournage qui contient la description des actions, de l'emplacement et des mouvements de caméra, des instructions pour la direction d'acteur et les dialogues de la scène.

- **Le code temporel.** Il s'agit d'un identificateur enregistré à intervalle régulier directement par le caméscope sur la bande vidéo, image par image. Il permet de monter avec une absolue précision. Le code temporel est généralement affiché dans le viseur.

- **Le rapport de scripte** (il s'agit généralement d'une femme). Le rapport de scripte contient des notes et remarques prises pendant le tournage. Si vous avez par exemple tourné plusieurs plans de votre enfant sous les arbres d'un parc, un rapport de scripte indiquant où et dans quelles circonstances vous avez filmé (cadrage, météo, mouvements...) vous sera utile au moment du montage.

L'avènement du montage virtuel a considérablement bouleversé la finalité du clap. Repère visuel et sonore, il permettait de synchroniser le film, c'est-à-dire la pellicule, avec l'enregistrement audio, c'est-à-dire la bande magnétique du magnétophone. En effet, le monteur se plaçait sur l'image du clap fermé, et ajustait le son sur le bruit du clap. En lançant la lecture des deux bandes (film et son), la synchronisation s'obtenait sans problème. Aujourd'hui, les prises de vues et de son sont *timecodées*. Chaque image dispose d'un numéro, et la bande audio numérique dispose aussi de numéros d'images. Il suffit de tout caler dans le programme de montage pour disposer d'une synchronisation parfaite des images et des sons à l'image près sans recourir à l'effet sonore du clap.

De plus en plus, le cinéma s'oriente vers la haute définition, c'est-à-dire que les films ne sont plus tournés sur de la pellicule 35 mm mais directement en vidéo dans des résolutions d'images qui font pâlir nos pauvres caméscopes MiniDV. La haute définition est le seul moyen d'obtenir une qualité d'image qui se rapproche du 35 mm, c'est-à-dire de l'argentique (pellicule), avec une cadence d'enregistrement dite 24p ou 25p. La technique est aujourd'hui quasi parfaite. Il en résulte une facilité de tournage, de montage, des réductions de coût significatives, et bientôt une autre manière de projeter des films dans les salles de cinéma, peut-être au moyen d'un disque dur, comme le fait la salle Gaumont de l'Aquaboulevard à Paris !

Vous voyez dans la Figure 7.2 le numéro de la scène, de la prise, ainsi que des informations concernant cette prise. En établissant un rapport de scripte exact pendant le tournage, vous pourrez vérifier que tous les plans prévus ont été tournés ; le monteur se servira de ces informations pour son travail. L'une des tâches les plus importantes du rapport de scripte est de garantir la continuité.

La continuité

Un monteur perd souvent beaucoup de temps à essayer de lier des séquences qui ne s'enchaînent visuellement pas ou à rattraper un oubli (plan manquant). Je vais vous citer un exemple ; si vous le voulez, vous pourrez suivre mon propos sur les images de la Figure 7.3. Supposons que dans l'une de

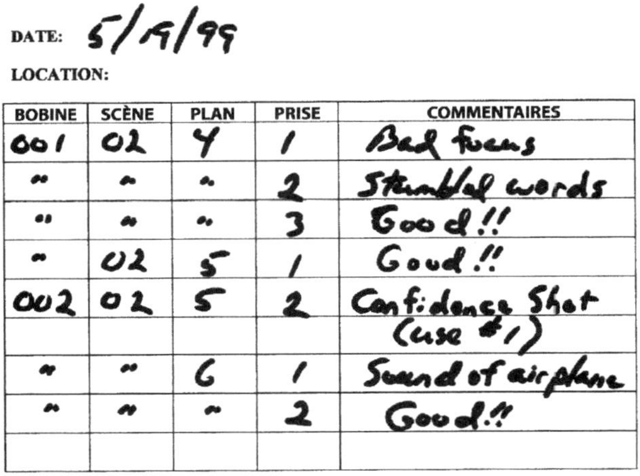

DATE: 5/19/99

LOCATION:

BOBINE	SCÈNE	PLAN	PRISE	COMMENTAIRES
001	02	4	1	Bad focus
"	"	"	2	Stumbled words
"	"	"	3	Good!!
"	02	5	1	Good!!
002	02	5	2	Confidence Shot
				(use #1)
"	"	6	1	Sound of airplane
"	"	"	2	Good!!

Figure 7.2 : Le rapport de scripte contient tous les détails du tournage.

vos scènes, un présentateur pointe le doigt vers un objet, ce qui exige un gros plan. Après avoir montré l'objet, il se lance dans une narration.

Selon le découpage, vous devez filmer en gros plan cet objet. Vous cadrez donc serré et vous filmez le doigt qui entre dans le champ et en ressort. Ensuite, le monteur prend le plan général où l'on voit le présentateur pointer le doigt, prend la scène du gros plan et découvre que dans une scène, c'est la main droite que l'on voit, et dans l'autre la main gauche.

Enfer et damnation ! Cette situation inconfortable est appelée *rupture de continuité*. Vous avez fondamentalement deux choix :

- Monter les séquences sans tenir compte du problème de rupture de continuité et espérer que les spectateurs ne le remarqueront pas.
- Tourner de nouveau la scène.

Aucune de ces options n'est satisfaisante. Tourner de nouveau la scène ferait perdre beaucoup de temps. De nouvelles ruptures de continuité pourraient se produire si, entre-temps, quelque chose a changé sur les lieux du tournage.

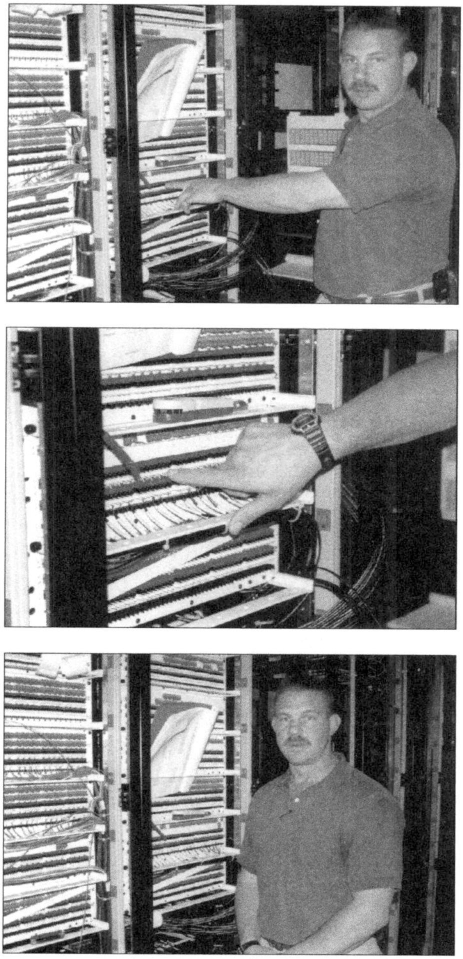

Figure 7.3 : L'image du gros plan (au milieu) n'est pas en continuité avec l'image qui précède et celle qui suit (si vous ne voyez pas pourquoi, demandez l'heure).

La meilleure solution, c'est de toujours penser à la continuité au moment du tournage. Soyez vigilant, faites attention au moindre détail et n'hésitez pas à faire une autre prise si jamais vous avez un doute sur ce que vous venez de filmer.

Prévenir les erreurs de montage

Un des moyens les plus simples de se prémunir des bourdes (vous en ferez quand même) consiste à proposer plusieurs choix au montage.

N'OUBLIEZ PAS

Voici quelques exemples faciles à mettre en œuvre :

- **Une personne s'adresse à la caméra.** Imaginez que ce soit vous qui montez le film. Que ferez-vous si, face à la table de montage, vous découvrez qu'il faut couper dans le dialogue ? Une coupe franche dans la séquence serait visible et très désagréable pour le spectateur.

  Changeons les rôles et imaginons maintenant que vous tourniez la vidéo. Que ferez-vous à ce moment pour anticiper la demande du monteur ? Un moyen simple consiste à filmer le discours avec deux cadrages, disons un plan moyen et un plan rapproché. Ainsi, quelles que soient les nécessités du montage, le technicien pourra faire la coupe en passant du plan moyen au plan rapproché et inversement. Ce procédé est l'un des plus vieux et des plus pratiques pour donner au monteur une confortable marge de manœuvre (reportez-vous au Chapitre 6 pour en savoir plus sur les différents plans).

- **La personne filmée regarde quelqu'un qui se trouve hors du champ.** Imaginez une interview très conventionnelle ; le journaliste est placé hors champ, juste à côté de la caméra. La personne filmée ne regarde pas dans l'objectif, mais l'interviewer. Comment filmerez-vous en prévision du montage ?

  Là encore, nous allons recourir à un procédé fort simple qui a fait ses preuves : la prise de vues en plan de réaction, ou *contrechamp*. Lors d'un contrechamp, après avoir filmé l'interviewer, la caméra se retourne à 180° vers l'interviewé. Si vous le désirez, faites en sorte que l'interviewer pose d'abord toutes les questions devant la caméra. Le monteur se chargera ensuite d'alterner les questions et les réponses. Vous pouvez même multiplier les contrechamps en filmant les interlocuteurs qui hochent la tête, leur regard pensif, des sourires ou des rires, bref toutes les réactions appropriées à leur échange d'idées. Le monteur pourra éventuellement utiliser ces plans de coupe pour réduire la durée de l'interview et aussi modifier, au besoin, l'ordre des questions et des réponses.

Troisième partie

Les solutions de montage virtuel

Dans cette partie...

Un ordinateur est fondamentalement bête. Compliqué mais bête. Vous devez lui dire exactement ce que vous attendez de lui et le configurer pour qu'il puisse faire le travail correctement. Une fois que tout est prêt, ce qu'il fait est fabuleux. Vous ne pouvez pas encore lui demander de vous apporter le journal et vos pantoufles, mais il sait capturer et monter des séquences vidéo ou, plutôt, il sait communiquer avec des périphériques et des logiciels capables de le faire. Vous découvrirez dans cette partie tout ce qui est nécessaire à l'utilisation d'un ordinateur dans le cadre du montage vidéo virtuel.

Vous aurez rarement pris autant de plaisir avec un logiciel. À mon avis, vous regarderez même l'ordinateur d'un autre œil.

Dans cette partie, vous ferez connaissance avec Adobe Premiere Pro CS3, Windows Movie Maker, iMovie et Pinnacle Studio 11.

Chapitre 8

Préparer l'ordinateur pour la vidéo numérique

Dans ce chapitre :

- Définir vos besoins pour le montage vidéo.
- Choisir les composants pour le montage.
- Assurer la compatibilité entre le matériel et le logiciel.
- Configurer l'ordinateur.

Le matériel dont vous avez besoin se limitera à votre ordinateur ; mais celui-ci ne sera peut-être pas à la hauteur pour faire de la vidéo numérique surtout si vous envisagez de travailler en haute définition. Comment le savoir ? Et si vous envisagez de le mettre à niveau, comment être sûr de vos choix. Ce sont là de bonnes interrogations. Ce chapitre apporte beaucoup de réponses, certaines vous seront particulièrement utiles au moment de l'achat de votre machine.

Si vous possédez un caméscope analogique, vous devrez ajouter une carte dite d'acquisition et de restitution vidéo livrée, heureusement, avec un logiciel de montage virtuel. Les solutions complètes matériel/logiciel les plus rencontrées sur PC nous viennent du fabricant Pinnacle. Au Chapitre 11, nous traitons des aspects essentiels de Pinnacle Studio 11 utilisé sous Windows Vista.

Si vous possédez un iMac, vous pouvez sauter ce chapitre et passer immédiatement au Chapitre 10 consacré à iMovie, et commencer à faire de l'acquisition et du montage vidéo.

Estimer les besoins pour le montage virtuel

La définition des besoins pour faire du *montage virtuel* passe par *vous* et non, comme vous auriez pu le croire, par des considérations sur l'ordinateur, les logiciels, les cartes d'acquisition et tout ce fourbi. Commencez par vous demander si vous savez utiliser un ordinateur.

Les passionnés de vidéo numérique sont de tous âges et ont tous de bonnes raisons pour s'initier au montage virtuel. La grande différence réside cependant dans la connaissance ou non des ordinateurs et de la réalisation vidéo :

- Certains n'ont que des notions d'informatique et de réalisation vidéo.
- D'autres connaissent les ordinateurs mais pas la vidéo numérique.
- Certains font de la vidéo depuis des années mais ne connaissent quasiment rien des ordinateurs.
- Et bien sûr, certains connaissent les deux domaines.

Dans quelle catégorie vous situez-vous ?

- Êtes-vous virtuellement un novice en matière de réalisation vidéo ? Soyez honnête avec vous-même ! Ne vous surévaluez pas ! Pas de fausse modestie non plus.
- Êtes-vous un nouveau venu à l'informatique ? Vous savez à peine ce qu'est une souris ? Vous n'osez pas demander ce qu'est au juste Windows ? À la question "Qu'est-ce que votre système d'exploitation ?", vous répondez "Word !"

  Si vous vous reconnaissez dans ces hypothèses, je vous recommande de lire immédiatement *Le PC pour les Nuls*, régulièrement réédité par les éditions First Interactive.
- Vous avez quelques notions d'informatique ? Vous savez démarrer un programme, enregistrer un fichier, et faire

quelques autres manipulations de ce genre ? Si c'est le cas, vous pouvez vous lancer dans le montage non linéaire. Vraiment. Il ne vous faudra pas longtemps pour maîtriser les outils de base.

Préparation au montage vidéo

Le montage vidéo sur un ordinateur est appelé "montage virtuel", ou *montage non linéaire*. Vous ne serez peut-être pas surpris d'apprendre qu'un ordinateur peut faire du montage car, après tout, il est capable de bien d'autres choses. Mais moi, je le suis toujours (surpris).

Choisir un logiciel de montage vidéo

Quel logiciel choisir pour le montage vidéo ? Ce livre vous en suggère quatre : deux sont communs au PC et au Mac, l'autre spécifique au PC et le dernier spécifique au Macintosh :

- **Windows Movie Maker** (pour PC). Un logiciel de montage vidéo pour débutants. La version disponible avec Windows Vista est une révolution par rapport à la précédente mouture. Vous y contrôlez tous les aspects de la vidéo numérique, allant de la capture à l'enregistrement sur bande, en passant, bien sûr, par le montage, et la gravure sur DVD grâce à l'application Création de DVD Windows.
- **iMovie** (pour Mac). Un logiciel doté d'intéressantes options qui simplifient le montage vidéo, et qui se suffit à lui-même en environnement Mac OS (le système d'exploitation des Macintosh). La version 8 de iMovie permet de capturer et de monter de la vidéo HD.
- **Pinnacle Studio 11** (Pour PC). Une solution de montage vidéo d'entrée de gamme capable d'exécuter de véritables prouesses comme la création de DVD vidéo (si vous possédez un graveur compatible) que vous pourrez lire sur votre lecteur DVD de salon s'il est compatible DVD-R/RW (la plupart le sont). Cette version 11 est très stable et performante sous Windows Vista. Ajoutez à cela que Pinnacle Studio 11 gère la vidéo HD. De plus, si vous

Qu'est au juste une table de montage non linéaire ?

Adobe Premiere (Adobe), Pinnacle Studio (Pinnacle), iMovie (Apple) et Movie Maker (Microsoft) sont tous des logiciels de montage vidéo. Ils sont appelés "non linéaires" car ils permettent de manipuler les séquences vidéo (ou clips) sans aucune contrainte. Vous pouvez réduire la longueur d'une scène, la couper et la coller ailleurs sans avoir à la rééditer ni avoir à tout reprendre après le point où le montage a été effectué. En *montage non linéaire*, tout ce que vous avez à faire, c'est de monter les séquences dans l'ordre désiré, du début à la fin. La puissance des ordinateurs récents et celle des cartes de montage facilitent considérablement cette tâche.

Un *système* de montage vidéo est l'ensemble constitué par le ou les logiciels et le matériel (ordinateur, cartes, moniteur, et souvent carte d'acquisition et de restitution...). Disons que la partie logicielle est le cerveau et le matériel le corps. Mais le *monteur* vidéo, c'est vous. Enfin, d'ici peu...

possédez un graveur compatible, vous pourrez graver vos montages HD sur disque Blu-ray ou DVD-HD.

- **Adobe Premiere Pro CS3** (pour Mac et PC). Ce logiciel de montage vidéo, l'un des meilleurs du moment, est la solution de montage vidéo virtuelle de bureau la plus professionnelle du marché. Son grand concurrent sur Mac est le programme Final Cut Pro 6. La version CS3 de Adobe Premiere Pro permet de travailler en HD. Désormais couplé au programme Adobe Encore CS3, cet ensemble performant crée des DVD standard et des disques HD de type Blu-ray.

L'information la plus aride est parfois la plus importante. C'est le cas des spécifications d'un produit. Leur lecture est certes fort ennuyeuse, mais vous ne pouvez pas vous dispenser de connaître les préconisations objectives de l'éditeur, dénuées de toutes les vessies que la publicité essaye de vous faire prendre pour des lanternes. Les spécifications requises mentionnent les nécessités matérielles pour que le logiciel puisse fonctionner, les formats vidéo utilisés ainsi que les outils et fonctions propres à l'application.

Si vous ne disposez plus de ces spécifications, allez sur le site Web de l'éditeur. Ceux des produits utilisés dans ce livre se trouvent aux adresses suivantes :

- **Windows Movie Maker** : http://www.microsoft.com/france/windows/xp/experiences/moviemaker/default.asp. Vous trouverez une version téléchargeable pour Windows Vista sur le site http://www.microsoft.com/downloads/details.aspx?familyid=D6BA5972-328E-4DF7-8F9D-068FC0F80CFC&displaylang=fr.
- **IMovie** : http://www.apple.com/fr/ilife/imovie/.
- **Pinnacle Studio 11** : http://www.pinnaclesys.com/publicsite/fr/Products/Consumer+Products/Home+Video/Studio+Family/.
- **Adobe Premiere Pro CS3** : http://www.adobe.com/fr/products/premiere/index.html.

N'OUBLIEZ PAS

Si vous ne trouvez aucune information sur le Web sur le produit que vous comptez acheter, vous prenez un gros risque.

Mettre l'ordinateur à niveau

TRUC

Pourquoi les exigences minimales et recommandées sont-elles si importantes ? Parce que votre ordinateur doit remplir certaines conditions, et même les surpasser pour éviter quelques problèmes si affreux que je ne veux même pas y penser. Il est par exemple *vital*, pour le montage virtuel, que l'ordinateur soit bien fourni en mémoire vive (RAM, *Random Access Memory*, mémoire à accès aléatoire). Si l'éditeur recommande 128 Mo de RAM, considérez qu'il s'agit d'un minimum. Sinon, vous perdrez des heures à réaliser ce qui pourrait l'être en quelques minutes.

Vous découvrirez par exemple sur le site Adobe que les exigences concernent aussi bien les PC équipés de Windows que les ordinateurs de type Macintosh Intel. Notez bien qu'il s'agit de spécifications "recommandées", donc "minimales". C'est là que les choses deviennent intéressantes...

Minimum

Une petite remarque avant d'entrer dans le vif du sujet : le terme *minimum* doit être pris dans son sens le plus restrictif. C'est comme l'indice d'octane minimum, à la pompe à essence. Le carburant vous permet de gravir des pentes, mais à un moment ou à un autre, le moteur sera à bout de souffle. Cela dit, plongeons-nous dans les spécifications :

- **Processeur Intel sur PC :** Notez dès à présent que vous pouvez mettre le vieux Pentium des années 90 au rancart parce qu'il sera incapable de prendre en charge les tâches d'un logiciel de montage vidéo récent. Un Pentium IV, AMD Athlon sont devenus le minimum vital. Si vous souhaitez monter en HD, vous devrez investir dans ordinateur équipé d'un processeur Intel Core 2 Duo ou de son équivalent chez AMD.
- **Système d'exploitation Microsoft Windows 95, 98, NT 4.0, 2000, XP, et surtout Vista :** Désolé, mais le vieux Windows 3.1 n'est plus de mise. Si vous envisagez d'acheter un nouvel ordinateur, je vous recommande Windows XP plutôt que Windows 98 (ou 95, que vous ne devriez plus vous faire fourguer, même d'occasion). Vous constaterez que XP (voire 2000) est plus stable, c'est-à-dire moins sujet aux plantages. Notez toutefois que Movie Maker est fourni en standard depuis Windows Me. XP est particulièrement efficace dans la reconnaissance des périphériques vidéo. Le montage y est devenu plus simple. Vista est recommandé pour les nouvelles versions de logiciels comme Pinnacle Studio 11.

  Toutes les illustrations de ce livre sont réalisées sous Windows Vista. Ce n'est pas un hasard.

- **Mémoire vive (RAM) de 512 Mo :** Par les temps qui courent, c'est à peine si vous arriveriez à jouer au Solitaire avec si peu de RAM (la RAM est la mémoire vive de l'ordinateur ; elle est utilisée par le système d'exploitation). La quantité de mémoire installée affecte directement les capacités graphiques et vidéo. Il faudra augmenter la mémoire RAM si vous travaillez sous Windows

Vista car ce système d'exploitation est très gourmand en ressources système.

- **Un disque dur conséquent :** A l'inverse des précédentes éditions de ce livre, il est impossible de donner une taille moyenne du disque dur à utiliser. En effet, chaque éditeur de logiciel y va de sa surenchère d'éléments additionnels. De ce fait, l'installation complète d'une suite de montage virtuel peut s'octroyer jusqu'à 10 Go d'espace disque. Rassurez-vous. Il est fort possible que votre ordinateur dispose en standard d'un disque dur d'au moins 300 Go. En vidéo numérique, il faut compter 30 Mo pour une séquence de 12 secondes. Mouline mouline et hop, plus de place sur le disque ! Là encore, à mon avis, le strict minimum, mais vraiment strict, rien de moins, se situerait plutôt autour de 300 Go. À titre d'exemple, 300 Mo de vidéo numérique de qualité MiniDV représentent environ deux minutes de vidéo ; 18 Go n'autorisent qu'un peu plus de 80 minutes de vidéo. Sachez que ces valeurs restent quasi identiques en HD à cause de l'algorithme de compression appliqué aux images.
- **Un disque dur de 3000 Go** (un gigaoctet fait 1 024 mégaoctets) : Réservé aux fichiers audio et vidéo. Les disques durs de cette capacité sont aujourd'hui monnaie courante pour un prix accessible.
- **Une carte graphique en millions de couleurs :** Fini le temps où une carte graphique de 256 couleurs suffisait. Aujourd'hui, bon nombre de programmes refuseront de s'exécuter s'ils détectent que la carte graphique installée dans l'ordinateur ne peut pas afficher des millions de couleurs. Si vous disposez d'une carte graphique dédiée au jeu embarquant jusqu'à 250 Mo de mémoire vidéo, n'en changez pas. Il existe certaines incompatibilités entre les cartes de montage vidéo et les cartes graphiques dédiées aux jeux, mais elles restent exceptionnelles.
- **Une carte son :** Aucune carte particulière n'est recommandée. Il suffit que l'ordinateur en soit équipé, et que la carte soit compatible DirectX pour fonctionner à 100 % avec les périphériques de montage (carte d'acquisition, ou encore boîtier externe). Si vous travaillez en HD, et si

vous envisagez de faire du son Dolby Surround 5.1, vous ne profiterez de la restitution sur 6 canaux que si votre ordinateur est équipé d'une carte son idoine. Je rappelle qu'en vidéo HD, la majorité des caméscopes enregistre l'audio en AC3 2 canaux.

- **Un lecteur de DVD-ROM :** Il est indispensable pour installer les logiciels livrés sur un DVD-ROM.

Recommandé

Nous allons maintenant passer de l'absolument nécessaire au souhaitable :

- **Un processeur Intel Core 2 Duo à 1.6 GHz ou plus :** Plus un ordinateur est rapide, plus vous travaillerez efficacement avec des logiciels de montage de plus en plus exigeants en ressources. À propos, si vous préférez les produits d'AMD à ceux d'Intel, un processeur de type Athlon double cœur ou supérieur fera aussi bien l'affaire. Cette configuration est indispensable si vous utilisez Windows Vista.
- **Windows XP ou Windows Vista :** Windows XP et Windows Vista sont livrés avec Movie Maker. Je recommande Windows Vista qui est un système grand public plus stable et qui gère les caméscopes comme s'il s'agissait de périphériques ordinaires. Vous connectez votre caméra au port IEEE 1394 de la carte mère ou de votre carte d'acquisition, et Windows Vista l'identifie en tant que telle, prêt à la capture et/ou à l'enregistrement sur bande de vos montages exceptionnels. Certes, vous obtenez sensiblement la même chose avec XP. Mais, j'attire votre attention sur le fait que de nombreux éditeurs de logiciels ont optimisé leurs produits pour Vista. De ce fait, les programmes sont plus stables et plus rapides sous ce système d'exploitation.
- **Un disque dur de 500 Go :** Un disque dur de 500 Go permet de stocker de la vidéo sans compter (ou presque). Au prix des disques durs, ne vous en privez pas. Investissez dans un disque dur SATA qui assure des taux de transferts plus importants que les anciens Ultra DMA.

Cela autorise une lecture vidéo sans interruption du débit des images. Si possible, séparez le lecteur contenant la vidéo du lecteur contenant le logiciel. Vous éviterez ainsi d'occuper l'espace libre du disque principal, vital pour le système, avec des données audiovisuelles. On trouve maintenant sur le marché des disques durs de plus de 500 Go.

- **Une carte vidéo avec 8 Mo de VRAM (RAM vidéo) :** De bonnes cartes de ce type sont proposées à moins de 80 euros.
- **Une carte d'acquisition vidéo :** C'est à cette carte que sera relié le caméscope. Elle doit être de type FireWire (standard IEEE 1394). Reportez-vous à la section "Brancher les périphériques vidéo", plus loin dans ce chapitre, pour connaître les spécifications d'une carte FireWire pour la vidéo numérique.

TRUC

La carte d'acquisition peut prendre la forme d'un boîtier de connexion vidéo externe. Il est doté d'entrées numériques et analogiques qui permettent de connecter tout type de caméscope, voire un magnétoscope VHS. La grande différence avec une carte d'acquisition est que le boîtier se connecte lui-même soit sur un port USB soit sur un port FireWire (IEEE 1394). C'est une solution simple car l'installation est aussi rapide qu'insérer une prise dans un port, et évite ainsi d'ouvrir l'ordinateur pour y connecter une carte PCI. En revanche, les fonctionnalités sont plus réduites qu'avec une carte qui, dans bien des cas, se substitue au processeur pour traiter les effets et les transitions, voire diffuser le montage en cours sur un écran de télévision. Les boîtiers de la gamme Moviebox de Pinnacle sont révélateurs d'une politique commerciale qui consiste à mettre la vidéo à la portée de tous.

- **Une connexion Internet :** Pour publier de la vidéo en ligne, vous devez posséder une connexion Internet. Dès que l'on s'attaque à la vidéo numérique, il est préférable de travailler avec une connexion haut débit. Les connexions inférieures à 512 Mo/s seront poussives. Pour ceux qui utilisent encore un modem RTC, c'est-à-dire téléphonique classique, le téléchargement de vidéos sur le Web (ou l'envoi par e-mail) risque d'engloutir toute la durée de leur forfait.

- **Un lecteur de DVD-ROM :** Un lecteur dont le taux de transfert est de 8 fois est suffisant. Difficile aujourd'hui de trouver un lecteur dont le taux est inférieur à 40x.

Les spécifications pour le Macintosh

Si vous possédez déjà un Mac vieux d'un ou deux ans, il reste capable de faire de la vidéo numérique. Il doit répondre à des caractéristiques identiques à celles d'un PC. Les seules différences résident dans le processeur, et le système d'exploitation.

Sur Mac, vous opterez au minimum pour un processeur G4 cadencé à 500 MHz. Le système d'exploitation sera de préférence OS X version 10.1.5 ou supérieure.

Le plus grand obstacle que vous puissiez rencontrer sur Mac est la connectique FireWire. Si votre Mac en possède une, il est souvent difficile d'en ajouter une nouvelle. A la différence des périphériques pour PC, les extensions pour Mac sont très onéreuses.

Si votre Mac n'a pas de port FireWire en standard, sachez que son port USB n'est pas assez rapide pour capturer de la vidéo en pleine qualité numérique.

Comme vous le savez ou ne le savez pas, la vidéo numérique consomme énormément de mémoire vive. Il est donc nécessaire d'augmenter celle de votre Mac, sauf si vous l'avez déjà doté d'une quantité de mémoire RAM exceptionnelle. Il est facile d'étendre la mémoire d'un *iMac* grâce à ses réceptacles dédiés aux modules DIMM d'extension de la RAM.

Veillez toujours à acheter de la mémoire conçue pour votre Mac. Spécifiez systématiquement le modèle et le type de votre processeur (par exemple : G5 500 MHz). Les modules de mémoire existent sous diverses formes et tailles. Par conséquent, tel module n'est pas compatible avec tel Mac. (Eh oui, c'est bien plus complexe que sur PC !)

Les portables Mac peuvent également recevoir de la mémoire supplémentaire, dont l'ajout relève du tour de force. Vous devez enlever le clavier et certaines autres parties de votre iBook ou PowerBook. Laissez faire des professionnels pour ne pas courir à la catastrophe !

Difficile de faire l'état des lieux du matériel Mac. Tout évolue de semaine en semaine. J'ai parfois l'impression d'avoir affaire à un constructeur automobile qui relooke ses anciens véhicules pour créer un besoin chez l'utilisateur. Aujourd'hui, le nec plus ultra chez Apple est le Mac Pro. Ne négligez pas les portables Mac (notamment le nouveau MacBook Air). Toutefois, je reste très prudent sur l'utilisation d'un portable en matière de montage vidéo. Eh oui ! Les portables n'ont qu'un seul disque dur, ce qui nécessite l'ajout d'un disque externe. Vous en concluez que l'aspect nomade d'un portable en prend ici un sacré coup.

Choisir le matériel

Les PC modernes disposent de cartes mères équipées d'un port FireWire. Les PC qui n'en possèdent pas peuvent recevoir une carte PCI FireWire pour un coût très modeste (20 euros). Ces systèmes sans FireWire semblent inadéquats pour la vidéo numérique et le montage virtuel, mais ce n'est pas forcément le cas. Certains ordinateurs conçus spécifiquement pour l'acquisition vidéo sont "propriétaires", c'est-à-dire que vous ne pouvez acquérir et monter la vidéo numérique qu'avec les logiciels fournis avec ce matériel. Pour certains utilisateurs, cela ne pose aucun problème. Mais pour ceux qui voudraient utiliser un logiciel comme Adobe Premiere, Pinnacle Studio ou Windows Movie Maker, un ensemble ordinateur/logiciels propriétaire n'est pas acceptable. C'est pourquoi, lorsque vous achetez un PC doté de toutes les fonctionnalités d'acquisition, tant matérielles que logicielles, vous devez aussi vous assurer qu'il acceptera tous les autres logiciels de montage vidéo.

Si le PC que vous possédez ou que vous achetez n'est pas doté à l'origine d'un adaptateur FireWire, c'est-à-dire une prise IEEE-1394, vous devrez en ajouter un. Reportez-vous à la section "Brancher les périphériques vidéo", plus loin dans ce chapitre.

TRUC

Les nouveaux Macintosh sont tous équipés d'au moins un port FireWire.

Le logiciel de montage non linéaire est au cœur du système. C'est pourquoi vous devez respecter les préconisations du logiciel pour le choix d'une carte d'acquisition vidéo. Vous vous demandez sûrement pourquoi. La réponse tient au fonctionnement du système, dont voici le principe :

1. **L'ordinateur écoute ce que lui ordonne le logiciel de montage virtuel.**
2. **Le logiciel informe la carte d'acquisition que le moment est venu de capturer de la vidéo au travers du port FireWire.**
3. **La carte d'acquisition possède son propre logiciel qui obéit au logiciel de montage virtuel et commande la carte d'acquisition ainsi que l'enregistreur/lecteur.**
4. **La vidéo est acquise puis transformée en fichier informatique.**
5. **Le logiciel de montage ferme le logiciel de la carte d'acquisition et revient au processus de montage.**

De toute évidence, le logiciel de montage et la carte d'acquisition entretiennent une étroite relation. C'est pourquoi les constructeurs de cartes vidéo indiquent toujours avec quelle version de logiciels leur matériel est compatible.

La relation entre le logiciel de montage virtuel et la carte d'acquisition est cruciale. Si elle est parfaite, vous exploiterez le système à fond. Si elle n'est pas très bonne, disons que vous ne serez pas très content...

Brancher les périphériques vidéo

Ce qui est fabuleux avec la préparation de l'ordinateur pour l'acquisition vidéo, c'est que la machine ne sera pas pour autant réservée à cette unique fonction. Vous pourrez l'utiliser pour faire du traitement de texte, surfer sur l'Internet ou faire vos comptes. Pour l'acquisition, il suffit d'installer les logiciels correspondants ainsi que le matériel requis, puis suivre quelques instructions simples.

Tout au long du livre, je vous montrerai comment utiliser des logiciels de montage non linéaire. Mais auparavant, voyons comment brancher les périphériques et faire en sorte que tout se passe bien.

La carte d'acquisition

Après avoir filmé en vidéo, vous devez l'importer dans l'ordinateur afin de monter les séquences. C'est la carte d'acquisition qui se charge de cette opération. Pour ce faire, elle doit être équipée d'un port FireWire, c'est-à-dire à la norme IEEE-1394 exactement comme la sortie MiniDV de votre caméscope. Un port FireWire est extrêmement rapide. Il est capable de transférer des données à la vitesse de 400 millions de bits par seconde, ce qui est parfait pour la vidéo. Des ports FireWire équipent désormais des imprimantes, des scanners, des graveurs et des disques durs externes.

ATTENTION !

Si votre ordinateur n'est pas équipé d'un port FireWire, vous devrez en ajouter un. Le prix d'une carte FireWire s'étend de quelques dizaines d'euros à plusieurs centaines. Évitez les modèles livrés avec des logiciels plus ou moins fantaisistes ; il vaut en effet mieux consacrer cet argent à la partie technique de la carte. Vérifiez aussi les spécifications requises, afin d'être certain que votre ordinateur accepte ce type de carte.

N'OUBLIEZ PAS

Si vous êtes intéressé par Movie Maker, qui fait partie de Windows XP et Windows Vista, il faut savoir que capturer de la vidéo avec la carte d'acquisition et la jouer dans Movie Maker sont deux choses complètement différentes. Si vous comptez utiliser ce logiciel pour faire du montage, veillez à utiliser une carte certifiée compatible avec Movie Maker. Ne partez pas du principe que, du seul fait d'installer Windows XP ou Vista dans votre ordinateur, Movie Maker s'accommodera de votre carte d'acquisition. Généralement, toute carte FireWire répondant à la norme OHCI sera reconnue par Windows Movie Maker. En revanche, si votre ordinateur propose, sur sa carte mère, un port FireWire répondant à cette norme, vous pourrez y brancher votre caméscope. Windows Movie Maker identifiera votre caméscope numérique, et la capture pourra commencer. Vous concluez alors qu'il est inutile d'investir sans une carte d'acquisition.

Si vous n'avez pas envie de vous compliquer l'existence avec des spécifications techniques, demandez simplement à votre revendeur de matériel informatique si les performances et les spécifications de votre ordinateur conviennent aux exigences de la carte d'acquisition.

Voici quelques données techniques concernant votre ordinateur, que votre équipe technique ou votre revendeur devra connaître afin de vous renseigner sur les cartes d'acquisition :

- **Processeur : Pentium 233 MHz ou plus.** La plupart des cartes FireWire exigent au moins un Pentium cadencé à 233 MHz (mégahertz). Un Pentium III à au moins 700 MHz, voire un Pentium 4 à 2 gigahertz ou plus, est encore mieux. En revanche, les programmes de montage exigeront beaucoup plus. La norme s'établit de plus en plus vers les processeurs Core 2 Duo ou équivalent... et pourquoi pas au-delà (Quad).
- **Connecteur pour la carte d'acquisition : 32-bits PCI.** Toutes les cartes FireWire s'installent sur un connecteur PCI. Assurez-vous qu'il en reste un de libre dans l'ordinateur. La plupart sont reconnaissables, sur la carte mère, à leur couleur ivoire ou blanche.
- **Mémoire vive de 512 Mo ou plus (recommandé).** C'est le minimum de RAM recommandé par la plupart des fabricants de cartes d'acquisition. Il est toutefois conseillé d'installer 2 Go de RAM dans l'ordinateur si vous utilisez Windows Vista.
- **20 Go libres sur le disque dur.** Le disque dur de l'ordinateur (normalement le lecteur C:) doit être capable de stocker de nombreux logiciels. Le logiciel vidéo peut occuper jusqu'à 11 Go sur le disque dur, la norme semblant s'établir aux alentours des 3 Go. Aujourd'hui, un disque dur de 300 Go est devenu la norme.
- **100 Go d'espace sur le disque dur réservés aux données audiovisuelles.** Cette quantité peut sembler énorme,

mais elle est loin de l'être. Une minute de vidéo numérique s'octroie 250 Mo sur le disque dur. Avant d'investir tête baissée dans un disque dur de cette capacité, vérifiez toujours qu'il est supporté par votre carte mère. En effet, les fabricants de cartes mères n'anticipent pas systématiquement l'évolution technologique. Résultat, votre PC ne supporte pas les disques durs de plus de 250 Go. De ce fait, consultez régulièrement les mises à jour du BIOS de votre carte mère qui, souvent, augmentent ses possibilités, et ouvrent votre ordinateur aux dernières évolutions matérielles.

Comme vous le constatez, vous devez avoir quelques notions d'informatique avant de choisir une carte d'acquisition. Il vous faudra peut-être aussi mettre l'ordinateur à niveau en changeant son processeur et/ou son disque dur, et en ajoutant éventuellement de la mémoire. N'hésitez pas à demander conseil à votre vendeur informatique.

Vous devez aussi être sûr que le logiciel de montage que vous comptez utiliser reconnaisse la carte d'acquisition. Le Tableau 8.1 fournit quelques informations sur les cartes reconnues par chacun des trois logiciels utilisés dans ce livre.

Tableau 8.1 : Les cartes d'acquisition pour la vidéo numérique.

Logiciel de montage	Cartes supportées
Windows Movie Maker	Toutes les cartes IEEE-1394 conformes au standard OHCI. Toutes les cartes d'acquisition Intel et Philips USB (*Universal Serial Bus*). Aujourd'hui, la plupart des PC et des cartes mères sont équipés d'une prise IEEE 1394 évitant l'achat d'une carte d'acquisition externe.
iMovie	Tous les ports FireWire des Macintosh reconnaissent iMovie.
Pinnacle Studio 11	La liste des caméscopes reconnus se trouve à l'adresse : `www.pinnaclesys.com`, puis cliquez sur le lien Support de Pinnacle Studio. *A priori*, toutes les cartes IEEE-1394 au standard OHCI sont reconnues par ce programme.
Adobe Premiere CS3	Premiere est compatible avec toutes les cartes d'acquisition qui le fournissent en standard.

Installer une carte d'acquisition

Installer correctement la carte d'acquisition dans l'ordinateur est relativement facile *si* vous avez l'habitude du matériel informatique. Mais si vous n'y connaissez rien, vous risquez d'être quelque peu intimidé. Voici mes conseils : si vous avez installé des cartes d'extension, des disques durs ou d'autres composants d'un PC, l'installation d'une carte d'acquisition vous sera facile. Sinon, vous vous épargnerez beaucoup de misères et de stress en confiant la tâche à quelqu'un qui s'y connaît. Certaines boutiques installent la carte gratuitement si vous l'avez achetée chez eux, d'autres le feront moyennant un coût de main d'œuvre. **Attention :** les composants électroniques sont délicats. La moindre erreur dans l'installation de la carte d'acquisition peut abîmer définitivement l'ordinateur tout entier.

Si vous envisagez d'installer vous-même la carte, commencez par le plus important : la lecture des instructions d'installation livrées avec la carte et son logiciel. Elles s'adressent souvent à des néophytes complets. En cas de problème, vous pourrez consulter le site Web du fabriquant ou obtenir une assistance téléphonique.

Le câble IEEE 1394 (FireWire ou i-Link)

La connexion du caméscope numérique à l'ordinateur se réduit au simple geste qui consiste à relier le câble FireWire IEEE 1394 (appelé aussi "câble i-Link" par certains fabricants) au port FireWire de la carte d'adaptation d'une part, et d'autre part à la sortie vidéo numérique du caméscope. Je pensais que ce serait plus compliqué que cela, mais ce n'est pas le cas. La Figure 8.1 montre la manipulation.

Jouer et visionner la vidéo

Maintenant que la carte d'acquisition et son logiciel sont installés et que la connexion IEEE 1394 entre l'ordinateur et le caméscope est établie, nous pouvons passer aux choses sérieuses. Il ne vous reste plus qu'à vous familiariser avec le

Figure 8.1 : Le connecteur IEEE 1394 est souvent appelé "DV In/Out".

logiciel de la carte d'acquisition. Ce qui ne pose généralement pas de problème.

Commencez par démarrer le logiciel de la carte d'acquisition. Vous verrez apparaître une interface spécifique (voir Figure 8.2). Bien que les cartes diffèrent d'un fabricant à un autre, elles présentent des caractéristiques communes, notamment la possibilité de télécommander le caméscope, de jouer la vidéo sur le moniteur informatique et d'enregistrer la vidéo sur le disque dur. Toutefois, dans bien des cas, vous ne passerez pas par cet outil pour capturer vos vidéos, mais directement par l'interface de capture de votre logiciel de montage virtuel. Les Figure 8.3, 8.4, et 8.5 montrent les modules de capture des programmes Movie Maker, iMovie (Mac) et Final Cut Pro (Mac).

La plupart des cartes d'acquisition de vidéo numérique fournissent un moyen d'accéder à toutes les images de la bande (voir Figure 8.2). Cette procédure, appelée *balayage, scan* ou *identification*, ne capture pas la vidéo, mais ce qu'elle fait n'en est pas moins fabuleux. Quand vous cliquez sur l'outil de balayage, le logiciel de la carte de capture prend le contrôle du caméscope et effectue une recherche dans toute la cassette qui s'y trouve.

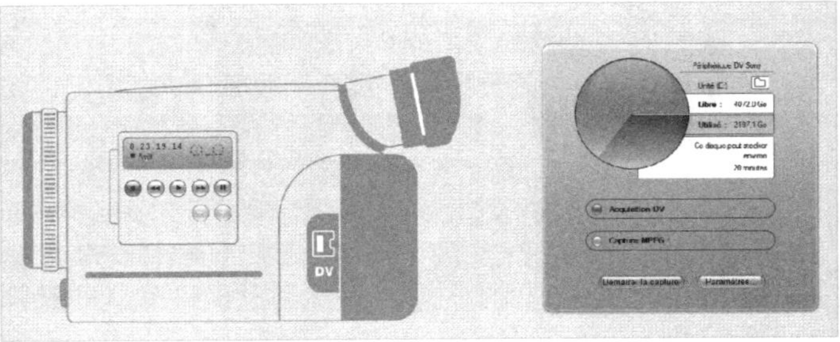

Figure 8.2 : Le logiciel de la carte d'acquisition vidéo est un centre de contrôle qui gère la connexion entre le caméscope numérique et l'ordinateur.

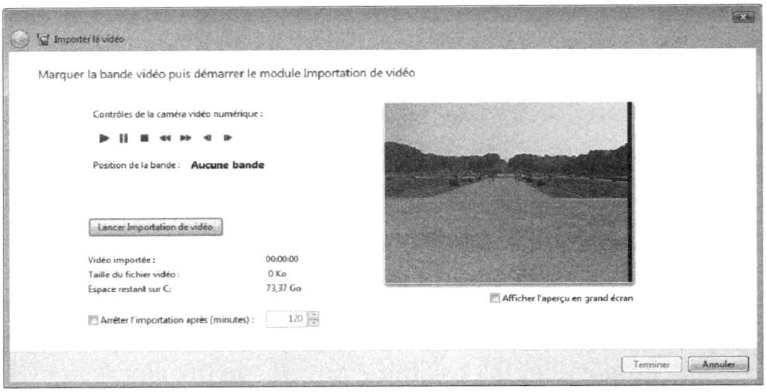

Figure 8.3 : L'interface de capture de Windows Movie Maker.

Il crée et enregistre une bibliothèque de vignettes montrant la première image de chaque séquence. Cette bibliothèque est très commode pour s'y retrouver parmi toutes les séquences présentes sur la bande.

Le contrôleur de vidéo numérique est le périphérique de base de toute carte d'acquisition vidéo. Il contrôle directement l'enregistreur du caméscope, notamment l'avance et le rembobinage de la cassette. Les Figures 8.3 à 8.5 montrent un moniteur informatique de contrôle de la capture. Son aspect et ses fonctions dépendent du logiciel utilisé. Si vous optez pour un programme à vocation professionnelle, l'interface est aussi complexe que riche en possibilités.

Figure 8.4 : L'interface de capture de iMovie.

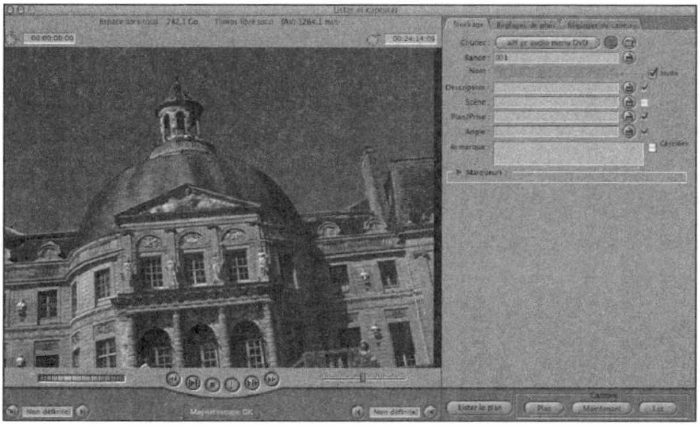

Figure 8.5 : L'interface de capture de Final Cut Pro.

Transférer les séquences vidéo dans l'ordinateur

L'acquisition de la vidéo avec le logiciel de la carte est généralement facile : il suffit de la jouer avec le contrôleur de vidéo numérique. Dès que vous êtes satisfait du choix, cliquez sur le bouton Capture ou Acquisition pour procéder à l'enregistrement sur le disque dur. Selon le type de carte, la vidéo est jouée sur le moniteur informatique ou dans le viseur du caméscope. L'arrêt s'effectue en appuyant sur la touche Echap ou en cliquant sur un bouton Stop ou Arrêt.

Visionner la vidéo

TRUC

Bon nombre de caméscopes possèdent une sortie composite (VHS) et S-VHS. Selon les entrées dont dispose le moniteur, vous utiliserez l'une ou l'autre. Après l'avoir branché au moniteur, mettez le caméscope en mode VTR (*video tape recorder*, magnétoscope), VCR ou Magnétoscope puis visionnez la cassette.

N'OUBLIEZ PAS

Le câble IEEE 1394 permet de contrôler entièrement l'enregistreur du caméscope depuis l'ordinateur. Vous pouvez même procéder à un montage directement dans votre programme de montage virtuel et visionner le montage fini, comme si l'enregistreur du caméscope était devenu un élément de l'ordinateur.

Chapitre 9

Windows Movie Maker

Dans ce chapitre :

- Faire connaissance avec Movie Maker.
- Capturer de la vidéo avec Windows Movie Maker.
- Montage virtuel dans Windows Movie Maker.
- Ajouter des transitions.
- Utiliser des filtres.
- Utiliser du son.
- Terminer un film.

Movie Maker, destiné aux amateurs de vidéo numérique, est la réponse de Microsoft à Apple iMovie, présenté dans le prochain chapitre. Il convient tout particulièrement aux débutants et à tous ceux qui veulent capturer leur vidéo depuis un caméscope, enregistrer le montage final sur bande MiniDV, préparer des fichiers vidéo qui seront publiables sur Internet, et nouvelle cerise sur ce nouveau gâteau : graver votre montage sur un DVD. Ce chapitre vous explique comment créer un premier projet vidéo avec ce logiciel désormais très polyvalent.

Présentation de Movie Maker

Avec cette nouvelle version, la vidéo numérique amateur sous Windows est aussi simple que :

1. **Capturer et/ou importer des images, du son, des images fixes.**
2. **Modifier la vidéo.**
3. **Terminer la vidéo en choisissant un média de destination, dont le DVD.**

Trois principes aussi élémentaires que rudimentaires soutenus de nombreux conseils et assistants.

Voici les principales innovations de Microsoft Windows Movie Maker :

- La présence, en standard, de diapositives, de musique de fond et d'effets sonores.
- La possibilité de stocker le contenu de toutes vos vidéos cassette sur le ou les disques durs de votre ordinateur.
- Réenregistrer (enfin dirons-nous) le résultat de vos montages Movie Maker sur votre caméscope MiniDV.
- Graver votre film sur DVD vidéo.
- Un respect qualitatif de la chaîne numérique en capture et en enregistrement sur d'autres supports digitaux.
- La réalisation de diaporamas à partir de photos numériques que vous agrémenterez de musiques et de commentaires.
- L'organisation et le catalogage de vos vidéos familiales pour retrouver instantanément vos séquences préférées.
- Capturer les images provenant de votre magnétoscope VHS moyennant l'achat d'un adaptateur peu onéreux.

Un rapide survol de Movie Maker

L'interface de Windows Movie Maker a considérablement évolué par rapport aux précédentes versions, comme le révèle la Figure 9.1. Pour démarrer le logiciel sous Windows Vista, cliquez sur Démarrer/Tous les programmes/Windows Movie Maker. L'interface est divisée en plusieurs zones :

- **La zone des Collections.** Les collections apparaissent au centre de l'interface. Elles sont organisées selon une arborescence identique à celles des dossiers du disque dur. La fenêtre centrale de Movie Maker montre chacun des clips présents dans la collection que vous avez sélectionnée.
- **Barre d'outils standard.** Elle dispose d'icônes de gestion de vos projets et permet de passer rapidement de la liste des tâches affichées par défaut à celle des collections.
- **Moniteur.** Les clips ou l'intégralité d'un projet sont visualisés dans cette fenêtre.
- **Le volet des tâches.** Les trois étapes clés de Movie Maker y sont réunies : la capture, le montage, la destination finale de la vidéo.
- **L'espace de travail.** C'est là que vous assemblez les clips pour créer une séquence. Vous pouvez passer de l'espace Table de montage séquentiel à l'espace Chronologie, et inversement.

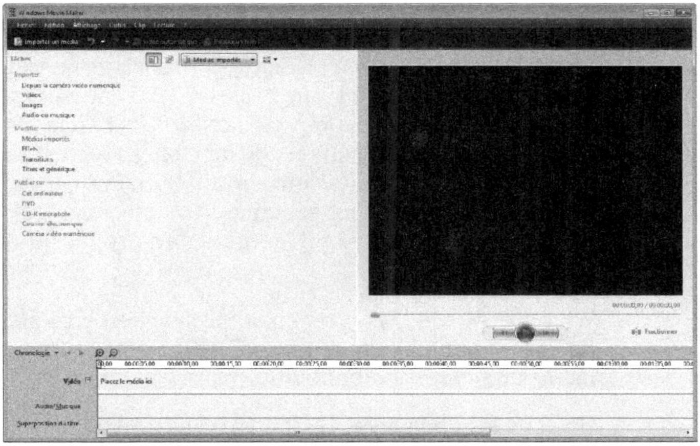

Figure 9.1 : L'interface de Movie Maker est simple et intuitive.

Créez un nouveau fichier de collection pour chaque partie de vidéo que vous enregistrez ou importez. Vous pouvez aussi séparer les collections de clips audio des collections d'images fixes. Nommez les collections de façon claire et concise afin de les identifier facilement.

Choisir le format de lecture des vidéos Movie Maker

Les vidéos de Windows Movie Maker peuvent être enregistrées sous deux formats : .WMV et .ASF. Le format WMV est bien moins intéressant que le format DV AVI destiné à un enregistrement sur bande. Vous pouvez télécharger la dernière version, Windows Player 11, depuis le site de Microsoft, catégorie Téléchargements. Pour télécharger le Lecteur Windows Media 11 pour Windows XP, allez à `http://www.microsoft.com/downloads/details.aspx?FamilyID=1d224714-e238-4e45-8668-5166114010ca&DisplayLang=fr`. Pour mettre à jour ce lecteur sous Windows Vista, allez à `http://www.microsoft.com/downloads/details.aspx?FamilyID=50dff28b-8e0e-4b15-99a1-0d7b9ff3b795&DisplayLang=fr`.

Capturer de la vidéo dans Movie Maker

La capture vidéo est un principe qui consiste à enregistrer sur disque dur le contenu d'une cassette vidéo numérique et/ou analogique. Comme cet ouvrage est consacré à la vidéo numérique, nous présumons qu'un caméscope est raccordé à une entrée IEEE 1394 de votre ordinateur. Les cartes d'acquisition vidéo en possèdent généralement une, et la majorité des cartes mères, donc des PC modernes en proposent une en standard.

Windows Movie Maker reconnaît les entrées IEEE 1394 (dites FireWire ou ILink) compatibles OHCI. C'est le pilote de la carte qui assure cette compatibilité.

Une fois les connexions établies, il ne reste plus qu'à lancer Windows Movie Maker et à s'intéresser aux méthodes d'acquisition (capture) proposées par ce logiciel intégré au système d'exploitation Windows XP et Windows Vista. Pour une raison évidente de modernité, notre étude se fonde sur l'utilisation de Windows Movie Maker en environnement Vista.

La notion de capture dans Windows Movie Maker

Le volet Tâches de la vidéo regroupe l'ensemble des opérations que vous pouvez effectuer sur des séquences. La première étape consiste généralement à capturer de la vidéo. Il faut donc préalablement connecter votre caméscope au port IEEE 1394 de l'ordinateur, puis le mettre sous tension. Ensuite, vous n'aurez plus qu'à cliquer sur le lien Depuis la caméra vidéo numérique de la tâche Importer comme le montre la Figure 9.2.

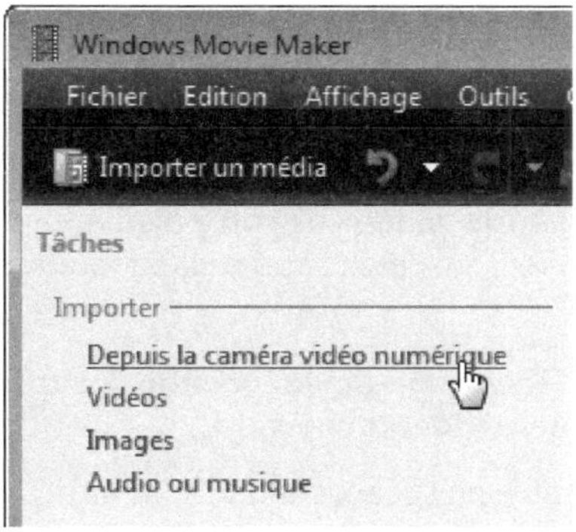

Figure 9.2 : Les options de la tâche Importer.

TRUC

Si, à l'ouverture de Windows Movie Maker, le contenu de cette tâche est visible, cliquez sur le bouton Afficher ou masquer les tâches présent à côté de la liste Médias importés.

Pour Windows Movie Maker, l'importation revêt plusieurs aspects :

- **Depuis la caméra vidéo numérique.** Vous capturez des images provenant d'un caméscope.
- **Vidéos.** Vous sélectionnez un fichier vidéo présent sur votre disque dur ou tout autre support. Les formats pris en charge sont : AVI, ASF, M1V, MP2, MP2V, MPE, MPG, MPEG, MPV2, WM et WMV.

- **Images.** Pour placer des images fixes stockées dans un grand nombre de formats comme JPEG, GIF, PNG, TIFF, WMF et BMP.
- **Audio ou la musique.** Pour sonoriser les vidéos avec des fichiers audio au format WAV, AIFF, ASF, AU, MP2, MP3, MPA, SND et WMA.

Voyons comment capturer des images depuis un caméscope MiniDV.

Capturer à partir du périphérique vidéo

Généralement la première étape d'un processus de traitement informatique de la vidéo. Nous supposons que votre caméscope est connecté au port IEEE 1394 de votre carte FireWire ou de votre carte mère.

Pour capturer une source vidéo sur votre disque dur avec Windows Movie Maker, basculez l'appareil en mode magnétoscope (VCR), puis :

1. **Dans le volet Tâches de la vidéo, cliquez sur le lien Depuis la caméra vidéo numérique.**

   Un assistant entre en scène, comme le montre la Figure 9.3.

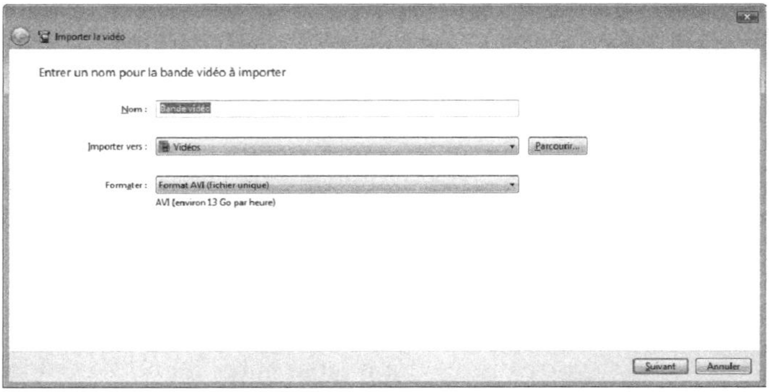

Figure 9.3 : Première étape de la capture vidéo numérique.

2. **Dans le champ Nom, saisissez un nom pour la séquence capturée.**

Faisant preuve d'originalité, j'ai saisi MaVideo (Figure 9.4).

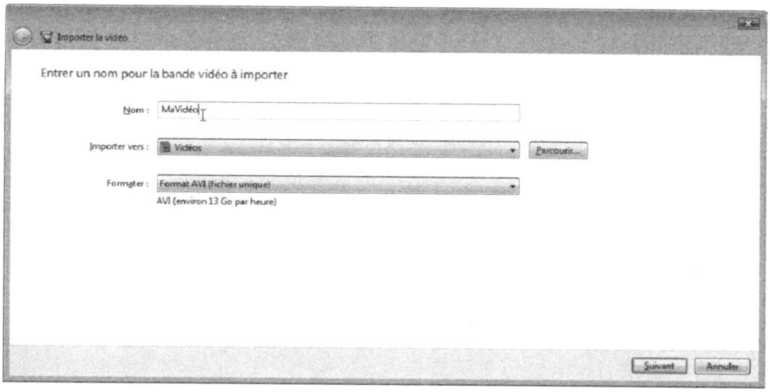

Figure 9.4 : Nommez votre fichier vidéo à capturer.

TRUC

Movie Maker ajoute toujours trois chiffres à votre nom de fichier vidéo. Cela lui permet d'incrémenter les noms en cas de captures successives dans un même projet pour mieux classer vos vidéos.

3. **Dans la liste Importer vers, sélectionnez le dossier de votre disque dur où vous désirez stocker la vidéo capturée. Pour choisir un autre emplacement, cliquez sur le bouton Parcourir.**

   Comme la vidéo capturée prend beaucoup de place, sélectionnez un disque dur disposant d'un espace libre suffisant, c'est-à-dire au moins 50 Go.

   Par défaut, Windows Movie Maker propose le dossier Vidéos du système d'exploitation.

4. **Dans la liste Formater, choisissez le format dans lequel la vidéo capturée va être enregistrée.**

   Il est important de conserver la meilleure qualité vidéo qui soit. En d'autres termes, la vidéo DV doit rester en DV, c'est-à-dire ne subir aucune autre compression. Pour cette raison principale, choisissez le Format AVI (fichier unique).

5. **Cliquez sur Suivant.**

Vous accédez à la deuxième étape de l'assistant. Ici, vous choisissez votre méthode d'importation (Figure 9.5).

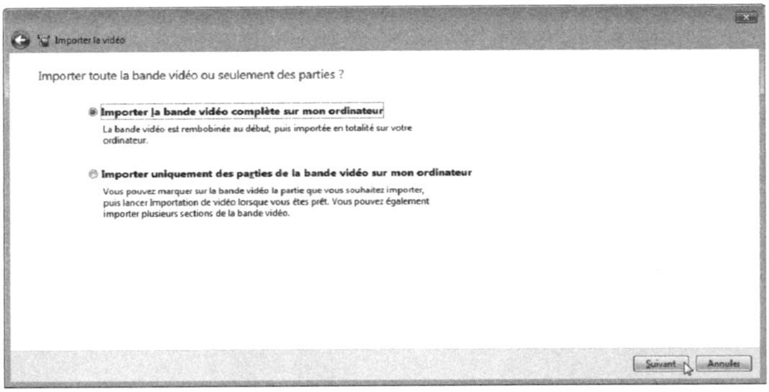

Figure 9.5 : Que souhaitez-vous capturer ?

Vous accédez à une nouvelle étape qui consiste à choisir une méthode de capture :

- **Importer la bande vidéo complète sur mon ordinateur.** Vous ne vous occupez de rien ! Movie Maker capture l'intégralité de la bande insérée dans le caméscope.
- **Importer uniquement des parties de la bande vidéo sur mon ordinateur.** Permet de définir vous-même ce que Windows Movie Maker doit capturer. Cette procédure est excellente pour sélectionner uniquement ce dont vous avez besoin et ainsi ne pas encombrer inutilement votre disque dur de séquences qui finiront à la poubelle.

6. **Sélectionnez Importer uniquement des parties de la bande vidéo sur mon ordinateur, et cliquez sur Suivant.**

   Vous accédez à l'étape Importer. Normalement, vous pouvez piloter votre caméscope à l'aide des boutons de l'interface.

7. **Dès que vous approchez du début de la séquence à capturer, cliquez sur le bouton Lancer Importation de vidéo.**

Si vous connaissez à l'avance la durée précise du contenu vidéo à importer, cochez l'option Arrêter l'importation après (minutes). Entrez le nombre de minutes dans le champ correspondant.

8. **Dès que vous atteignez la fin de la séquence à capturer, cliquez sur le bouton Arrêter l'importation vidéo (Figure 9.6).**

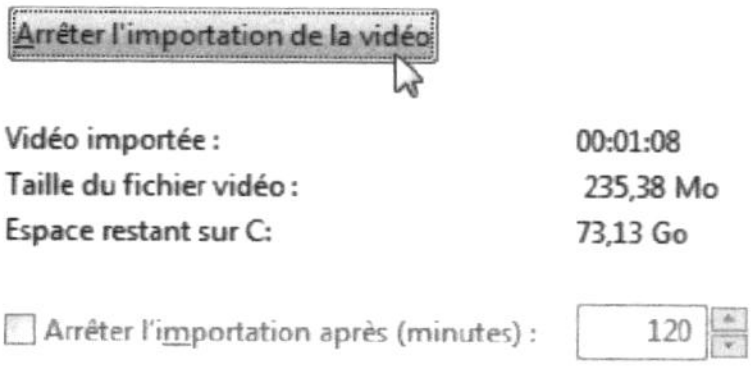

Figure 9.6 : Arrêter la capture.

Cliquez alors sur le bouton Arrêter de l'interface, ou appuyez sur le bouton Arrêt de votre caméscope ou de votre télécommande.

La séquence vidéo est capturée. Comme le montre la Figure 9.7, des informations sur la durée et la taille du fichier apparaissent juste en dessous des trois étapes de capture.

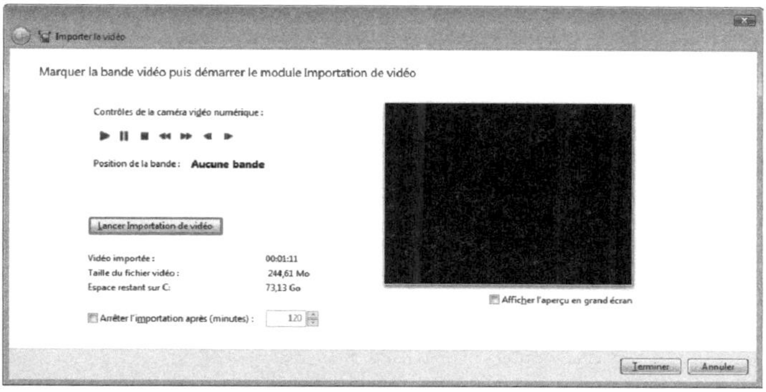

Figure 9.7 : Fin de la capture avec des informations sur la taille du fichier et sa durée.

9. **Capturez d'autres séquences sans quitter cette interface en reprenant la procédure à l'étape 8.**

10. **Une fois toutes vos séquences capturées, cliquez sur Terminer.**

    Windows Movie Maker organise alors le contenu de la collection de clips (séquences) correspondant aux vidéos capturées.

    Sur la Figure 9.8, deux vidéos ont été capturées et pourtant de nombreux clips sont présents dans la collection. Cela s'explique par le fait que Windows Movie Maker crée un clip à chaque changement de plan. En d'autres termes, un clip est créé chaque fois que vous avez basculé votre caméscope en pause au moment du tournage de vos images.

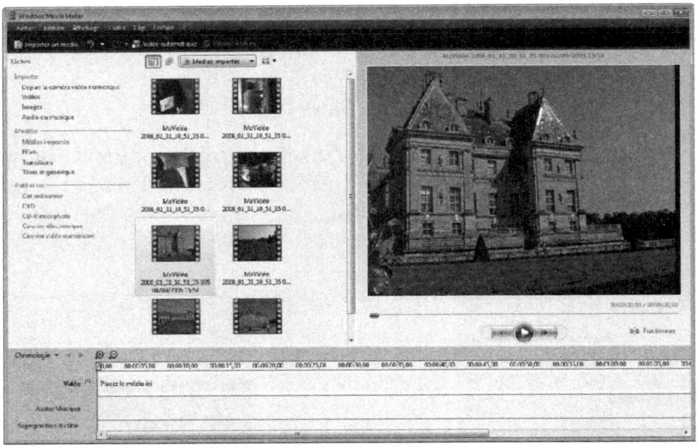

Figure 9.8 : Une séquence capturée et organisée sous forme de collection par Windows Movie Maker.

11. **Enregistrez votre projet via Fichier/Enregistrer le projet sous.**

    Désignez un lecteur et un dossier de destination, donnez un nom, et cliquez sur Enregistrer.

TRUC

Il est préférable d'enregistrer le projet dans le même dossier que vos clips.

Voilà ! La procédure n'est pas plus compliquée. À partir de là, vous pouvez enrichir la collection avec des clips déjà présents sur votre disque dur, des images fixes (photos ou graphiques), du son et de la musique. Cliquez simplement sur la tâche à accomplir. Chaque élément fera partie de la collection du projet. L'ensemble sera organisé dans la section montage de Windows Movie Maker.

Modifier la vidéo dans Windows Movie Maker

Modifier une vidéo consiste à en effectuer le montage. Le montage est une opération par laquelle vous allez mettre bout à bout les séquences capturées pour obtenir une narration homogène. Vous en profiterez pour supprimer les images inutiles, ajouter des transitions, incruster des titres et même réaliser quelques effets spéciaux.

Commencez par glisser le clip dans la Table de montage séquentiel de Movie Maker. (Voir la Figure 9.9.) Cette table permet d'organiser l'ordre des séquences mais pas d'intervenir dans les séquences elles-mêmes. Vous pouvez contrôler cet ordonnancement en cliquant sur le bouton Lire la chronologie. Si vous disposez de plusieurs clips, vous constatez qu'ils sont lus dans l'ordre. Réorganisez-les si cela ne vous convient pas. Il est même possible d'ajouter des transitions sur les rectangles séparant chaque clip. Avec cette méthode, vous réalisez un pseudo-montage qui consiste simplement en une nouvelle organisation des séquences vidéo agrémentées, le cas échéant, de transitions.

Ce type de montage n'est guère satisfaisant. Je vous invite à basculer en mode Chronologie.

Montage en mode Chronologie

Pour basculer dans ce mode de la Table de montage séquentiel, cliquez sur la liste Table de montage séquentiel. Là, choisissez Chronologie. Vous affichez une interface de montage

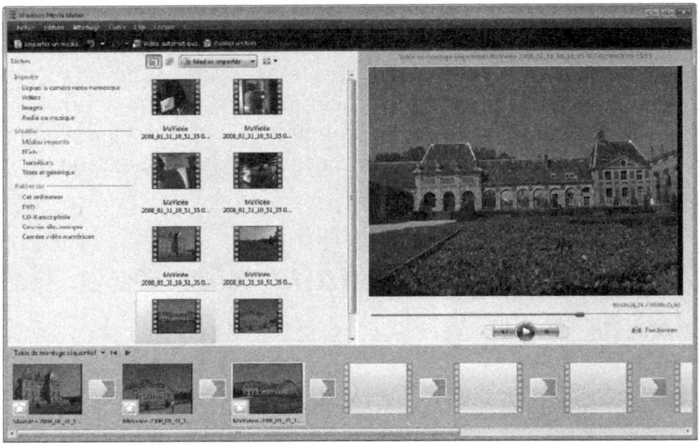

Figure 9.9 : La Table de montage séquentiel de Windows Movie Maker.

Figure 9.10 : Le montage en mode Chronologie ouvre davantage de possibilités.

virtuel qui permet de travailler avec plus de précision, comme le montre la Figure 9.10.

C'est ce mode que nous utiliserons pour bien comprendre la mise en place de transitions, de titres, d'effets spéciaux, d'éléments audio, et la sélection de certaines parties des séquences capturées.

Manipuler les clips

Ici, nous allons voir comment raccourcir la durée d'une séquence et commencer la vidéo par une ouverture au noir que l'on appelle aussi *apparition en fondu.*

Réduire ou allonger un clip

Une séquence vidéo capturée contient toujours des éléments qui ne nous intéressent pas. Souvent, le rythme que l'on souhaite donner au film nécessite de raccourcir une séquence.

Avec Windows Movie Maker, agir sur la longueur d'un clip est d'une facilité déconcertante :

1. **Pour éliminer le début de la première séquence, placez le pointeur de la souris à gauche du clip dans le montage affiché en mode Chronologie.**

   Comme le montre la Figure 9.11, il prend la forme d'une double flèche.

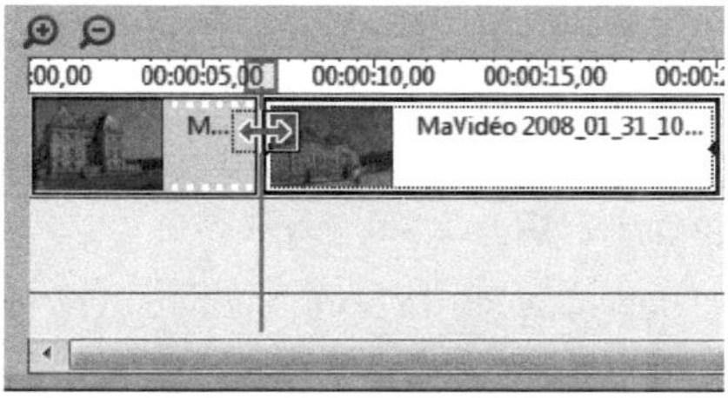

Figure 9.11 : Curseur permettant de réduire la durée d'un clip par élimination d'images inutiles.

2. **Cliquez et faites glisser lentement le curseur vers la droite pour éliminer quelques images superflues du début de la séquence.**

   Le Moniteur montre alors à partir de quelle image le clip va commencer.

3. **Procédez de même pour éliminer des images en fin de séquence.**

Cette fois, placez le pointeur de la souris sur le bord droit de la séquence. Cliquez et faites glisser le curseur vers la gauche. Là encore le Moniteur montre à quel moment va se terminer le clip.

4. **Répétez ces opérations pour tous les clips présents dans la table de montage affichée en mode Chronologie.**

Fractionner des clips

La précédente section permet simplement d'agir au début ou à la fin des clips. Or, le montage virtuel est une opération intéressante si et seulement s'il est possible de couper dans un clip soit pour éliminer des images qui se trouvent en son milieu, soit pour insérer d'autres séquences au milieu d'une séquence.

Voici comment fractionner un clip en deux parties avec Windows Movie Maker :

1. **Dans la table Chronologie, cliquez sur le clip à fractionner.**

   Le clip est sélectionné. Il s'affiche dans le Moniteur.

2. **Cliquez sur le bouton Lecture du Moniteur.**

   La lecture du clip sélectionné commence.

3. **Dès que vous arrivez à l'image où vous désirez fractionner la séquence, cliquez sur Arrêter.**

   Si besoin, calez-vous sur la bonne image avec les boutons Image précédente et Image suivante.

4. **Dans la fenêtre Moniteur, cliquez sur le bouton Fractionner situé dans le coin inférieur droit du Moniteur.**

   Comme le montre la Figure 9.12, ce bouton ressemble à de la pellicule coupée en deux. (C'est comme le Port-Salut... c'est écrit dessus !)

Figure 9.12 : Fractionner des clips.

Les fondus

Il est rare qu'un film ou une vidéo commence directement par une image. Généralement, l'écran est noir et l'image se révèle peu à peu. Idem pour la fin d'un film. Souvent, la dernière image s'évanouit pour céder la place à un écran noir. Ces deux opérations s'exécutent très simplement dans Windows Movie Maker.

Pour créer une apparition en fondu :

1. **Dans la Chronologie, cliquez sur la première séquence.**

   Elle est sélectionnée.

2. **Cliquez dessus avec le bouton droit de la souris.**

3. **Dans le menu contextuel, choisissez Apparition en fondu.**

   Dans le Moniteur l'image devient noire et une étoile apparaît au centre du clip. Cette étoile indique la présence d'un effet vidéo.

4. **Lancez la lecture du clip.**

   Il apparaît par un fondu au noir à l'ouverture !

Pour créer une disparition en fondu, suivez les étapes ci-dessus. Mais, à l'étape 1, cliquez sur la dernière séquence ; à l'étape 3, sélectionnez Disparition en fondu.

Vous avez réalisé ce que l'on appelle dans le jargon cinématographique, une *ouverture* et une *fermeture au noir.*

L'ensemble de ces procédures vous apprend à monter un film, c'est-à-dire à éliminer des parties d'une séquence que ce soit en leur début, en leur fin ou à tout autre endroit de sa chronologie. Pour le moment le montage réalisé est dit en *cut* (coupe), c'est-à-dire que les séquences et les plans se succèdent brutalement. Sachez que ce type de montage représente plus de 90 % de la succession des plans et des scènes d'un film traditionnel.

Toutefois, pour marquer un changement de lieu ou l'écoulement d'une certaine durée de temps, il est possible d'enchaîner les séquences avec des transitions.

Les transitions dans Windows Movie Maker

Ce logiciel dispose d'un certain nombre de transitions qui vont ravir les vidéastes amateurs.

Pour utiliser les transitions dans Windows Movie Maker, suivez les étapes ci-dessous :

1. **Dans la section Modifier la vidéo du volet Tâches, cliquez sur le lien Transitions.**

   Vous accédez aux transitions représentées sur la Figure 9.13. Comme elles sont nombreuses, utilisez la barre de défilement verticale pour afficher celles masquées par l'interface.

   Pour les besoins de notre projet, nous allons réaliser une transition entre la séquence 1 et la séquence 2.

2. **Dans la Chronologie, cliquez sur le signe + situé à droite du mot Vidéo.**

   Vous affichez les pistes Transition et Audio comme sur la Figure 9.14.

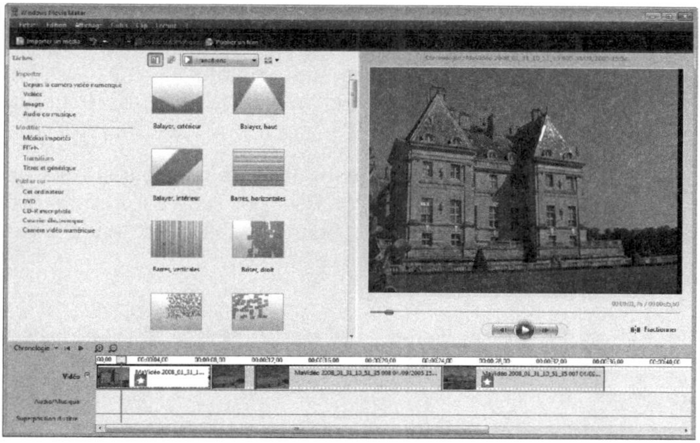

Figure 9.13 : Les transitions de Windows Movie Maker.

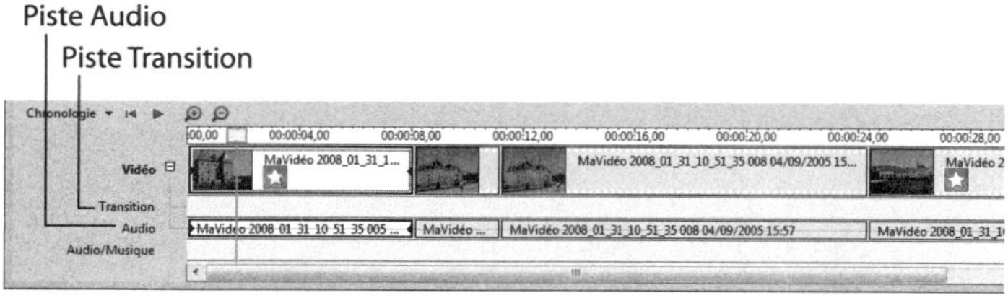

Figure 9.14 : La piste Transition pour passer progressivement d'une séquence à une autre.

3. **Glissez-déposez l'icône d'une transition entre les deux séquences.**

   La transition prend place sur la piste Transition.

4. **Contrôlez la durée de la transition en faisant glisser son bord gauche vers la gauche.**

   Plus la transition chevauche la séquence 1, plus le passage progressif d'une séquence à l'autre sera long.

5. **Lancez la lecture.**

   En fonction du processeur qui équipe votre ordinateur, la transition risque d'être heurtée car vous êtes en mode d'aperçu. En fonction de sa complexité, Windows Movie Maker devra calculer le film pour obtenir une transition fluide. Par conséquent, ne vous alarmez pas. La transition sera parfaite quand vous enregistrerez le montage sur bande, ou si vous le gravez sur un DVD vidéo.

Répétez ces opérations pour toutes les transitions que vous désirez insérer dans votre vidéo. Testez les effets proposés par Windows Movie Maker jusqu'à ce vous trouviez la transition adaptée au sujet de votre film.

Titre et générique dans Windows Movie Maker

Pour introduire ces deux éléments dans Windows Movie Maker, cliquez sur le lien Titres et générique. Vous accédez à la première fenêtre d'un assistant représentée sur la Figure 9.15.

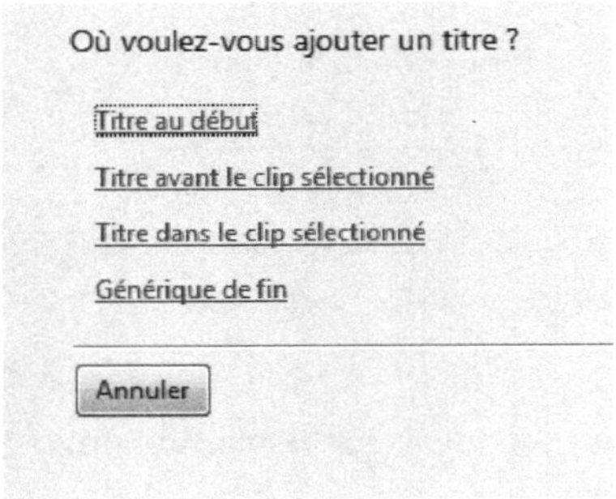

Figure 9.15 : Assistant de création de titres et de génériques.

Commencez par créer un titre.

Titre

Pour insérer un titre, suivez la procédure ci-dessous :

1. **Cliquez sur Titre au début.**

   L'assistant ouvre une fenêtre avec une vaste zone de saisie.

2. **Saisissez le titre de la vidéo.**

   Par exemple, j'ai saisi Visite du château de Vaux le Vicomte.

   Le Moniteur affiche immédiatement l'animation du titre. Par défaut, il apparaît et disparaît en fondu. Si cela ne vous convient pas, cliquez sur Modifier l'animation du titre.

3. **Modifiez l'animation du titre.**

   Vous accédez à un nombre impressionnant d'animations prédéfinies dont vous visualisez l'effet dans le Moniteur.

4. **Cliquez sur Modifier la police et la couleur du texte.**

   Là, vous changez la couleur par défaut en cliquant sur le petit nuancier.

   Pour augmenter la taille des caractères, cliquez sur le gros A ; pour la réduire, cliquez sur le petit A.

5. **Dès que vous êtes satisfait de vos réglages, cliquez sur Ajouter un titre.**

   Le titre apparaît au début de la vidéo.

TRUC

Pour que le titre s'affiche sur les images et non pas sur un fond noir ou coloré, placez l'élément du titre sur la piste Superpositon du titre comme à la Figure 9.16. Vous pouvez alors positionner ce titre comme bon vous semble sur cette piste spécifique. Ici, la couleur de fond devient transparente ce qui permet de superposer le titre aux images vidéo. Ce principe permet non seulement de titrer des vidéos, mais aussi d'ajouter des légendes, et pourquoi pas de sous-titrer vos films.

Générique

Pour ajouter un générique de fin :

1. **Dans Modifier du volet Tâches, cliquez sur le lien Titres et générique.**

   L'Assistant de création des titres et génériques apparaît.

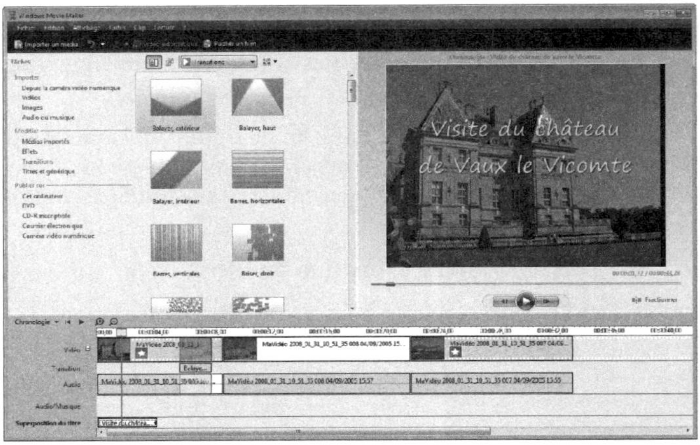

Figure 9.16 : Superposition d'un titre sur les images vidéo.

2. **Cliquez sur Générique de fin.**

   Vous accédez à une interface de préparation du générique de fin représentée sur la Figure 9.17.

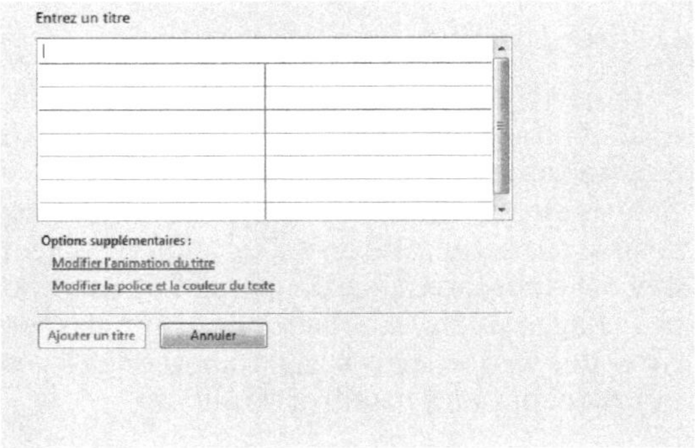

Figure 9.17 : Interface de création d'un générique de fin.

3. **Remplissez les champs de saisie avec les éléments traditionnels d'un générique de fin.**

   Ces éléments mentionnent le nom du réalisateur, des acteurs, des techniciens et, quand il s'agit d'une vidéo familiale, de nombreux jeux de mots sur les personnes vues à l'écran. Pour passer d'un champ à l'autre, appuyez sur la touche Tab. Pour revenir au champ précédent, appuyez sur Maj+Tab.

Amusez-vous avec vos génériques de fin.

Une fois les informations saisies, définissez le comportement du générique à l'écran. Par défaut, Windows Movie Maker propose un générique sous forme de déroulant, c'est-à-dire qui défile à la verticale. À tout moment vous contrôlez l'aspect du générique dans la fenêtre Moniteur. Cliquez sur le bouton Lecture pour afficher un aperçu du générique.

4. **Cliquez sur Modifier l'animation du titre.**

   Vous accédez à une liste d'animations concernant le générique. Testez-les toutes pour choisir celle qui correspond à la nature de votre vidéo ou à votre sens esthétique. En général, restez sobre.

5. **Cliquez sur Modifier la couleur et la police du texte.**

   Vous retrouvez des options identiques à celles de la modification des caractères d'un titre.

   Définissez une nouvelle couleur, une nouvelle police, une taille.

6. **Validez votre générique par un clic sur Ajouter un titre à la vidéo.**

   Le générique de fin apparaît en fin de montage. En fonction du type d'animation, vous pouvez superposer le titre et/ou le générique à la vidéo. Pour que le générique de fin s'affiche sur les images de la vidéo, glissez-déposez-le sur la piste Superposition du titre. Vous obtenez alors un générique semblable à celui de la Figure 9.18.

7. **Lancez la lecture dans le Moniteur.**

   En général, la prévisualisation d'un générique de fin est assez fluide. Elle donne une idée précise de ce que sera le générique enregistré sur bande.

Vous n'êtes pas loin d'avoir fini. Pour certains, la vidéo sera très bien comme elle est. Ils peuvent alors lire la section "Terminer le film", plus loin dans ce chapitre. Pour d'autres,

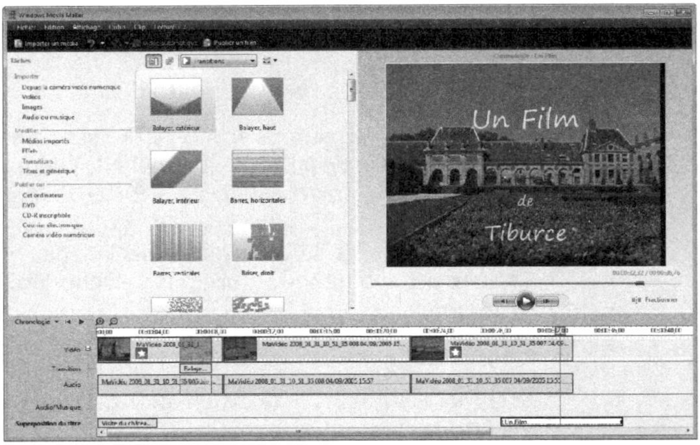

Figure 9.18 : Un générique de fin superposé aux images vidéo.

l'ajout d'effets vidéo les ravira. Mais comment faire ? Lisez la prochaine section.

Ajouter des effets vidéo

Les effets vidéo servent rarement les films de famille. Ils sont faits pour donner une touche "artistique" ou pour corriger la lumière du film.

L'utilisation d'effets vidéo dans Windows Movie Maker est aussi simple que cela :

1. **Dans Modifier la vidéo, cliquez sur le lien Effets.**

   Vous affichez une représentation visuelle des effets disponibles comme en témoigne la Figure 9.19.

2. **Une autre méthode consiste à cliquer sur une séquence avec le bouton droit de la souris. Dans le menu contextuel, choisissez Effets.**

   Vous ouvrez la boîte de dialogue représentée sur la Figure 9.20.

Figure 9.19 : Les effets vidéo de Windows Movie Maker.

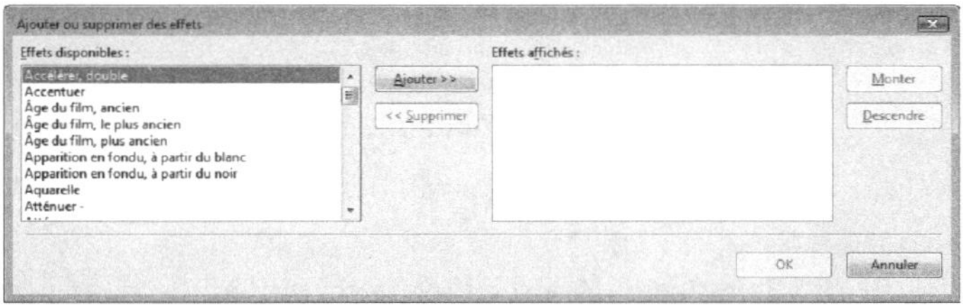

Figure 9.20 : Autre méthode d'ajout d'effets vidéo à une séquence.

3. **Glissez-déposez l'icône d'un effet sur la séquence à modifier ou sélectionnez l'effet dans la liste Effets disponibles, et cliquez sur Ajouter.**

   Le Moniteur affiche immédiatement l'image traitée.

C'est tout ! Certains effets saccadent la prévisualisation. Ne vous en formalisez pas ! Lors du calcul du film pour un enregistrement sur bande, tout se passera parfaitement bien. La vidéo sera fluide et lue à une cadence de 25 images par seconde.

Le montage est presque terminé. Toutefois, lorsque l'on filme ses vacances ou tout autre événement objectif, la caméra enregistre tous les sons. Si vous désirez transformer un voyage à Venise en véritable œuvre documentaire, ajoutez une bande son dans Windows Movie Maker.

Coucher une piste sonore sur un film

La plupart des vidéos que vous filmez sont d'ores et déjà sonorisées. Mais si ce n'est pas le cas ou si vous voulez ajouter une autre bande sonore, Movie Maker saura le faire. Il peut s'agir d'un fichier audio préenregistré, de musique d'accompagnement par exemple ou d'un commentaire vocal que vous enregistrerez alors en direct.

Pour placer un clip audio dans la table de montage Chronologie :

1. **Dans la section Importer du volet Tâches, cliquez sur Audio ou musique.**

   Dans la boîte de dialogue qui apparaît, parcourez votre disque dur pour localiser le fichier audio à importer.

2. **Sélectionnez le fichier audio, et cliquez sur Importer.**

   Windows Movie Maker supporte les formats de fichiers audio les plus communément admis à l'heure actuelle.

   Le clip audio apparaît dans une collection de Windows Movie Maker.

3. **Glissez-déposez l'icône du clip audio dans la piste Audio/Musique de la table de montage, comme le montre la Figure 9.21.**

Figure 9.21 : Musique placée sur la piste Audio/ Musique de Movie Maker.

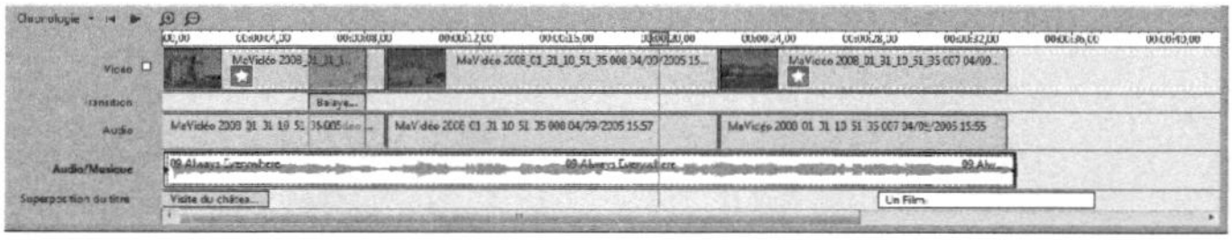

4. **Cliquez sur cette piste avec le bouton droit de la souris pour exécuter les commandes (contrôle de l'intensité sonore audio), Apparition et/ou Disparition en fondu.**

   La gestion audio est très limitée dans Windows Movie Maker.

Nous arrivons au terme de cette étude succincte de Windows Movie Maker. Une fois le montage terminé, il faut décider du devenir du film.

Terminer le film

Après avoir monté le film, vous devez l'enregistrer sur bande ou tout autre support autorisé par Windows Movie Maker, et notamment le DVD. C'est ce nouvel aspect que nus allons étudier dans la procédure qui suit :

1. **Une fois votre film fini, cliquez sur le lien DVD de la section Publier sur du volet Tâches.**

   Comme le montre la Figure 9.22, un message vous avertit que Windows Movie Maker va être fermé et que vous allez passer à Création de DVD Windows.

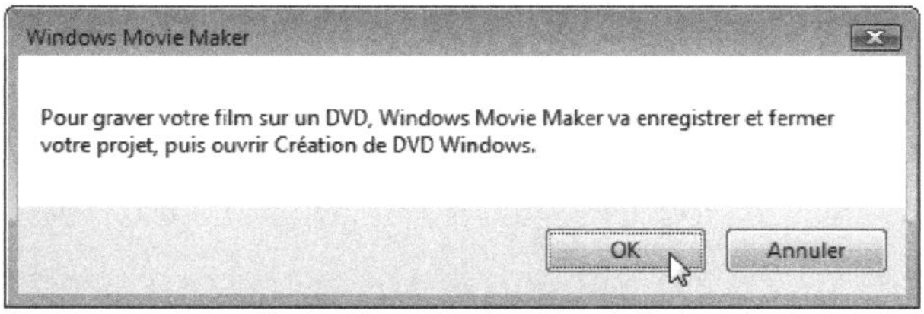

Figure 9.22 : Un DVD se fabrique dans l'application Création de DVD Windows.

2. **Cliquez sur le bouton OK du message.**

   Vous voici dans l'interface très sommaire de l'assistant Création de DVD Windows.

   Votre montage, c'est-à-dire votre film y est chargé.

3. **Cliquez sur le bouton Suivant.**

Comme le montre la Figure 9.23, un menu par défaut est appliqué au DVD.

Figure 9.23 : Le menu créé par défaut.

Si le menu ne vous convient pas, choisissez-en un autre dans la liste Styles de menus.

Vous pouvez personnaliser un menu par un clic sur le bouton Menu Personnaliser. Dans ce cas, vous pourrez très facilement modifier la police, sa couleur, et choisir une vidéo de premier plan et d'arrière-plan. Vous aurez aussi la possibilité de sélectionner un fichier audio qui sera lu uniquement sur ce menu.

4. **Une fois votre menu créé, cliquez sur Graver.**

5. **A la demande du programme, insérez un DVD vierge dans votre graveur.**

   Une fois le disque identifié, la création du DVD commence comme le montre la Figure 9.24.

En conclusion, nous dirons que Windows Movie Maker est un petit programme fort bien conçu qui permet au vidéaste amateur de s'exercer au montage virtuel, et de créer des DVD. Très rapidement, un tel programme ne répondra plus à ses

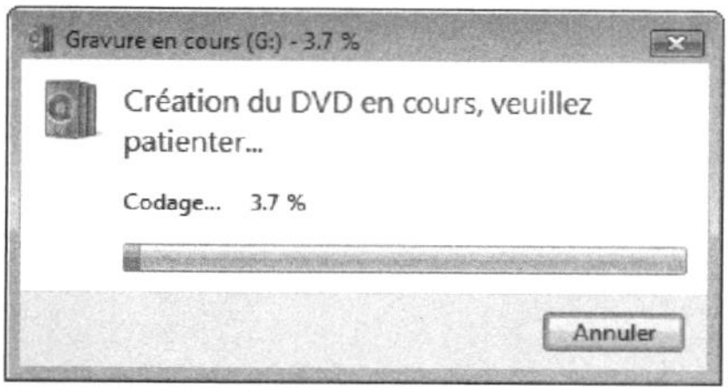

Figure 9.24 : L'application Création de DVD Windows en plein travail.

exigences. L'amateur averti se tournera alors vers d'autres solutions comme Pinnacle Studio 11 étudié au Chapitre 11.

Chapitre 10

Réaliser des films avec iMovie

Dans ce chapitre :

- Faire connaissance avec iMovie.
- Relier le caméscope numérique à un Macintosh.
- Travailler avec des projets de films et des clips.
- Prévisualiser les clips.
- Raccourcir les clips.
- Agrémenter une vidéo avec des transitions.
- Ajouter des titrages aux projets de films.
- Donner une nouvelle vie à une vidéo grâce au son.

Dans ce chapitre, je vous présente iMovie, le logiciel de montage vidéo conçu pour les ordinateurs Apple. Dans le chapitre précédent, nous avions découvert Movie Maker, le programme tournant sous le système d'exploitation Windows XP et Vista. Nous allons maintenant voir son concurrent sur Mac.

Présentation de iMovie

Quand vous ouvrez iMovie, vous êtes confronté à des panneaux vides (voir Figure 10.1). C'est l'interface du logiciel ; mais nous ne jugeons pas un livre à sa couverture. Comme vous le verrez, il est possible de faire beaucoup de choses avec peu de

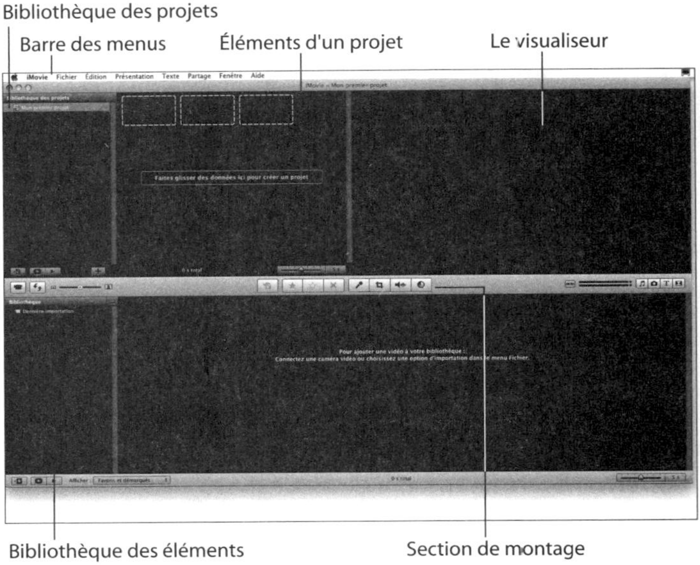

Figure 10.1 : L'interface d'iMovie contient tout ce qui est nécessaire pour monter un film à l'écran.

commandes et en peu d'étapes. L'interface est divisée en six parties :

- **La barre de menus :** Chaque menu contient des options et des outils pour utiliser iMovie.
- **Bibliothèque des projets :** Contient tous les fichiers projet que vous avez créés dans iMovie.
- **Section de montage :** Dans cette partie de l'interface vous réalisez le montage virtuel de vos clips, ajoutez des éléments audio, des transitions, et des effets.
- **Le visualiseur iMovie :** C'est dans le visualiseur que vous prévisualisez les clips.
- **Bibliothèque des éléments :** Contient l'ensemble de clips que vous avez capturés pour un projet donné.
- **Eléments du projet :** Les clips ou séquences vidéo du projet que vous sélectionnez dans la Bibliothèque s'affichent ici.

La barre de menus

iMovie propose huit menus :

- **iMovie**
- **Fichier**
- **Edition**
- **Présentation**
- **Texte**
- **Partage**
- **Fenêtre**
- **Aide**

Le menu iMovie contient des informations générales sur le produit. Il permet de définir vos préférences, enregistrer le programme auprès d'Apple, consulter le site Apple pour obtenir des informations complémentaires, donner votre opinion, et gérer toutes les fenêtres ouvertes. Enfin, dans ce menu vous pouvez quitter iMovie.

Le menu Fichier contient les commandes qui servent à démarrer un nouveau projet (Commande+N) ou ouvrir un projet existant. Un *projet* est une compilation de clips, de chronologies et de transitions. Ces notions seront développées plus loin dans ce chapitre. Vous pouvez stocker autant de projets que vous le désirez dans le disque dur et les ouvrir à votre guise pour ajouter des éléments ou en modifier.

Quand vous ouvrez pour la première fois du menu Edition, la plupart des options apparaissent en grisé. C'est parce qu'iMovie attend que vous ayez commencé un projet en important des clips.

Dans le menu Présentation, vous disposez d'un grand nombre d'options permettant de choisir les différents éléments à afficher. Ce menu comporte aussi des options de lecture du montage en cours.

Dans le menu Texte, vous appliquez des options propres aux textes que vous saisissez pour vos titres, sous-titres, et génériques.

Le menu Partage présente des options inaccessibles tant que vous n'avez pas sélectionné vos premiers éléments de montage. Par la suite, ce menu vous permettra de sélectionner la destination de votre vidéo comme le site YouTube, l'application iTunes, la Galerie Web .Mac, etc. Vous y choisissez aussi une des trois options d'exportation de votre film.

Le menu Fenêtre permet de réduire l'application en icône du Dock (l'équivalent de la barre des tâches de Windows), et de passer rapidement d'une application à une autre. Il permet aussi d'ouvrir d'autres panneaux comme Musiques et effets sonores, Photos, Titres, et Transitions.

Philosophie du montage dans iMovie 08

La nouvelle interface d'iMovie induit une toute nouvelle orientation du montage et de la gestion des éléments.

Lorsque vous capturez une vidéo, les clips enregistrés sur votre disque dur à la suite de cette opération s'affichent dans la section inférieure de l'interface. Cette section est une sorte de chutier dans lequel vous allez sélectionner et/ou préparer vos clips à intégrer dans le montage. Ensuite, par simple glisser-déposer, vous définissez l'ordre et la durée de chaque clips dans le montage final. Celui-ci s'affiche à gauche du visualiseur comme le montre la Figure 10.2.

Ne vous inquiétez pas si vous êtes déconcerté de prime abord. L'ensemble des sections de ce livre est fait pour vous aider à maîtriser les bases du travail dans iMovie 08.

La première phase d'un montage vidéo commence bien souvent par la capture (ou importation) des images de votre caméscope SD ou HD. Mais pour cela, vous devez préalablement raccorder votre appareil à votre ordinateur Macintosh.

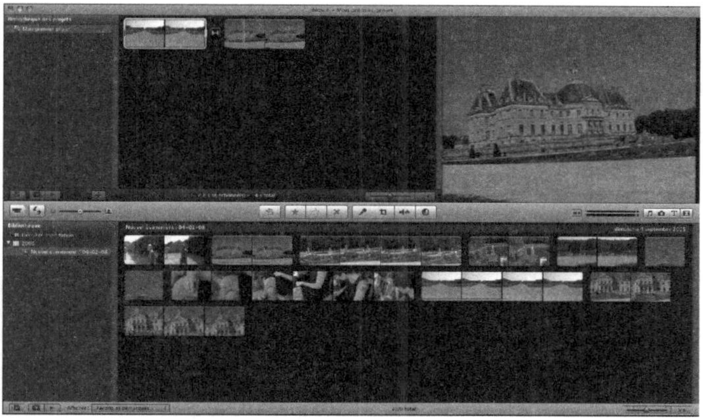

Figure 10.2 : En haut, deux séquence en cours de montage. A droite, le visualiseur montre l'image qui se trouve sous la tête de lecture du montage ou du chutier. En bas, l'ensemble des clips capturés que vous utilisez pour votre montage.

Connecter le caméscope numérique

Un symbole en forme de caméra se trouve dans la partie centrale gauche de l'interface. Il s'agit du bouton qui va afficher une fenêtre d'importation permettant de piloter votre caméscope afin de capturer le contenu de votre bande vidéo. Si vous cliquez sur le symbole en forme de caméra avant de brancher le caméscope au port FireWire, un message signale que la caméra n'est pas connectée, comme le montre la Figure 10.3.

Dès que le caméscope a été connecté et mis en marche, vous pouvez acquérir des images vidéo et les transférer dans iMovie.

1. **Cliquez sur le bouton affichant une caméra.**

   Cette action ouvre une fenêtre d'importation illustrée à la Figure 10.4.

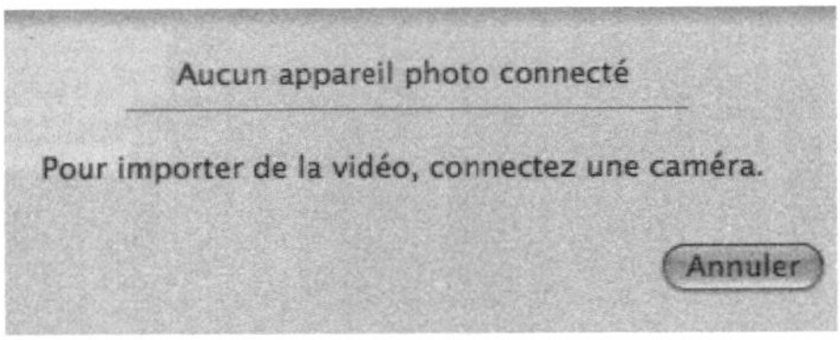

Figure 10.3 : L'importation est impossible car le caméscope n'est pas connecté, ou pas allumé.

Figure 10.4 : L'importation du contenu de votre bande vidéo SD ou HD va pouvoir commencer.

2. **À l'aide des commandes de cette fenêtre, allez à l'image à partir de laquelle vous voulez que la vidéo soit importée.**

3. **Dès que vous êtes prêt à enregistrer, cliquez sur le bouton Importer.**

4. **Au moment de cesser l'enregistrement, cliquez sur le bouton Arrêter.**

   iMovie calcule rapidement les clips contenus dans la séquence capturée. Le programme parle désormais *d'événements* et non plus de clips. Cela revient au même, c'est-à-dire qu'un *clip* est un *événement* et réciproquement. Ce calcul est une identification des plans de votre film. En d'autres termes, chaque fois que vous avez appuyé sur le bouton d'enregistrement de votre caméscope, puis pause (ou bien si vous l'avez éteint), iMovie considère que vous avez créé un plan. Alors, à son tour, le logiciel crée un événement indépendant des autres. iMovie réalise ainsi un premier dérushage de vos clips. La Figure 10.5 montre l'ensemble des événements issus d'une session de capture.

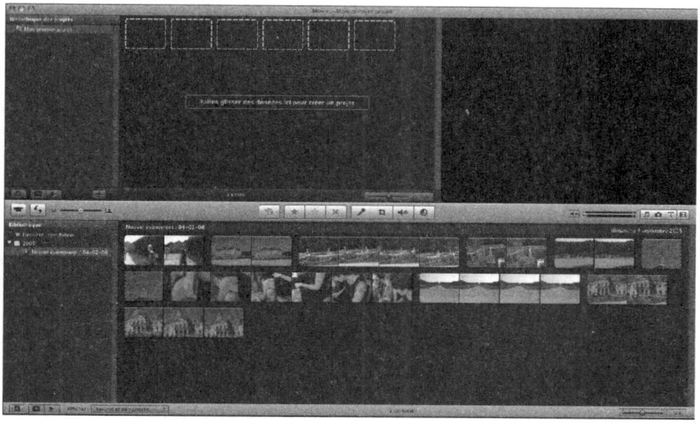

Figure 10.5 : Le contenu d'une bande vidéo vient d'être capturé. iMovie la présente sous forme d'événements (ou clips) indépendants.

Montage élémentaire des événements (clips)

Une fois les événements capturés, vous allez procéder à un montage élémentaire qui va consister en une simple organisation de vos clips dans la section de montage du programme :

1. **Dans la bibliothèque des événements, placez le pointeur de la souris sur un événement.**

   Le clip apparaît dans le visualiseur.

2. **Pour lire le contenu de cet événement, plusieurs options s'offrent à vous :**

- Faites simplement glisser le pointeur de la souris sans cliquer. La tête de lecture se déplace à la vitesse de votre souris. Dans ce cas, la lecture ne se fait pas à la cadence standard de 25 images par seconde. Cette technique est idéale pour parcourir rapidement le contenu d'un événement.
- Placez le pointeur de la souris, donc la tête de lecture, au début de cet événement et appuyez sur la barre d'espace. Cette fois le clip est lu dans le visualiseur à la vitesse de 25 images par seconde.
- Placez la tête de lecture n'importe où sur le clip, et faites un Ctrl+clic (ou un clic-droit si vous possédez une souris à deux boutons). Dans le menu contextuel, choisissez Lire le plan. Regardez-le dans le visualiseur.

3. **Si le clip (ou plan, ou événement) vous convient, faites un Ctrl+clic dessus. Dans le menu contextuel, choisissez Sélectionner le clip entier, comme à la Figure 10.6.**

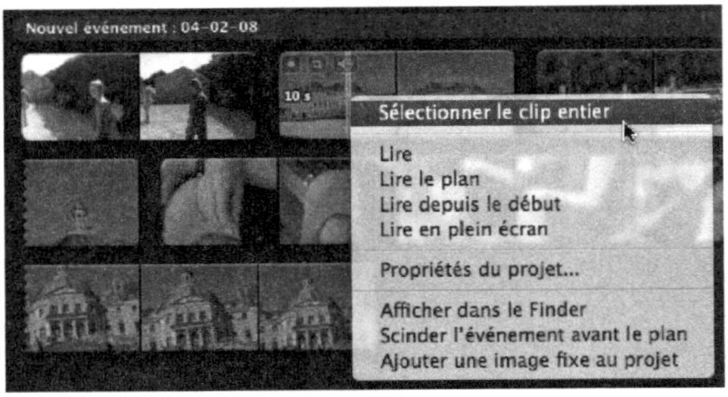

Figure 10.6 : La sélection d'un clip est le préalable indispensable à son utilisation dans le montage.

Le clip sélectionné est identifié par un cadre jaune comportant deux poignées.

Vous constatez que le pointeur de la souris prend la forme d'une main.

4. **Cliquez sur le clic sélectionné et, sans relâcher le bouton de la souris, glissez-déposez-le dans une case vide située dans la partie supérieure de l'interface comme à la Figure 10.7.**

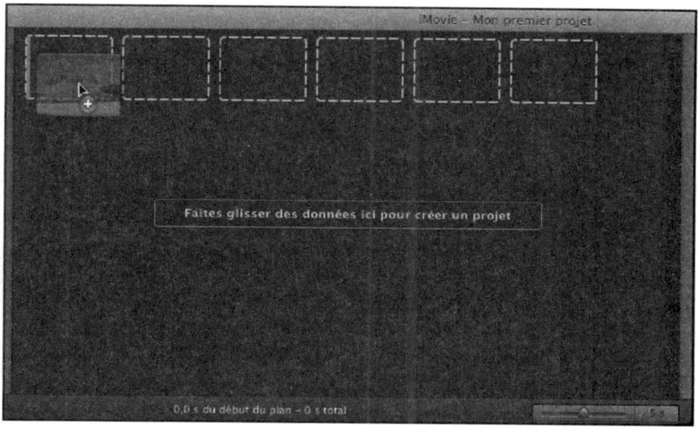

Figure 10.7 : Le premier clip de votre montage.

Le premier plan de votre futur film est en place. La tête de lecture y est active ce qui fait que son contenu est affiché dans le visualiseur comme le montre la Figure 10.8.

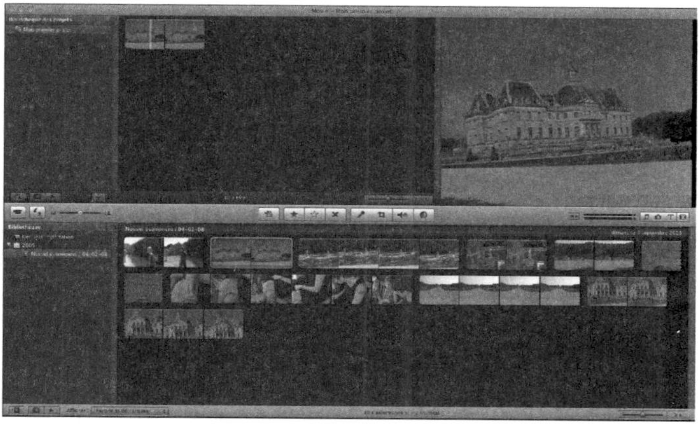

Figure 10.8 : Le montage est bel et bien commencé.

Répétez cette procédure pour tous les autres plans à intégrer au montage. Au final, vous avez les prémices d'un film constitué d'une succession de plans que vous avez préalablement visionnés, sélectionnés, et glissé-déposés à divers emplacements du montage. La Figure 10.9 montre un petit film constitué de cinq plans.

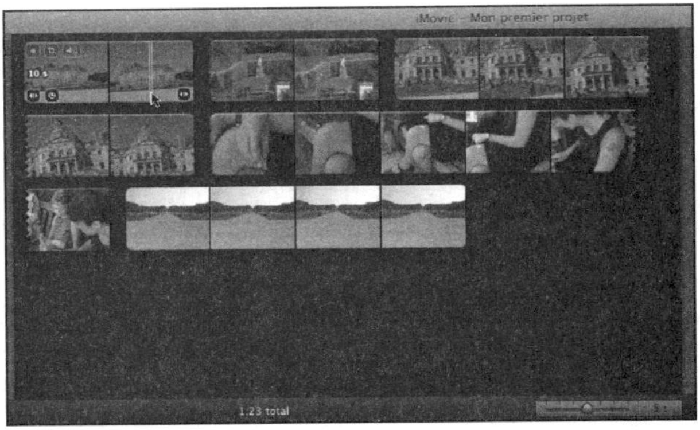

Figure 10.9 : Cinq plans constituent ce tout petit film.

Modifier l'ordre des plans

L'organisation des plans n'est pas figée dans la table de montage d'iMovie. Par exemple, si vous pensez que le troisième plan devrait être au début du film, il suffit de faire ceci :

1. **Dans la table de montage, cliquez sur le troisième plan pour le sélectionner.**

   Un cadre jaune et deux poignées englobent toute la durée du plan.

2. **Cliquez sur le plan sélectionné et, sans relâcher le bouton de la souris, faites glisser ce plan au début du montage comme à la Figure 10.10.**

3. **Relâchez le bouton de la souris.**

   Voilà ! Le plan a été changé de place dans le montage.

Répétez cette procédure pour n'importe quel plan monté, et surtout effectuez-la à n'importe quel moment du montage.

Raccourcir des clips

Une grande part du montage consiste à supprimer les parties indésirables ou superflues d'une vidéo. Dans iMovie, il est très facile de raccourcir la durée des clips vidéo :

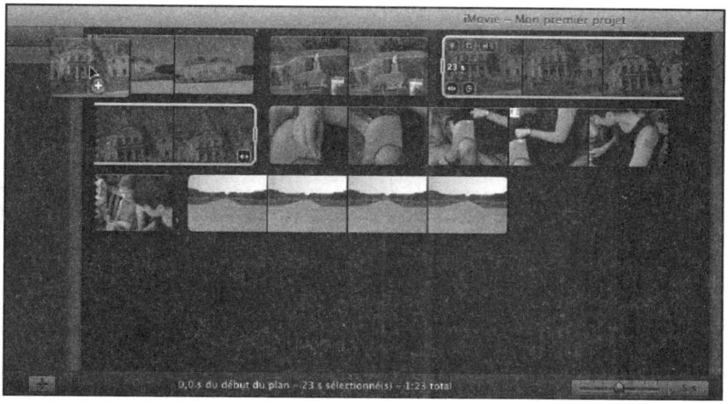

Figure 10.10 : Modification de l'ordre des plans dans le montage.

1. **Dans la table de montage, cliquez sur le clip pour le sélectionner.**

   Un cadre jaune muni de deux poignées apparaît autour du plan sélectionné.

2. **Placez le pointeur de la souris sur le bord droit ou gauche du cadre jaune.**

   Pour raccourcir un plan depuis son début, placez le pointeur de la souris sur la poignée de gauche. Pour le raccourcir depuis sa fin, placez le pointeur de la souris sur la poignée de droite.

   Dans les deux cas, le pointeur de la souris prend la forme d'une double flèche verticale.

3. **En regardant le visualiseur, cliquez et faites glisser le pointeur de la souris vers la gauche ou la droite pour définir l'image à partir de laquelle le plan va finir ou commencer.**

   Bien entendu, vous pouvez raccourcir un plan simultanément en son début et en sa fin. Dans le jargon professionnel, on dit que vous définissez le point d'entrée et le point de sortie du plan. C'est exactement ce que je montre à la Figure 10.11.

   Pendant cette opération, iMovie indique en jaune la nouvelle durée du plan. Il actualise cette durée au fur et à

Figure 10.11 : Déterminez la durée du plan que vous allez conserver en définissant un point d'entrée (à gauche) et un point de sortie (à droite).

mesure que vous modifiez le point d'entrée et le point de sortie de ce plan.

4. **Une fois cette opération réalisée, validez-la par un Ctrl+clic (ou clic-droit). Dans le menu contextuel, choisissez Ajuster à la sélection.**

Voilà ! Vous venez de réduire la durée d'un plan en agissant sur son point d'entrée et son point de sortie. Sachez qu'à tout moment vous pouvez augmenter cette durée en agissant de nouveau sur les poignées du cadre jaune de sélection. En effet, ce que vous supprimez d'un plan n'est que virtuel !

Supprimer un clip

Dans mon exemple, le sujet de film est la visite d'un château. Or, j'ai commis une erreur qui arrive à tous. À un moment de la visite, j'ai oublié de mettre le caméscope en pause. J'ai donc filmé un plan sans m'en rendre compte. Ce plan est inutilisable. Voici comment le supprimer quand vous l'avez accidentellement intégré au montage :

1. **Dans la table de montage, cliquez sur le plan à supprimer pour le sélectionner.**

   Un cadre jaune et des poignées englobent la totalité du plan.

2. **Une fois le plan sélectionné, appuyez sur la touche Retour arrière de votre clavier.**

   Le plan disparait du montage, mais reste présent dans la bibliothèque des événements au cas où vous décidiez finalement de l'intégrer à votre film.

   Une autre technique consiste à faire un Ctrl+clic (ou clic-droit) sur le plan sélectionné, et à exécuter la commande Supprimer le clip entier du menu contextuel.

Il est possible de ne supprimer qu'une partie d'un plan. Pour cela, définissez le point d'entrée et le point de sortie de la section du plan à éliminer, comme expliqué dans la précédente section. Une fois cette partie du plan sélectionnée, faites un Ctrl+clic (clic-droit dessus) et, dans le menu contextuel, choisissez Supprimer la sélection.

Créer des transitions

Sans transition, un clip se contente de succéder à un autre. Dans certains cas, c'est exactement ce que vous désirez. Une transition peut cependant relever considérablement l'intérêt du film. Voici comment passer progressivement d'un plan du montage à un autre.

1. **Sous le visualiseur, cliquez sur le bouton Transitions.**

   Le navigateur de transition apparaît dans la partie inférieure droite comme le montre la Figure 10.12.

2. **Sélectionnez une transition.**

   Dans cet exemple, j'ai sélectionné la transition Fondu enchaîné.

3. **Glissez-déposez la transition entre les deux plans concernés du montage.**

   Si la durée par défaut de la transition ne vous convient pas, vous devez la modifier comme expliqué à l'étape suivante.

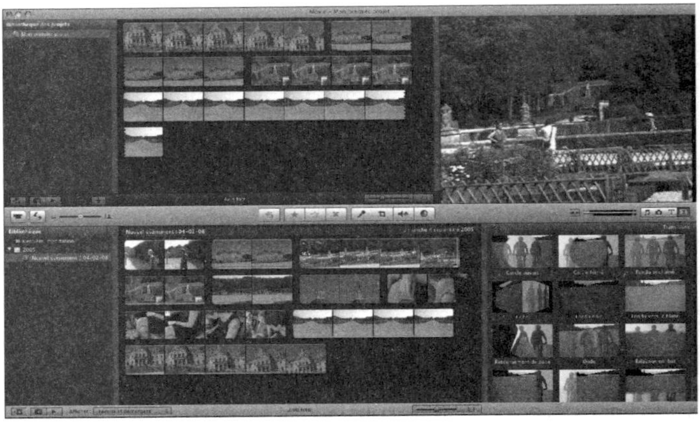

Figure 10.12 : iMovie propose un choix de douze transitions.

4. **Pour régler la durée de la transition, faites un Ctrl+clic (clic-droit) sur l'icône de la transition affichée dans le montage.**

5. **Dans le menu contextuel, choisissez Définir la durée comme le montre la Figure 10.13.**

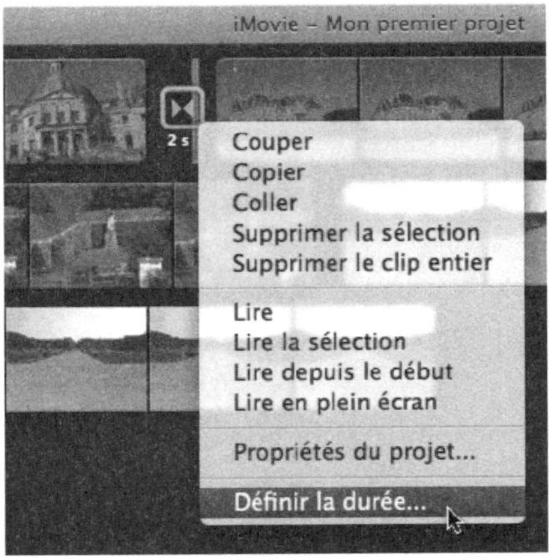

Figure 10.13 : Modifiez la durée de la transition par défaut.

6. **Dans la boîte de dialogue qui apparaît, tapez la nouvelle durée exprimée en seconde, et activez l'option S'applique uniquement à la transition sélectionnée.**

Pour que cette nouvelle durée s'applique à toutes les transitions du montage, conservez l'option par défaut Appliquer à toutes les transitions.

7. **Validez par un clic sur le bouton OK.**

8. **Placez la tête de lecture sur le plan qui précède la transition, et appuyez sur la barre d'espace pour lancer la lecture. Appréciez la transition.**

   Si la durée ne convient pas, répétez cette procédure à partir de l'étape 3.

Réaliser un titrage

Les titrages servent à présenter un film, placer un générique ou ajouter un commentaire textuel entre deux séquences ou dans une image. iMovie est doté d'un banc-titre des plus sympathiques. Voici comment utiliser cette fonction :

1. **Sous le visualiseur, cliquez sur le bouton Titres.**

   Le navigateur de Titres apparaît à la place des Transitions, c'est-à-dire dans la partie inférieure droite de l'interface comme le montre la Figure 10.14.

Figure 10.14 : iMovie propose de nombreuses options de titrage.

2. **Glissez-déposez un modèle de titre sur le clip où vous désirez que le titre apparaisse en superposition sur les images.**

   Une icône de titre bleue apparaît sur les images indiquant que la superposition est possible.

   Dans le visualiseur le titre apparaît ainsi que quelques commandes incrustées qui vont permettre de personnaliser ce titre.

3. **Dans le visualiseur, sélectionnez le texte Titre ici, et tapez le vôtre comme à la Figure 10.15.**

Figure 10.15 : Personnalisation d'un titre superposé à la vidéo.

4. **Faites de même avec le texte Sous-titre. Pour le supprimer, sélectionnez-le, et appuyez sur la touche Suppr du clavier.**

5. **Pour modifier la police de caractères, sélectionnez votre titre, puis cliquez sur l'incrustation Afficher les polices.**

   Ceci ouvre la boîte de dialogue Polices. Choisissez une police, sélectionnez ou entrez une taille, et définissez sa couleur. L'ensemble de ces opérations est illustré à la Figure 10.16.

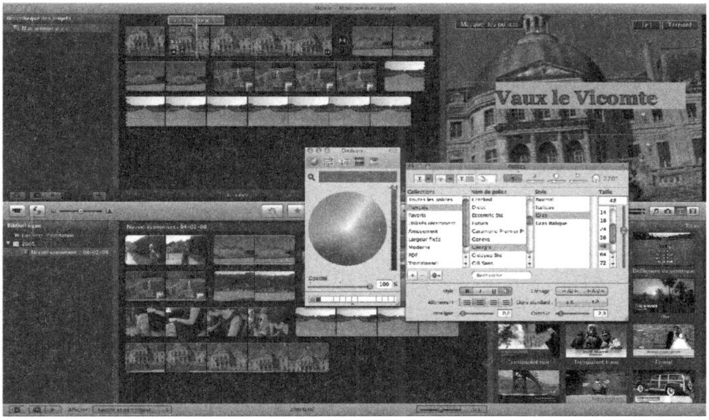

Figure 10.16 : Choix de la police, de sa taille, et de sa couleur.

6. **Une fois le texte personnalisé, fermez ces boîtes de dialogue par un clic sur leur bouton de fermeture.**
7. **Pour modifier la durée du titre, placez le pointeur de la souris sur le bord droit de la bulle symbolisant le titre incrusté dans le montage.**
8. **Quand le pointeur de la souris prend la forme d'une double flèche, cliquez et faites glisser ce bord vers la droite. (Figure 10.17.)**

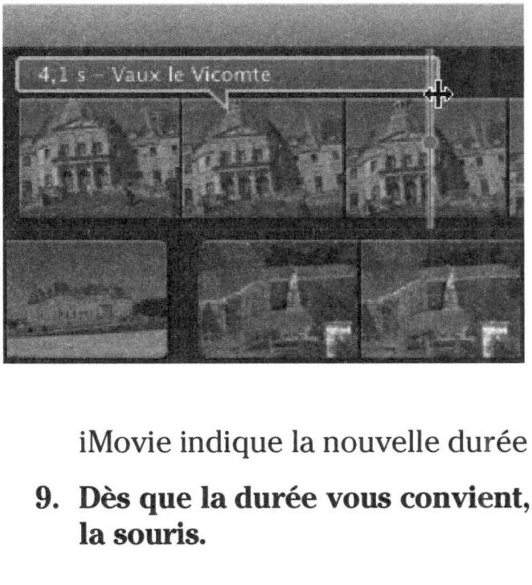

Figure 10.17 : Modification de la durée du titre.

iMovie indique la nouvelle durée en temps réel.

9. **Dès que la durée vous convient, relâchez le bouton de la souris.**

Ajouter du son

Vous voudrez sans doute relever l'intérêt du film grâce à une bande sonore ; iMovie propose heureusement plusieurs bruitages. Cliquez sur le bouton Audio (notes de musique) pour les lister dans la partie inférieure droite de l'interface. De plus, si vous avez un microphone externe, vous pourrez enregistrer votre voix ou encore importer un son.

Procédez comme suit pour ajouter un effet sonore ou une musique :

1. **Faites glisser un effet sonore jusqu'à l'emplacement approximatif où il doit commencer dans le montage.**

   L'effet ou la musique s'affiche sous les plans, comme à la Figure 10.18.

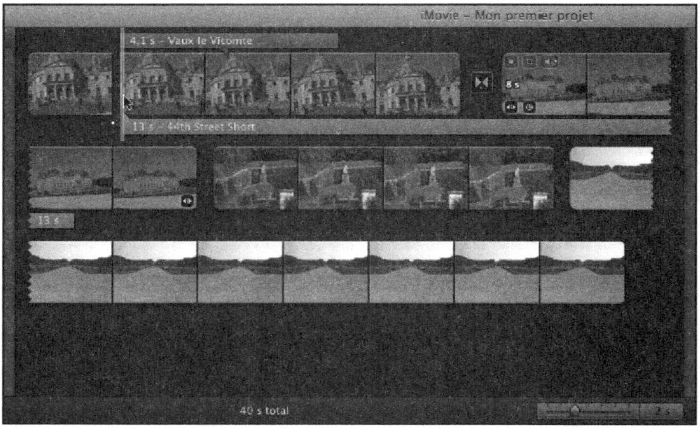

Figure 10.18 : Ajout d'un élément audio au montage.

2. **Pour modifier le volume sonore de l'effet ou de la musique, vérifiez qu'il est sélectionné dans le montage. Ensuite, cliquez sur le bouton représentant un haut parleur.**

   Cette action affiche l'incrustation Ajustements audio représentée à la Figure 10.19.

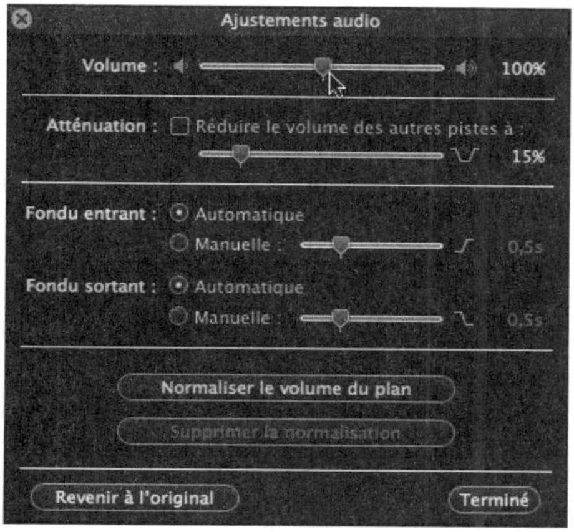

Figure 10.19 : Réglez le volume de l'élément audio.

3. **Faites glisser le curseur Volume vers la gauche pour baisser le son, ou vers la droite pour l'augmenter.**
4. **Réglez éventuellement l'atténuation ou l'augmentation du son.**

Préparer une séquence pour la diffusion

Après avoir enregistré le projet, vous pouvez en faire un film et le diffuser. iMovie propose une grande diversité de formats, de la qualité dite "broadcast" jusqu'à la compression en fichier compact facile à envoyer par courrier électronique.

Finalisez la séquence à partir du projet sur lequel vous avez travaillé en cliquant sur Partage/Exporter le film. Sélectionnez une taille d'exportation. Chaque taille détermine le support de diffusion de votre film.

Si vous préférez exporter la séquence sous la forme d'un fichier QuickTime, choisissez Partage/Exporter à l'aide de QuickTime. Il suffit ensuite de cliquer sur le bouton Option pour définir le format vidéo et sa compression. En fonction du format choisi, votre film se destinera au Web, aux e-mails, à un enregistrement en pleine qualité DV ou HD, ou à une importation ultérieure dans iDVD pour créer très rapidement un DVD vidéo.

Chapitre 11

Le montage virtuel avec Pinnacle Studio 11

Dans ce chapitre :

- Découvrir l'interface de Pinnacle Studio 11.
- Capturer une vidéo dans Pinnacle Studio 11.
- Les principes du montage virtuel dans Pinnacle Studio 11.
- Utiliser des transitions.
- Ajouter du son.
- Appliquer des effets vidéo.
- Titre et générique.
- Créer un film.

Studio peut être acheté seul, c'est-à-dire en dehors de toute offre Pinnacle qui consiste à allier une carte d'acquisition vidéo IEEE 1394 à son logiciel grand public phare. Cette autonomie potentielle de Studio signifie que vous pouvez acheter d'un côté une petite carte FireWire (synonyme pour vous de IEEE 1394 ou encore ILink) à 50 euros, et acheter ensuite la dernière version de Studio pour effectuer vos montages.

Pinnacle Studio, comme la majorité des programmes de montage virtuel, ne reconnaît que les cartes IEEE 1394 compatibles OHCI. Si cette compatibilité n'est pas assurée, Studio ne reconnaîtra pas la carte et vous indiquera qu'aucun périphérique vidéo n'est disponible. Cela signifie que le logiciel ne peut pas communiquer avec le caméscope via la carte FireWire. Donc, VÉRIFIEZ !

TRUC

Pour profiter pleinement des fonctionnalités et des optimisations de Pinnacle Studio 11, il est fortement recommandé de l'utiliser sous Windows Vista.

Découvrir l'interface de Pinnacle Studio

Pinnacle Studio apparaît sous la forme représentée Figure 11.1. Vous y découvrez une interface relativement simple avec sa traditionnelle barre de menus, puis quelques éléments déconcertants car nous ne sommes pas dans un programme "normal", mais dans un logiciel de montage virtuel où tout a été pensé pour faciliter le travail du débutant. Il ne faut pas plus de quelques minutes pour comprendre la philosophie de Studio.

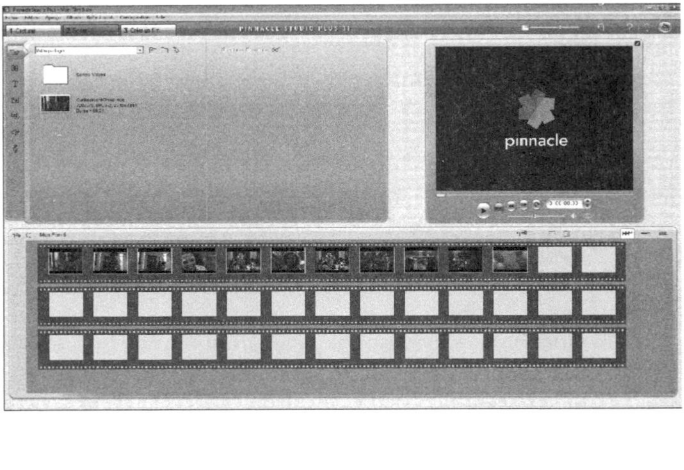

Figure 11.1 : L'interface de Pinnacle Studio 11.

Capturer

Première étape de tout travail vidéo : la capture. C'est, comme nous l'avons déjà dit, une procédure qui consiste à enregistrer sur votre disque dur des séquences vidéo contenues dans votre caméscope. Le disque dur fait alors office de magnétoscope numérique.

Découvrez l'interface de capture de Studio en cliquant sur le bouton Capturer. L'utilitaire de capture apparaît comme sur la Figure 11.2.

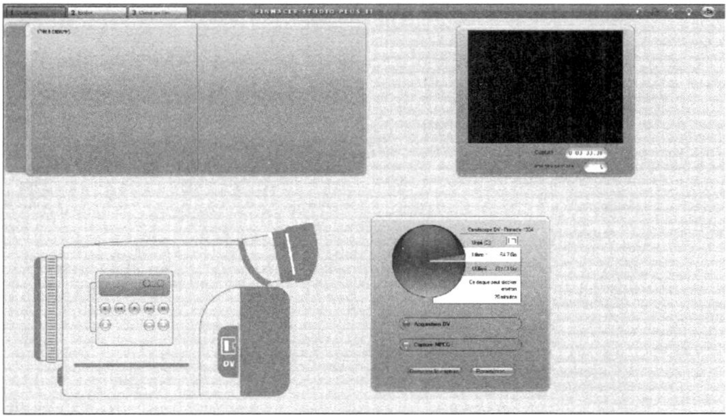

Figure 11.2 : L'interface de capture numérique de Pinnacle Studio 11.

Toute capture doit se paramétrer pour sélectionner la source, c'est-à-dire le caméscope, et la destination, c'est-à-dire le dossier de stockage de votre disque dur où seront entreposées les séquences capturées.

Éditer

À l'ouverture du programme, l'étape 2 Editer s'affiche. Studio occulte par défaut l'étape 1 Capturer. Dans Editer, le programme affiche une série de petites images que l'on appelle des vignettes. Ces vignettes sont des séquences vidéo organisées dans le dossier Vidéos partagées de Windows Vista. Il s'agit ici de clips d'exemple que nous utiliserons pour prendre en main le logiciel.

L'interface de montage de Studio se compose de l'Album, du Lecteur et de la Fenêtre du film. Cette dernière a trois appellations différentes correspondant chacune à un mode d'affichage du montage : Scénario (par défaut), Plan de montage, et Affichage texte.

Album

Cette vaste partie du programme, illustrée sur la Figure 11.3, représente un album dont on peut tourner les pages en cliquant sur la flèche située dans son coin supérieur droit. Au lieu de contenir des photographies, cet album contient la première image de chaque séquence vidéo stockée dans le dossier affiché par la liste où figure actuellement le nom OurBackyardCircus.mpg. Vous accédez ainsi à la première image de chaque séquence enregistrée sur votre disque dur et stockée dans le dossier Vidéos partagées (Windows Vista). Si vous capturez ou stockez des vidéos dans un autre dossier, sélectionnez-le en cliquant sur l'icône du dossier situé à droite de la liste.

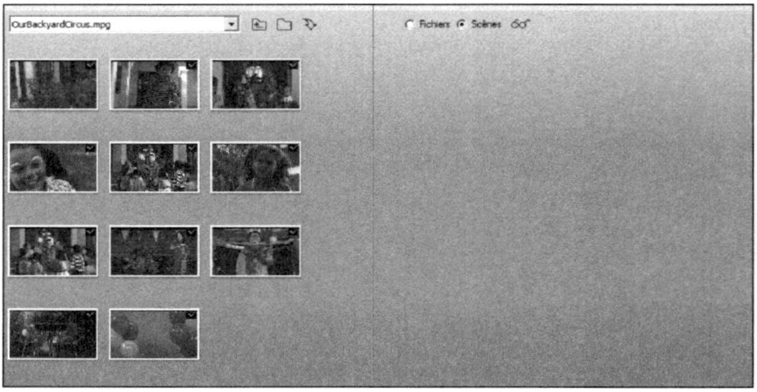

Figure 11.3 : L'album des séquences de Pinnacle Studio 11 prêtes au montage.

Le contenu des séquences de l'album peut être lu par le Lecteur de Pinnacle Studio.

Lecteur

À droite de l'album, se situe le Lecteur. Il ressemble à un moniteur ou un écran de télévision avec, à sa base, des commandes identiques à celles d'un magnétoscope ou d'un lecteur de DVD. Il permet de lire le contenu d'une séquence sélectionnée dans l'album, ou le montage réalisé dans la vaste zone libellée Sans titre. Voici comment l'utiliser pour vérifier le contenu d'une séquence de l'album :

1. **Dans l'album, cliquez, par exemple, sur la première séquence située à gauche.**

   Il s'agit de plantes vertes.

   Si l'album n'affiche pas les séquences du film OurBackyardCircus.mpg, cliquez sur l'icône du dossier situé à droite de la liste. Parcourez votre disque dur. Sous Windows Vista, le chemin d'accès à cette vidéo est Public\Vidéos publiques. Cette vidéo est au format 16/9.

   Dès que vous cliquez sur cette vignette, elle apparaît dans le Lecteur comme le montre la Figure 11.4.

Figure 11.4 : Le Lecteur de Studio pour consulter le contenu d'une séquence ou enchaîner la lecture de toutes les séquences d'un album.

2. **Cliquez sur le bouton de contrôle Lecture, ou appuyez sur la barre d'espace.**

   La lecture de la séquence sélectionnée commence. Vous pouvez alors vérifier qu'il s'agit bien du clip que vous désirez insérer dans votre montage.

   Une autre méthode consiste à double-cliquer dans l'album sur la séquence à lire dans le Lecteur. Double-cliquez de nouveau dessus pour arrêter sa lecture. Vous pouvez ainsi consulter intuitivement le contenu de tous les clips de l'album.

3. **Cliquez sur Pause ou appuyez de nouveau sur la barre d'espace pour arrêter la lecture du clip.**

Une fois les séquences réunies dans l'album, il ne reste plus qu'à les organiser dans la Fenêtre du film.

Fenêtre du film

Cette fenêtre est une table de montage qui peut distiller de nombreuses informations sur votre montage et présenter les séquences sous différents aspects :

- **Scénario** (Figure 11.5) pour voir rapidement l'ordre des séquences et des transitions.

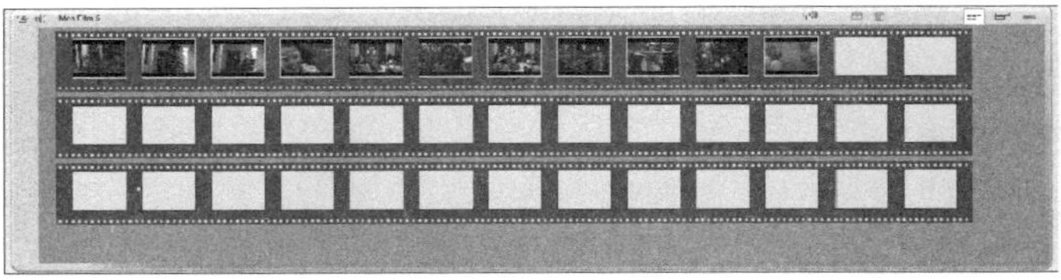

Figure 11.5 : Scénario.

- **Plan de montage** (Figure 11.6) dont les cinq pistes vont permettre de placer des clips vidéo, audio, des titres et des images fixes.

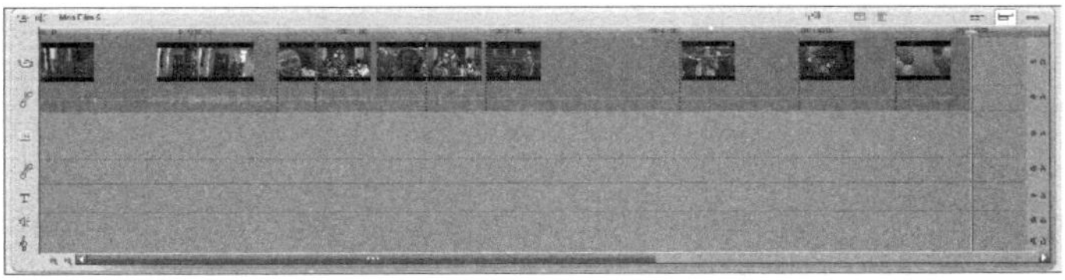

Figure 11.6 : Plan de montage.

- **Affichage texte** (Figure 11.7) qui exprime en unités de temps le début et la fin de chaque séquence dans le montage.

Vous accédez à ces différents modes en cliquant sur les icônes correspondantes situées à droite de la barre de titre de la Fenêtre du film.

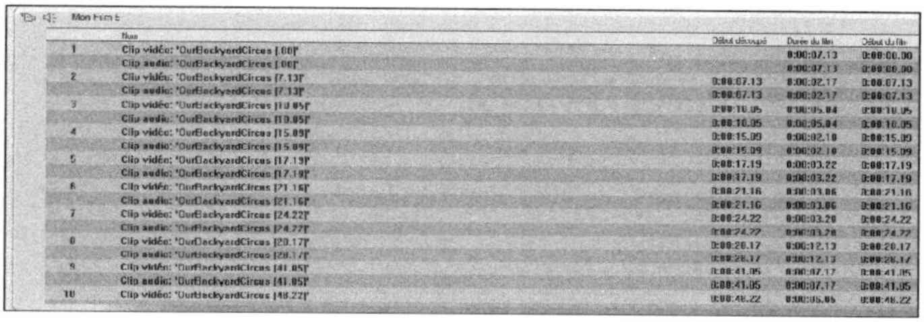

Figure 11.7 : Affichage texte.

Cette fenêtre sera le centre de contrôle des différentes opérations de montage décrites dans les prochaines sections de ce chapitre.

Lorsque votre vidéo sera montée, il faudra décider de sa destination finale en créant un film.

Créer un film

Ultime étape de toute bonne vidéo montée dans les règles de l'art, la création d'un film propose l'interface représentée sur la Figure 11.8.

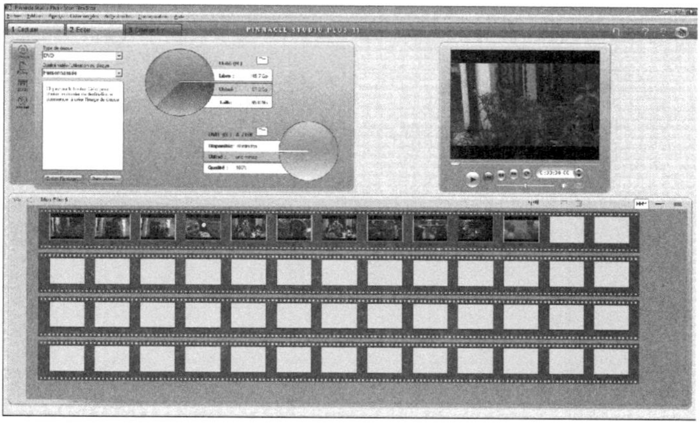

Figure 11.8 : L'interface de création d'un film dans Studio 11.

Difficile de faire plus intuitif ! Une série d'onglets situés dans la partie gauche de l'interface permet de sélectionner le type de film à créer :

- **Disque.** Pour créer un DVD vidéo simple couche ou double couche, ou encore un DVD HD voire un disque Blu-ray (AVCHD).
- **Fichier.** Génère un fichier stocké sur votre disque dur et dont les paramètres le destinent à un enregistrement sur bande, sur CD-R (VCD ou SVCD), sur DVD, ou pour une conversion en un média utilisable sur Internet.
- **Bande.** Pour créer une vidéo prenant en compte tous les éléments mis en place dans la Fenêtre du film : titres, transitions, effets, et son ; le fichier temporaire généré est ensuite enregistré sur une bande vidéo.
- **Internet.** Fonction marginale qui permet d'optimiser et de publier votre vidéo sur le site Web de partage vidéo Yahoo! Video. Votre navigateur Web entre en action pour une publication en ligne dans un environnement sélectionné directement sur le site proposé.

Capturer des séquences vidéo dans Studio

Cette section montre comment capturer des séquences vidéo depuis Pinnacle Studio 11. Pour cela, nous sommes obligés de passer outre certains problèmes techniques liés à votre configuration. De ce fait, nous supposons que :

- Vous possédez Pinnacle Studio (même en version de démonstration).
- Vous possédez une carte d'acquisition avec entrée/sortie numérique (port IEE1394 dit FireWire ou encore Ilink).
- Les pilotes de la carte sont correctement installés et celle-ci est parfaitement reconnue par les utilitaires livrés par son constructeur (logiciel de capture, testeur de la rapidité des disques, etc.).
- Votre caméscope MiniDV, HD, ou votre magnétoscope numérique, est connecté au port DV de la carte.
- La carte apparaît parmi les périphériques vidéo pilotés par Pinnacle Studio.

Capturer

Pour lancer une capture, utilisez l'ensemble des outils mis à votre disposition. Nous allons étudier ici la méthode la plus simple et la plus intuitive. Avant de lancer la capture, vérifiez les points suivants :

- Le caméscope est raccordé à la prise IEEE-1394 de la carte d'acquisition par le biais d'un câble généralement fourni avec la carte.
- Le caméscope est allumé. (Ne riez pas c'est arrivé à plus malin que vous !)
- Une cassette est dans le caméscope.
- Le caméscope est en mode magnétoscope, c'est-à-dire VCR et non pas en mode Caméra.

Une fois ces vérifications effectuées et éventuellement corrigées, procédez comme suit :

1. **Cliquez sur le bouton Lecture ou Avance rapide du caméscope représenté dans l'interface de Studio pour repérer la séquence à capturer.**

   Miracle ! Le caméscope lance la lecture ou l'avance rapide sans appuyer sur l'un de ses boutons. Vous apercevez alors des images comme celle de la Figure 11.9, et appréciez la vidéo dans le Lecteur situé à droite. Dès que vous êtes au début de la séquence qui vous intéresse, cliquez sur le bouton Stop du caméscope virtuel.

2. **Cliquez sur le bouton Paramètres.**

   Vous accédez à l'onglet Format de capture de la boîte de dialogue Options de configuration représentée sur la Figure 11.10.

3. **Dans la liste Réglages, sélectionnez Vidéo numérique.**

   C'est l'option par défaut. Nous supposons ici que vous désirez créer un film que vous enregistrerez sur une autre bande vidéo. Donc, travaillons dans la pleine résolution vidéo, c'est-à-dire en DV (Vidéo numérique), et dans une résolution de 720 x 576.

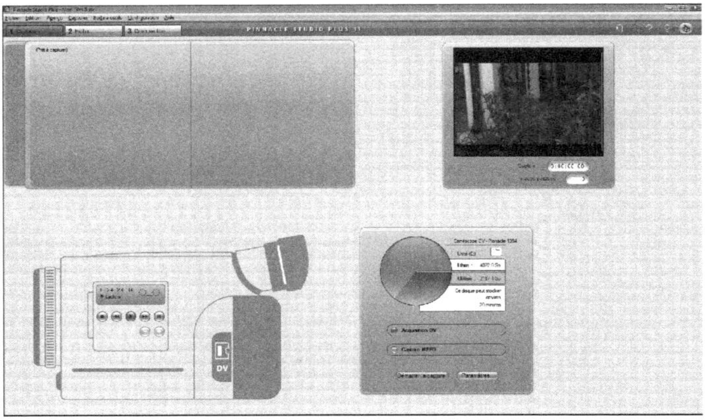

Figure 11.9 : Choisir le début de la séquence à capturer.

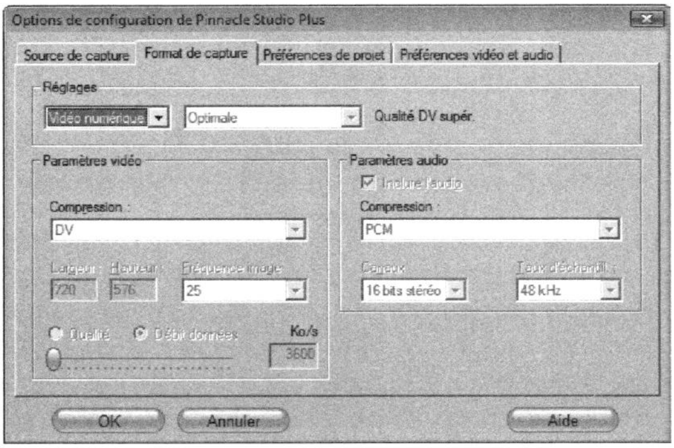

Figure 11.10 : Définissez le format de capture de votre vidéo.

4. **Validez ce format de capture en cliquant sur OK.**

   Avant de capturer, vous devez sélectionner un disque dur et un dossier de destination.

5. **Dans l'interface de capture, cliquez sur l'icône du dossier située à droite du mot Unité.**

   Vous accédez à une petite boîte de dialogue qui permet de sélectionner un disque dur et un dossier. Par défaut, Studio stocke les vidéos dans le dossier C:\Users\Public\Videos de Windows Vista. Vous pouvez choisir un autre disque (si vous en possédez un dédié à la vidéo par exemple), et un dossier spécifique. Vous pouvez également créer un nouveau dossier en cliquant sur l'icône du même nom de cette petite boîte de dialogue. Cliquez sur OK pour valider l'emplacement de la capture.

ATTENTION !

Studio teste la vitesse des disques qu'il ne connaît pas. Si le taux de transfert du disque est inférieur aux exigences requises en vidéo numérique, vous risquez de capturer avec des pertes d'images ce qui nuirait à votre travail en provoquant des sauts insupportables.

Une fois la destination choisie, passez à la capture.

6. **Cliquez sur Démarrer la capture.**

   Une boîte de dialogue apparaît comme sur la Figure 11.11. Studio assigne un nom par défaut suivi du chiffre 1.

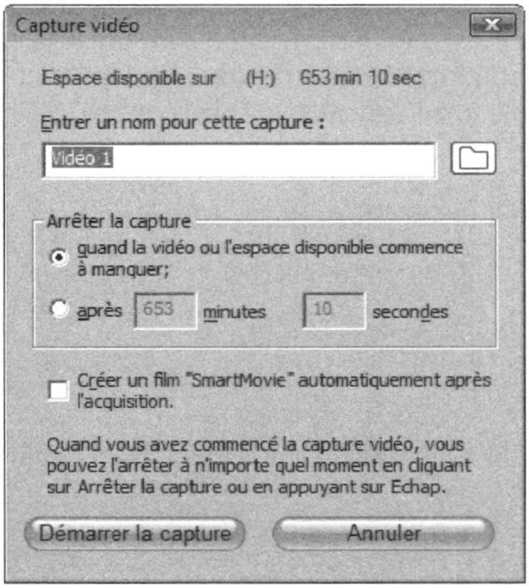

Figure 11.11 : Derniers paramètres avant la capture.

7. **Cliquez sur le bouton Démarrer la capture.**

   C'est parti. Studio donne l'ordre au caméscope de lire la vidéo qui s'affiche alors dans le Lecteur de l'interface.

8. **Terminez la capture en cliquant sur le bouton Arrêter la capture.**

Le caméscope s'arrête. Une vignette apparaît dans l'album. Studio crée un nouvel album de séquences dans le dossier du disque dur de capture.

Répétez les étapes pour capturer d'autres séquences d'une même cassette MiniDV SD ou HD, ou d'une autre bande. Vous vous constituez ainsi un ensemble de clips qui seront organisés, coupés et enchaînés au moment du montage, phase de travail que nous allons découvrir dans la prochaine section.

Le montage avec Pinnacle Studio

L'acquisition ne sert qu'à une seule chose : capturer des séquences vidéo sur le disque dur pour les assembler, les couper, les coller, les triturer afin d'obtenir un montage qui satisfait à vos besoins familiaux, documentaires ou artistiques.

Pinnacle Studio offre trois possibilités de montage, dont l'une n'est qu'une simple organisation des séquences dans la Fenêtre du film. Les deux autres permettent de "couper" à l'intérieur des séquences pour éliminer les plans ratés et/ou pour raccourcir les plans trop longs. L'une est très intuitive, l'autre appelle une nouvelle interface plus sophistiquée donc plus précise.

Quelle que soit la méthode utilisée, tout commence par un clic sur 2 Editer.

TRUC

Dans les sous-sections qui suivent nous allons travailler avec les clips de la vidéo OurBackyardCircus proposés par Pinnacle Studio.

Montage dans le Scénario

Commençons par une hypothèse assez courante. Vous avez filmé tout et n'importe quoi sur des cassettes dont vous ignorez le contenu. Au moment de la sélection des séquences pour retracer les anniversaires successifs de vos chères têtes blondes, vous capturez les années dans le désordre. Le Scénario de Studio permet de remettre toutes ces séquences dans le bon ordre. Cela suffit à bien des amateurs pour compiler un film complet sur des événements successifs. Quoi qu'il en soit, le Scénario de Studio représente une première organisation des séquences qui seront ensuite coupées de manière plus précise.

La procédure d'organisation des séquences pour un film est très simple :

1. **Dans la Fenêtre du film, cliquez sur l'icône Affichage Scénario (à droite). Vous pouvez également cliquer sur Aperçu/Scénario.**

   La fenêtre affiche une succession de cadres vides crantés comme une pellicule de cinéma ou d'appareil photo.

2. **Depuis l'Album, glissez-déposez les vignettes dans les cases de la fenêtre.**

   Définissez toujours une organisation permettant d'obtenir une cohérence dans le déroulement de l'action.

3. **Organisez les vignettes dans l'ordre qu'elles présentent dans l'album.**

   Vous obtenez une organisation des séquences identique à celle de la Figure 11.12.

Figure 11.12 : Organisation des séquences pour une progression logique de l'action.

4. **Sélectionnez la première séquence dans la Fenêtre du film, et appuyez sur la barre d'espace.**

Voilà ! L'organisation logique des différentes séquences capturées est très simple à réaliser dans Pinnacle Studio. Mais ce n'est pas du montage ! Voyons comment rythmer davantage cette succession de trois séquences, et supprimer quelques imperfections.

Montage dans l'Axe de temps

L'organisation est une chose, le montage en est une autre. Que vous ayez défini temporairement ou définitivement la narration dans le Scénario, certaines séquences paraîtront trop longues ou comporteront des plans inutiles voire des erreurs grossières.

Partant des trois séquences organisées dans la précédente section, vous allez aborder la deuxième phase du montage dans Pinnacle Studio. Toutefois, comme votre projet est relativement bien en place ce serait dommage de tout perdre bêtement à cause d'une manipulation accidentelle ou une coupure de courant intempestive. Cliquez sur Fichier/Enregistrer le projet. Par défaut, Studio enregistre le projet dans le dossier Mes vidéos. Rien ne vous empêche d'en sélectionner un autre sur votre disque dur, et même d'en créer un. Dans le champ Nom du fichier de la boîte de dialogue Enregistrer sous, donnez un nom à votre projet vidéo comme "ma première vidéo", et cliquez sur Enregistrer. Tout au long de la procédure de montage, ayez le réflexe d'appuyer sur Ctrl+S pour enregistrer vos modifications majeures même si Studio est configuré par défaut pour procéder à un enregistrement automatique toutes les 180 secondes. Dans la barre de titre de Studio vous remarquerez l'apparition d'un astérisque chaque fois que vous modifiez le projet. Il indique que le projet n'a pas été enregistré, donc que vous risquez de perdre votre travail en cas de problème quelconque. Pour éviter cela, appuyez sur Ctrl+S.

Le montage depuis l'axe temporel de la Fenêtre du film se fait en cliquant sur l'icône Affichage Plan de montage. Le montage prend alors une drôle d'allure comme en témoigne la Figure 11.13.

Difficile pour vous de reconnaître vos séquences. Cette représentation de la vidéo permet d'apprécier l'intégralité d'un long montage et de se placer immédiatement sur la durée qui nous intéresse. Pour voir la totalité de la première image de vos clips placés sur le plan de montage, positionnez le pointeur de

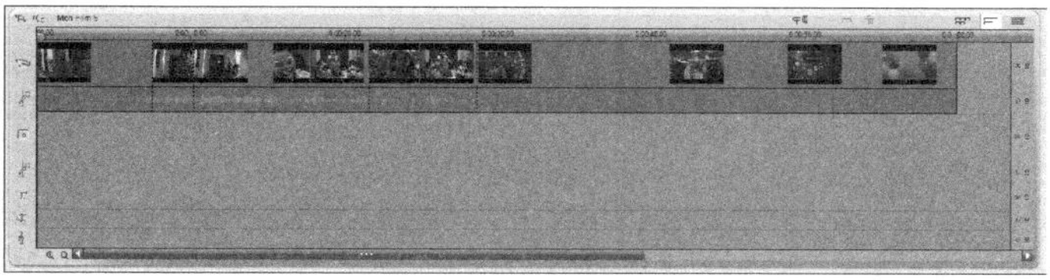

Figure 11.13 : Le "vrai" montage commence dans le plan de montage. Déconcertant de prime abord !

la souris sur la ligne orange affichant le temps. Il prend la forme d'une montre agrémentée de deux flèches pointant respectivement vers la gauche et vers la droite. Cliquez et ne relâchez pas le bouton de la souris. Si vous faites glisser ce curseur vers la droite, les images des séquences s'agrandissent jusqu'à devenir entièrement visibles. Si vous le faites glisser vers la gauche, vous réduisez lesdites images. Faites glisser le pointeur de la souris pour obtenir un résultat identique à celui de la Figure 11.14.

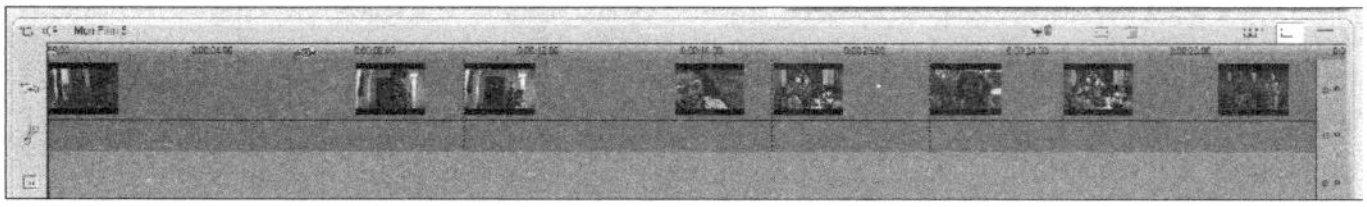

Figure 11.14 : Un plan de montage qui permet de bien voir la première image de chaque séquence.

Voici comment réduire la durée d'un clip :

1. **Cliquez sur la première image de l'axe de temps.**

   Il s'agit de la séquence où l'on voit lune plante verte sans intérêt.

   Dès que vous cliquez, le fond de l'axe devient bleu foncé.

2. **Approchez le pointeur de la souris du bord gauche de cette séquence.**

   Il prend la forme d'une flèche bleue dirigée vers la droite. Cela signifie que vous allez supprimer les premières images de la séquence.

3. **Appuyez sur le bouton de la souris et faites lentement glisser le pointeur vers la droite.**

   Regardez simultanément dans le Lecteur et/ou dans l'axe de temps. Le panoramique s'effectue comme si vous lisiez la vidéo. Cependant, cette fois, vous définissez la première image à partir de laquelle cette séquence va être lue. Relâchez le bouton de la souris dès que vous êtes satisfait. Dans notre exemple, relâchez le bouton de la souris dès que vous voyez parfaitement l'enfant clown sur un tricycle.

4. **Procédez comme à l'étape 3 mais en plaçant le pointeur de la souris sur le bord droit de la première séquence, comme sur la Figure 11.15.**

Figure 11.15 : Supprimez les images de fin qui ne vous intéressent pas.

Cette fois, le pointeur de la souris prend la forme d'une flèche dirigée vers la gauche indiquant que vous pouvez supprimer les images de fin de la séquence.

Appuyez sur le bouton de la souris sans le relâcher et déplacez la flèche vers la gauche pour marquer la fin de la séquence. Observez ce qui se passe dans le Lecteur et dans l'axe de temps. Dès que vous atteignez l'image de fin, relâchez le bouton de la souris. C'est fait ! La séquence est bien plus courte. À ce moment du projet, le montage ressemble à celui de la Figure 11.16.

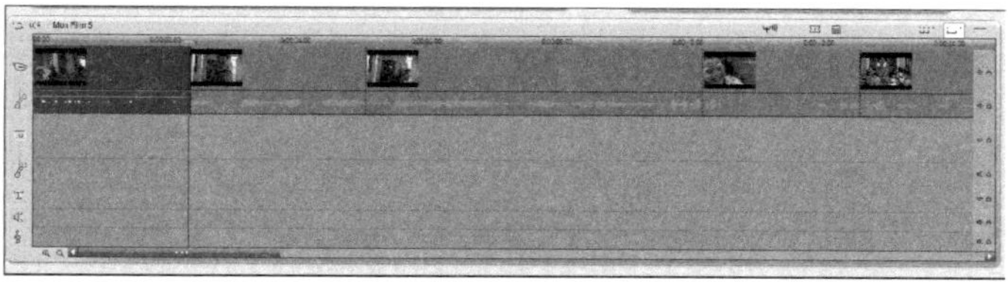

Figure 11.16 : La première séquence a été réduite en deux clics de souris, et sans altérer l'original.

Appréciez la qualité de vos coupes sans ciseaux ni colle en plaçant la tête de lecture au début du montage et en appuyant sur la barre d'espace pour lancer la lecture de la vidéo.

En deux opérations très simples vous avez défini ce que les professionnels du montage appellent un *point d'entrée* et un *point de sortie*. L'intérêt d'une telle technique, que l'on retrouve dans tous les logiciels de montage virtuel, est de conserver la séquence originale intacte. Si vous avez trop réduit la séquence, il suffit de procéder comme aux étapes 3 et 4 mais cette fois augmentez la durée de la séquence pour récupérer des images que vous ne vouliez pas à l'origine.

Montage avec la Boîte à outils vidéo

Comme son nom le suppose, la Boîte à outils vidéo ne se contente pas de faciliter le montage, mais permet aussi d'agir sur d'autres aspects de l'image. Limitons-nous pour le moment au montage. Nous allons voir comment utiliser cette boîte à outils pour définir plus précisément les points d'entrée et de sortie des séquences. Mais avant toute chose, supprimez les clips présents dans l'axe de temps. Voici comment procéder :

1. **Cliquez sur Edition/Sélectionner tout, ou appuyez sur Ctrl+A.**

2. **Appuyez sur la touche Suppr du clavier ou choisissez Edition/Effacer.**

   Toutes les séquences disparaissent de l'axe de temps. En revanche, elles sont intactes sur votre disque dur.

Pour effectuer avec la Boîte à outils vidéo un montage identique au précédent, procédez comme suit :

1. **Glissez-déposez la première séquence sur le Plan de montage.**
2. **Dans le coin supérieur gauche du Plan de montage, cliquez sur l'icône de la caméra**

   Vous accédez à la Boîte à outils vidéo représentée sur la Figure 11.17. Vous voyez à gauche la première image de la séquence et à droite sa dernière image. La définition des points d'entrée et de sortie en est que plus facile à réaliser.

Figure 11.17 : Une interface de montage à l'image près digne des professionnels.

3. **Faites glisser vers la droite le gros curseur gauche pour définir le point d'entrée.**
4. **Faites glisser vers la gauche le gros curseur droit pour définir le point de sortie.**

   La Figure 11.18 montre à gauche la première image de la séquence (point d'entrée) et à droite la dernière (point de sortie). Toutes les images situées entre ces deux points sont conservées dans le montage. Vérifiez maintenant que la durée du plan est suffisante en ne lisant que cette portion de la séquence.

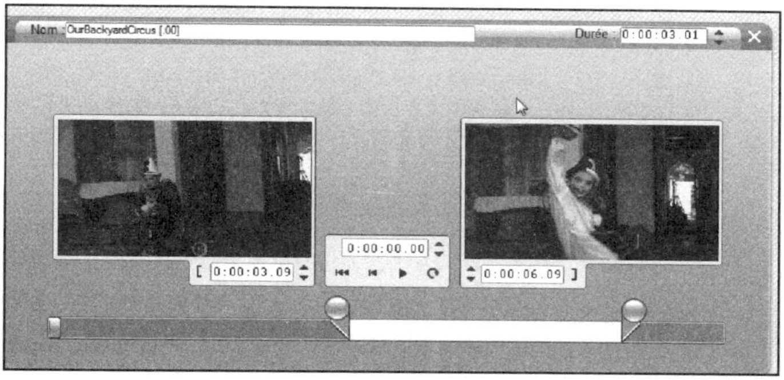

Figure 11.18 : Définition précise et visuelle du contenu d'une séquence.

5. **Au centre de la boîte à outils, cliquez sur le bouton Aller au début du clip coupé, ou appuyez sur D.**

6. **Cliquez ensuite sur le bouton Lire le clip découpé, ou appuyez sur la barre d'espace.**

   Le résultat s'affiche dans le Lecteur. Pas mal !

Vous venez d'apprendre à utiliser un outil de montage plus précis. Pour modifier de la sorte plusieurs séquences placées dans le Plan de montage, double-cliquez sur chaque clip. Il s'ouvre dans la Boîte à outils vidéo. Définissez intuitivement les points d'entrée et de sortie de chaque séquence. En d'autres termes, vous supprimez les images de début et de fin qui ne vous servent pas. Amusez-vous avant de passer à un autre aspect du montage, l'insertion d'une séquence au milieu d'une autre.

Une fois vos modifications opérées, cliquez sur le bouton de fermeture de la Boîte à outils vidéo (le gros X).

Montage par insertion

Tout ce que nous avons vu jusqu'à présent se limite à un montage très simple qui consiste à juxtaposer des séquences dont on supprime des éléments au début et à la fin. Ce type de montage se nomme *montage par assemblage*. Mais, l'intérêt du montage virtuel est de pouvoir insérer des séquences les unes dans les autres, en toute simplicité, sans perdre le travail réalisé jusqu'à présent.

Le *montage par insertion* sert à cela. Il permet, par exemple, de voir ce qui se passe à un autre endroit au même moment, et de revenir dans la scène sans rupture de continuité. En d'autres termes, on insère un clip dans un autre clip, ou entre deux clips.

Insérer une séquence entre deux séquences

Voici comment procéder :

1. **Placez sur le Plan de montage les séquences 1, 3 et 4.**
2. **En utilisant les techniques décrites dans les précédentes sections, réduisez la durée de la première séquence en ne vous focalisant que sur l'enfant clown en tricycle.**
3. **Glissez-déposez, entre les deux premières séquences du Plan de montage, la deuxième séquence de l'album.**

   Voilà, vous venez d'insérer un clip.

Insérer une séquence dans un clip fractionné

Voici comment insérer une séquence dans un clip préalablement fractionné :

1. **Placez la première séquence dans le Plan de montage.**
2. **Placez la tête de lecture à l'endroit de la séquence où vous désirez insérer un autre plan.**

   Par exemple à la durée 0:00:05:00.
3. **Dans le Plan de montage, cliquez sur le bouton Fractionner le clip (à gauche de l'icône de la poubelle), comme à la Figure 11.19.**

   La séquence ainsi fractionnée représente désormais deux clips dans l'axe de temps de la Fenêtre du film.

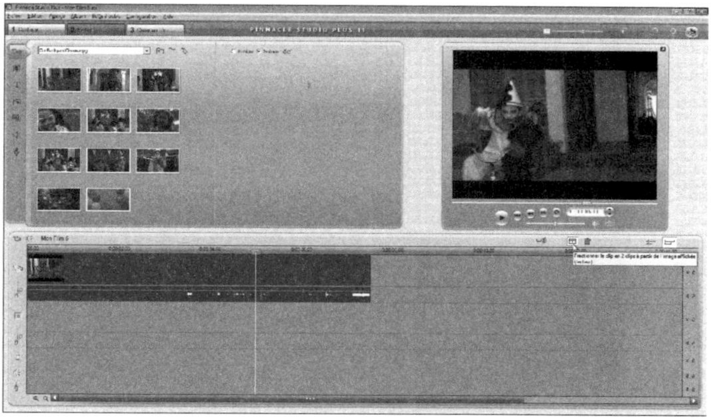

Figure 11.19 : Fractionner permet de couper à l'intérieur même d'une séquence.

4. **Glissez-déposez la quatrième séquence (gros plan d'une fillette riant) de l'album entre les deux parties du clip fractionné.**

   Vous pourriez également glisser-déposer un clip déjà présent dans le Plan de montage.

5. **Placez la tête de lecture en début de montage et lisez la vidéo.**

   L'insertion est parfaite et la séquence fractionnée est coupée dans l'action sans rupture de continuité.

Utiliser des transitions

Les transitions sont des effets utilisés pour passer progressivement d'une séquence à une autre. Elles montrent un changement de lieu, une progression de temps ou encore l'évolution d'une situation. Elles permettent de faire passer un sentiment narratif que ne parvient pas à distiller ce que l'on appelle le montage en *cut* c'est-à-dire le montage en *coupe* que vous avez expérimenté jusqu'à présent.

Commencez par vider de tout contenu l'axe de temps de la Fenêtre du film (Ctrl+A, puis Suppr).

Si elle est ouverte, fermez la Boîte à outils vidéo, puis procédez comme ceci :

1. **Depuis l'Album, placez la Séquence 1 sur l'axe de temps.**

2. **Faites de même avec la Séquence 4.**

   À cet instant, si vous lisez le montage, le passage entre les deux séquences est brutal. On appelle cela un *jump cut* c'est-à-dire un changement de plan qui effectue un montage parallèle ou alterné entre plusieurs séquences.

   Une transition permet de passer progressivement d'une séquence à une autre.

3. **Dans la partie gauche de l'Album, cliquez sur l'icône représentant un éclair.**

   Vous accédez à la section Transitions de l'album représentée sur la Figure 11.20. Par défaut, Pinnacle Studio affiche les transitions 2D. Pour accéder à des effets plus sophistiqués, cliquez sur la liste.

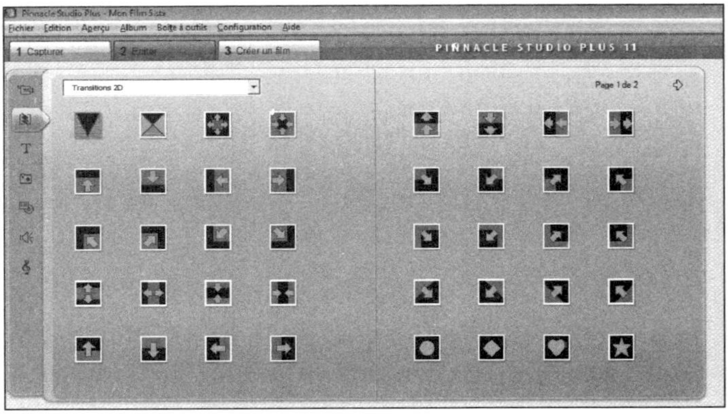

Figure 11.20 : La caverne aux Transitions aussi riches que multiples.

Restons simple et appliquons un fondu enchaîné qui permet de lier progressivement un plan à un autre.

4. **Glissez-déposez la transition Fondu enchaîné entre les deux séquences.**

L'axe de temps ressemble alors à celui de la Figure 11.21.

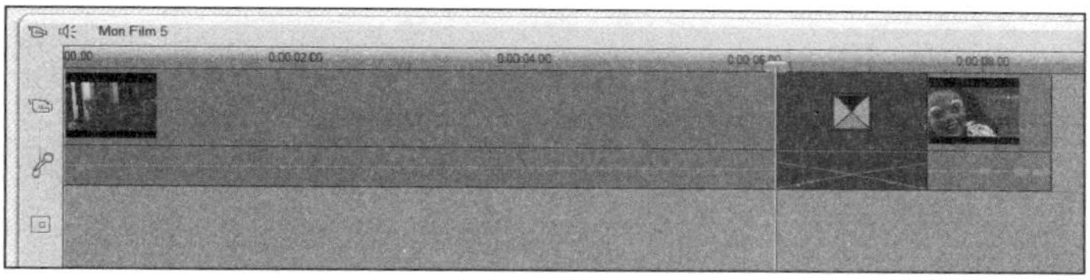

Figure 11.21 : Le fondu enchaîné est placé entre les deux séquences.

5. **Lancez la lecture du montage.**

   Le passage entre les deux séquences s'effectue progressivement. Du travail de pro !

   Vous notez que la transition audio est également progressive. Pinnacle Studio prend tout en charge.

   TRUC

   Pour réduire ou allonger la durée du fondu, placez le pointeur de la souris sur son bord gauche ou droit. Quand il prend la forme d'une flèche étirez le symbole du fondu dans l'une ou l'autre direction. Ce n'est pas plus compliqué.

   TRUC

   Chaque fois que vous sélectionnez une transition le Lecteur en affiche un aperçu en simulant un passage de la lettre A à la lettre B.

Testez tous les types de fondu qui existent... vous en avez pour un moment. Sachez que Pinnacle fournit avec ses cartes et ses logiciels la gamme des effets Hollywood FX qui proposent des transitions en 3D assez impressionnantes, dignes des studios de télévision professionnels.

Ajouter du son

Si vous regardez bien l'interface de Pinnacle Studio, vous remarquez, dans la Fenêtre du film, la présence de l'icône d'un haut-parleur et juste en dessous, celle d'une clé de sol. Il s'agit des pistes effets sonores/et musique.

Cette section montre comment les utiliser et asservir le son aux besoins d'un montage aussi simple que la transition entre deux clips vidéo.

Ajouter un effet sonore

Pour illustrer l'utilisation de la piste audio, nous allons ajouter un effet sonore.

Pour ajouter un effet sonore :

1. **Dans l'Album, cliquez sur l'icône du haut-parleur pour afficher les effets sonores.**
2. **Ouvrez la liste des effets sonores, et sélectionnez une catégorie d'effets.**

   Vous devez cliquer sur la petite flèche située dans le coin supérieur droit de l'album pour accéder à cet effet.
3. **Cliquez sur un effet.**

   Il est immédiatement lu par le lecteur de Pinnacle Studio.
4. **Glissez-déposez l'icône de l'effet sur la Piste d'effets sonores, comme à la Figure 11.22.**

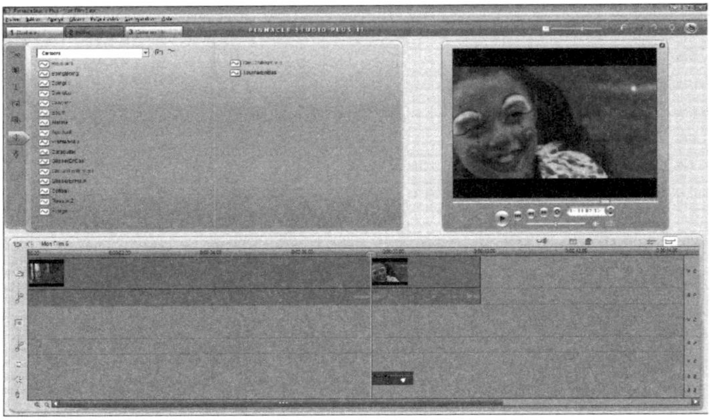

Figure 11.22 : Positionnement d'un effet sonore sur la piste audio.

Si l'effet sonore est trop fort ou trop faible, vous pouvez en modifier le volume comme expliqué ci-dessous.

5. **Dans le Plan de montage, cliquez sur l'élément audio de la piste son pour le sélectionner.**

   Une ligne orange apparaît au centre et sur toute la longueur de l'élément. Elle symbolise le niveau sonore de l'effet.

6. **Placez le pointeur de la souris sur le bord gauche de la ligne bleue de l'élément audio.**

   Le pointeur prend la forme d'un haut-parleur orné d'une flèche comme sur la Figure 11.23.

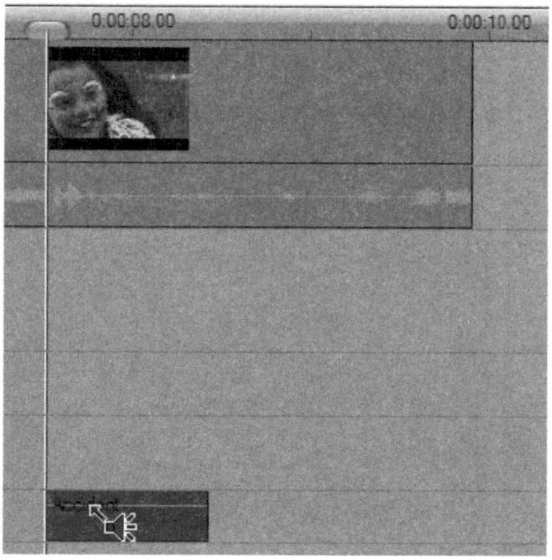

Figure 11.23 : Ce symbole permet d'agir sur la ligne du volume sonore de l'élément audio.

7. **Appuyez sur le bouton de la souris et, sans le relâcher, faites glisser la ligne bleue vers le bas de l'élément pour baisser le volume, ou vers le haut pour l'augmenter.**

8. **Cliquez sur la ligne orange au centre de l'élément et, sans relâcher le bouton de la souris, faites glisser la ligne légèrement en dessous de la moitié du niveau sonore.**

   Comme en témoigne la Figure 11.24, un point apparaît sur la ligne. La forme de la ligne indique clairement que le volume sonore va monter progressivement en accord avec le fondu enchaîné. Chaque fois que vous agissez sur la ligne du volume sonore, un point apparaît. Cela permet de multiples variations du niveau sonore d'un élément audio.

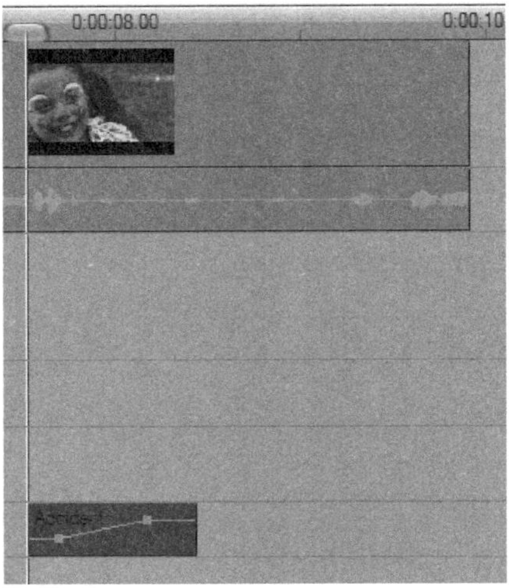

Figure 11.24 : Montée progressive du volume du téléphone.

TRUC

Pour supprimer un point de la ligne d'intensité sonore, faites-le glisser en dehors de l'élément et relâchez le bouton de la souris.

9. **Lisez le montage et regardez l'image tout en écoutant bien le son.**

TRUC

Pour régler plus précisément le volume sonore de chaque piste et le volume général de la vidéo, placez le pointeur de la souris sur le côté droit de l'icône de la Boîte à outils. Un haut-parleur apparaît. Cliquez dessus pour accéder à la Boîte à outils audio représentée sur la Figure 11.25. Agissez sur le volume des pistes qui vous intéressent.

Ajouter une musique de fond

La procédure d'ajout d'une musique de fond est identique à celle d'un effet sonore. La seule différence est que vous placez

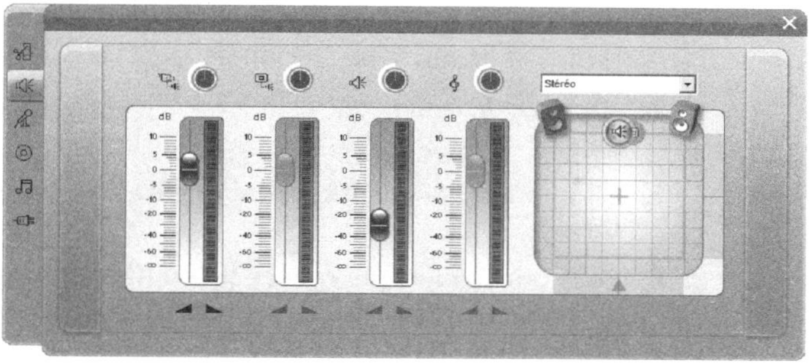

Figure 11.25 : La Boîte à outils audio permet, entre autres, de régler le volume global des pistes audio.

la musique sur la piste Musique de fond de la Fenêtre du film. Voici comment procéder :

1. **Cliquez sur l'icône Créer automatiquement un fond musical de la Boîte à outils audio.**

   Vous accédez aux styles, chansons et versions par défaut de Pinnacle Studio comme le montre la Figure 11.26. Vous pouvez en acquérir d'autres en cliquant sur le bouton D'autres morceaux, mais pour le moment contentez-vous de celles proposées par défaut.

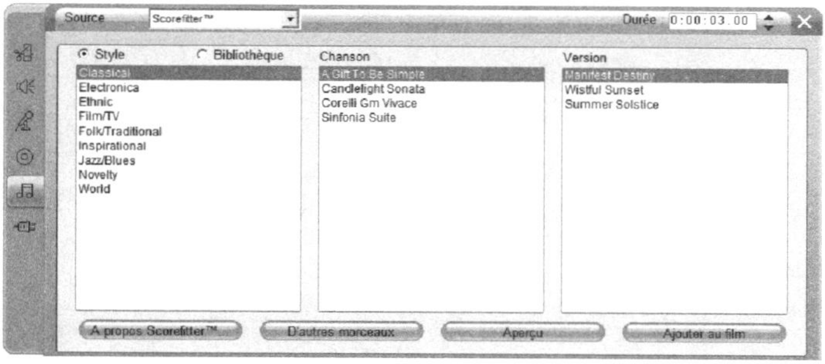

Figure 11.26 : Les outils d'accompagnement musicaux de Pinnacle Studio.

2. **Sélectionnez un Style, une Chanson, puis une Version.**
3. **Écoutez la sélection par un clic sur le bouton Aperçu.**
4. **Pour l'intégrer à la vidéo, cliquez sur Ajouter au film.**

Attention, car la musique apparaît à l'endroit où se situe la tête de lecture dans le Plan de montage.

La durée de la musique est fonction de celle de la séquence où se trouve la tête de lecture.

5. **Cliquez sur l'élément musical et glissez-le au début du film.**
6. **Pour que la musique couvre la totalité du montage, placez le pointeur de la souris sur le bord droit de l'élément musical.**

   Le pointeur prend la forme d'une double flèche.

7. **Cliquez et faites glisser ce bord droit jusqu'à la fin du montage.**
8. **Ajustez le volume comme vous l'avez fait pour l'effet sonore de la précédente section.**

TRUC

Rien ne vous empêche d'ajouter des effets sonores et des musiques de qualité CD. Le résultat sera parfait. Envisagez ces exercices comme un apprentissage. La qualité finale ne dépendra que de vous !

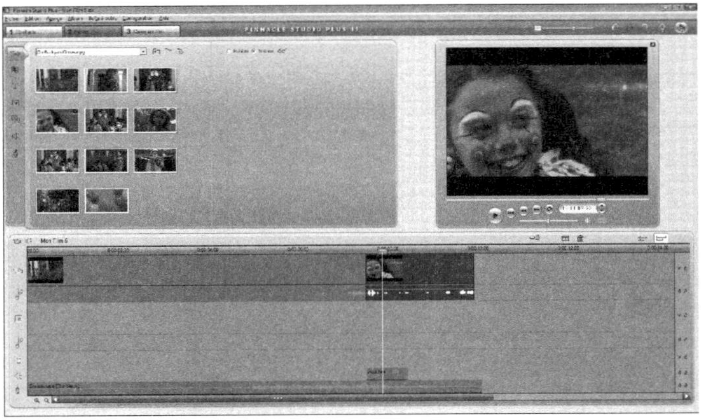

Figure 11.27 : Une séquence vidéo montée et sonorisée.

Génial ! Mais ce n'est pas tout. Vous pouvez personnaliser une vidéo grâce à quelques effets qui, sans en abuser, donneront un sacré caractère à vos travaux.

Appliquer des effets vidéo

Il est impossible d'étudier chaque filtre en détail. Nous allons simplement acquérir les principes d'utilisation des effets de Studio 11. A vous ensuite de sélectionner ou non ceux qui s'adaptent le mieux à votre vidéo et au sens que vous désirez donner à vos images.

Pour appliquer un effet sépia, et diminuer la luminosité et augmenter le contraste, conformez-vous aux étapes suivantes :

1. **Dans le Plan de montage, double-cliquez sur la seconde séquence.**

   Vous ouvrez la Boîte à outils vidéo.

2. **Cliquez sur l'icône Ajouter un effet à un clip vidéo (elle ressemble à une prise de courant).**

   L'environnement Studio ressemble alors à celui de la Figure 11.28.

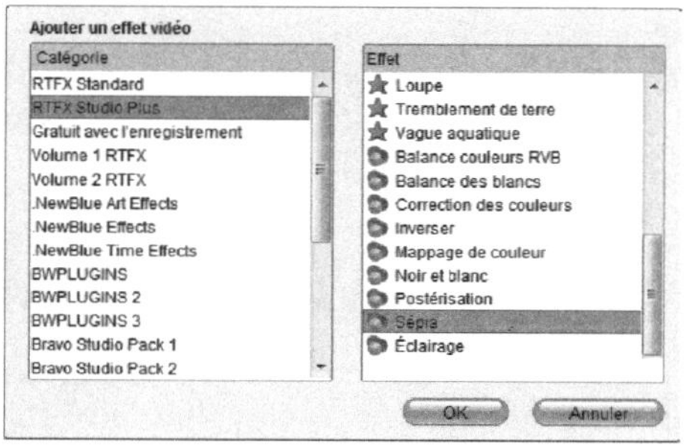

Figure 11.28 : Les nouveaux effets de Studio 11.

3. **Dans la liste Catégorie, sélectionnez RTFX Studio Plus.**

4. **Dans la liste Effet, cliquez sur Sépia.**

5. **Cliquez sur OK.**

   L'effet s'affiche dans le volet Effets vidéo de l'interface, et les paramètres là où vous avez sélectionné l'effet.

6. **Modifiez la valeur du paramètre Quantité.**

Il suffit de faire glisser le curseur ou de saisir directement une valeur dans les champs de ces réglages.

7. **Cliquez ensuite sur Ajouter un nouvel effet.**

8. **Dans la liste Effet, cliquez sur Vieux film, puis sur OK.**

   Les deux effets se cumulent.

   Le Lecteur affiche immédiatement les images du clip modifiées par les effets.

9. **Dans le Lecteur, cliquez sur le bouton Aller au début.**

10. **Cliquez sur le bouton Lecture pour voir l'effet ainsi obtenu.**

La lecture du film est heurtée si Studio n'a pas encore calculé les effets.

Plus vous ajoutez de transitions, d'effets, et d'éléments audio, plus la lecture risque d'être heurtée, et de vous désabuser. Sachez que cela n'aura aucune conséquence sur le fichier vidéo final. Une fois calculé, le film sera correctement enregistré sur bande. Toutefois, Studio 11 dispose d'une nouvelle fonction d'optimisation du rendu pendant l'aperçu ou pour l'enregistrement sur bande. Cela ralentit quelque peu votre travail, mais permet de se faire une idée précise de la vidéo finale.

Montage vidéo pour les Nuls : SmartMovie

SmartMovie est une fonction qui permet, en quelques clics de souris de créer une vidéo musicale complète. Je dirais que cette fonction autorise, par exemple, la création d'une séquence musicale qui prendra place dans une vidéo plus globale. Ainsi, vous pourrez facilement agrémenter vos films de vacances d'une belle séquence nostalgique sur les plages de l'Atlantique.

Avec SmartMovie, vous sélectionnez vos clips, une musique, et Studio se charge du reste. Voici comment procéder :

1. **Ouvrez la Boîte à outils vidéo.**

2. **Cliquez sur le bouton représentant un clap de cinéma.**

Vous accédez à SmartMovie comme le montre la Figure 11.29.

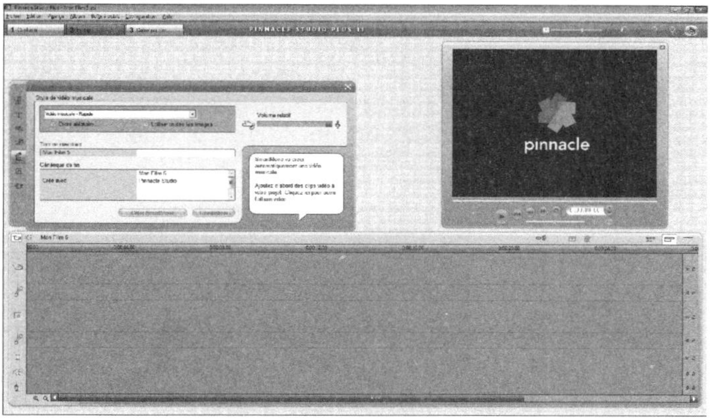

Figure 11.29 : Le montage vidéo pour les Nuls avec SmartMovie !

3. **Comme on vous le demande, cliquez sur la bulle.**

   Vous accédez à l'Album des clips. Comme nous voulons simplement illustrer cette fonction, placez n'importe quels clips et dans n'importe quel ordre sur le Plan de montage ou le Scénario.

4. **Réduisez si nécessaire la longueur des clips, fractionnez-les, et insérez d'autres clips... en d'autres termes montez rapidement vos séquences, bien que vous pourriez les laisser telles qu'elles sont.**

5. **Cliquez sur Retourner à SmartMovie.**

6. **Dans la première liste de cette fonction, sélectionnez le type de clip musical que vous désirez créer.**

   Par exemple, choisissez Vaudeville, et pour plus de surprise, cochez l'option Ordre aléatoire.

7. **Cliquez de nouveau sur la bulle pour sélectionner la musique du clip.**

   Une boîte de dialogue apparaît. Vous pouvez soit choisir une musique stockée dans votre dossier Ma musique, soit extraire une piste d'un CD audio, soit sélectionner une chanson du générateur de musique Scorefitter.

8. **Pour ne pas vous casser la tête, activez l'option Un morceau créé par le générateur de musique, puis cliquez sur OK.**

   Dans l'interface de Scorefitter, sélectionnez un style, par exemple Film/TV, une Chanson, comme Ripping Good Yarn, et la Version Rock in the Ring.

9. **Cliquez sur Ajouter au film.**

10. **Si nécessaire, réduisez la durée du morceau pour qu'il soit moins long que le film.**

11. **Cliquez sur Cliquez ici pour retourner à SmartMovie.**

12. **Si vous en sentez la nécessité, saisissez un titre de début et un générique de fin.**

13. **Enfin, lancez la procédure de création par un clic sur le bouton Créer SmartMovie.**

    Très rapidement le clip est prêt.

14. **Cliquez sur le bouton de lecture du Lecteur.**

Avec les éléments sélectionnés, SmartMovie fait de son mieux pour créer le clip. Il cadence les images en fonction de la piste audio, et ajoute les effets de transition qu'il juge nécessaires. Par conséquent, SmartMovie coupe aléatoirement vos séquences. Avec un peu de pratique vous réaliserez des clips plus sophistiqués. Si le résultat ne vous satisfait pas, choisissez un autre style et relancez la création de SmartMovie.

Titre et générique dans Pinnacle Studio

Un titre et un générique de fin sont deux éléments qui donnent un aspect résolument professionnel à une vidéo d'amateur. De plus, ils permettent, dans certaines circonstances, d'utiliser le texte à des fins narratives, ou pour localiser un lieu si vous relatez dans une vidéo de quinze heures vos périples expéditionnaires des vingt dernières années.

Passons aux choses sérieuses ! Une fois le montage terminé, ajoutez un titre au début de la vidéo et un générique de fin à la... fin.

Titre

Pinnacle Studio rend la procédure de création d'un titre d'une facilité enfantine. Dans la Fenêtre du film, vous observez la présence d'une icône contenant la lettre T. Ne vous prenez surtout pas pour un génie si vous déduisez qu'elle symbolise la piste de titre ! C'est en effet ici que vous placerez les éléments de titrage.

Partant de notre vidéo composée de deux séquences liées par un fondu enchaîné, suivez les étapes ci-dessous pour ajouter un titre au début de votre futur film :

1. **Dans l'Album, cliquez sur l'icône Afficher les titres.**

   Symbolisée par la même icône que celle de la piste des titres, elle affiche une série de titres prédéfinis personnalisables comme le montre la Figure 11.30.

   Ici le choix importe peu. Sauf si vous êtes fainéant, vous personnaliserez le titre par défaut pour que son aspect coïncide avec la nature de votre film. On ne titre pas de la même manière Vidéogag et Thalassa.

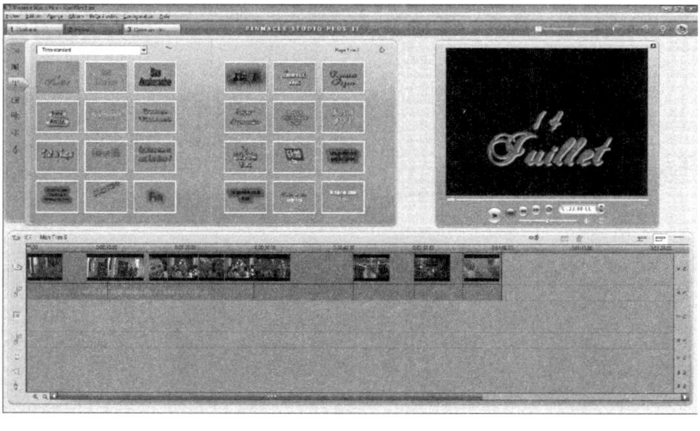

Figure 11.30 : Les titres prédéfinis de Pinnacle Studio.

2. **Glissez-déposez dans la piste de titre la vignette affichant Avec votre nom.**

   À peine en place le miracle se produit. Le titre apparaît en surimpression sur l'image. Pour le moment, ne vous préoccupez pas de son emplacement et de son apparition, mais plutôt de son aspect.

   Personnellement, je n'aime ni la police, ni la couleur, et constate que le titre n'a aucune signification pour cette vidéo. Modifiez tout cela avec l'étape suivante.

3. **Double-cliquez sur l'élément de la piste de titre.**

   Vous accédez à un éditeur de titre représenté sur la Figure 11.31. C'est ici que vous allez personnaliser le titre.

Figure 11.31 : L'éditeur de titre.

   Il fonctionne comme un programme de traitement de texte.

4. **Supprimez le contenu du titre.**

   Sélectionnez les lettres et saisissez un autre titre, ou appuyez sur la touche Suppr jusqu'à ce qu'il n'y ait plus aucun mot affiché dans l'éditeur.

5. **Saisissez votre titre, par exemple "Clown Party".**

6. **Cliquez sur la bande zébrée qui entoure le titre. La zone de saisie de titre est maintenant sélectionnée.**

7. **Cliquez sur la flèche de la liste des polices et choisissez une police assez fantaisiste comme Herman.**

   Si besoin, diminuez ou augmentez la taille de la police soit en cliquant sur les petites flèches situées à droite de la valeur de la taille, soit en saisissant directement sa valeur dans ce champ.

   Maintenant, modifiez la représentation même du titre.

8. **Choisissez un autre effet parmi les icônes de l'onglet Standard.**

   Pour cette vidéo, optons pour un texte dégradé avec effet de relief, comme 07-01.

   Le numéro de l'effet apparaît quand vous laissez le pointeur de la souris sur l'icône pendant une seconde.

9. **Cliquez sur l'onglet Personnalisé pour modifier les paramètres de l'effet appliqué au texte.**

   Ici, laissez faire votre sens artistique. Vous pouvez rendre les caractères plus flous, augmenter l'épaisseur du contour noir, changer la couleur des caractères et/ou de la bordure, atténuer celle-ci, décaler l'ombre et modifier sa direction.

   Vous ne pouvez modifier ces paramètres que si le texte est sélectionné dans sa zone !

10. **Cliquez sur OK pour appliquer ce nouveau titre à la vidéo.**

L'aspect du titre est défini. Il faut maintenant le positionner correctement, définir sa durée, et tenter de le faire apparaître progressivement :

1. **Glissez-déposez l'élément à son nouvel emplacement.**

   Comme nous envisageons de le faire apparaître progressivement, placez-le au début du film. Jouez sur sa longueur pour en définir la durée, exactement comme un clip vidéo ordinaire. (Figure 11.32.)

Figure 11.32 : Positionnement du titre.

L'apparition progressive du titre procède d'une astuce dont je vous fais cadeau. Elle impose d'utiliser un effet de transition.

2. **Ouvrez l'album des transitions.**

3. **Glissez-déposez la transition Fondus devant l'élément du titre.**

TRUC

C'est ça l'astuce ! Placer le fondu dans la piste de titre et non pas dans la piste des clips ! (J'ai bien dit Fondus pas Fondu enchaîné.)

Vous obtenez une configuration de montage semblable à celle de la Figure 11.33.

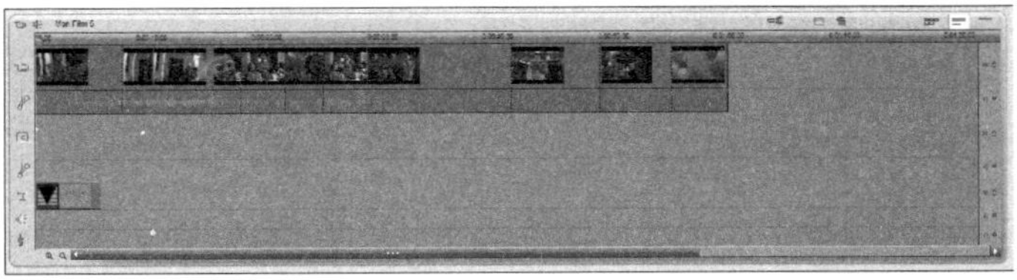

Figure 11.33 : L'apparition progressive d'un titre est aussi simple que cela !

4. **Lancez la lecture ou faites glisser la tête de lecture sur les différents éléments du montage.**

Le titre apparaît progressivement !

5. **Pour faire disparaître progressivement le titre, placez un effet de fondu de l'autre côté de l'élément de titre, comme sur la Figure 11.34.**

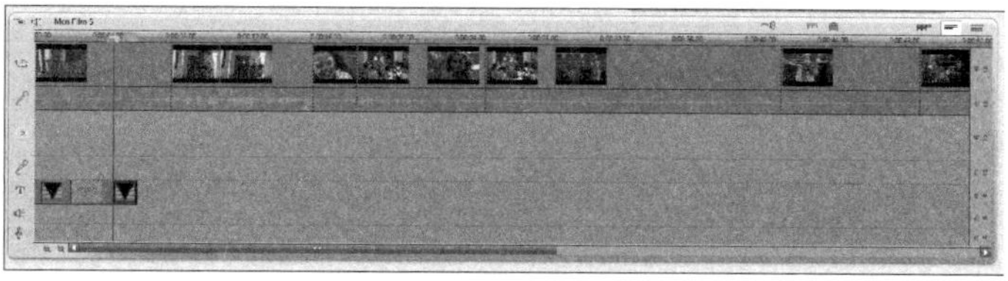

Figure 11.34 : Apparition et disparition progressives d'un titre.

Un titre de début peut comporter de nombreuses mentions comme le nom des acteurs et du réalisateur. Créez autant de titres que le nécessite votre sujet, et placez-les sur la piste de titre. Ajoutez ou non des effets, et surtout explorez toutes les possibilités de l'éditeur de titre que nous ne pouvons malheureusement pas traiter dans un ouvrage global sur la vidéo numérique.

Votre montage est presque terminé. Vous y trouvez un titre, des transitions, il ne reste plus qu'à ajouter un générique de fin.

Générique

Tout film se doit de rendre hommage à ceux qui y ont participé. Ces diverses informations et remerciements sont consignés dans un générique très traditionnel qui consiste à faire défiler du texte sur un fond noir ou une image, et pourquoi pas une séquence vidéo. Voici comment créer un générique digne des grands studios de postproduction vidéo et cinéma :

1. **Dans la Fenêtre du film, cliquez sur l'icône d'ouverture de la Boîte à outils vidéo.**

2. **Cliquez sur l'icône T de cette boîte à outils.**

Vous accédez à une autre forme de l'éditeur de titre représenté sur la Figure 11.35. Il va permettre de créer un générique déroulant comme au cinéma.

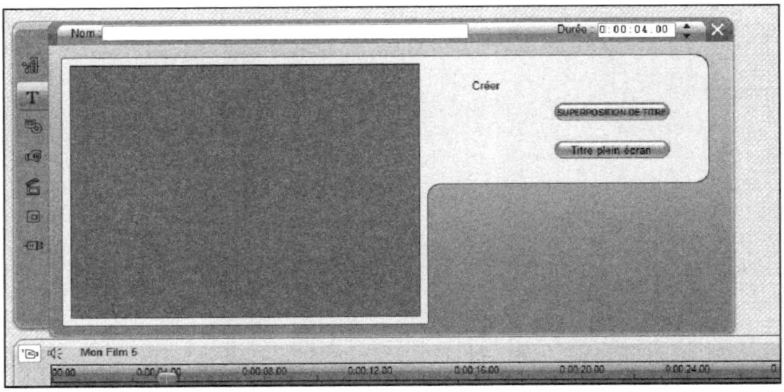

Figure 11.35 : L'éditeur de titre qui permet de définir un générique déroulant.

3. **Cliquez sur le bouton Titre plein écran.**

   Vous accédez alors à l'éditeur de titre standard mais configuré pour définir un titre ou un générique sur fond noir et qui prendra place sur une piste de séquences et non dans la piste de titre.

4. **Saisissez le texte du générique et cliquez sur l'icône Déroulant symbolisée par une flèche dirigée vers le haut.**

   Comme sur la Figure 11.36, n'hésitez pas à sauter des lignes pour aérer le générique. Définissez une taille et une police appropriées. Comme le générique déroule sur un fond noir, sélectionnez une couleur de caractère gris clair plutôt que blanche qui aveugle toujours le spectateur. Paramétrez vos préférences dans l'onglet Personnalisé de l'éditeur de titre.

5. **Validez le titre en cliquant sur OK.**

   Paramétrez sa durée en étirant ses bords vers la droite ou la gauche. Pour définir une durée précise, double-cliquez sur le générique et saisissez une durée dans le champ Durée de l'éditeur du déroulant. Validez la modification en cliquant su OK.

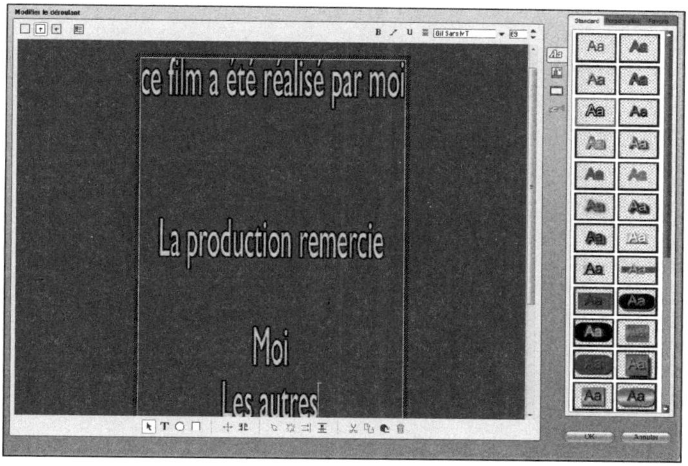

Figure 11.36 : L'éditeur de titre d'un générique déroulant.

Voilà ! Le générique est fait. Contemplez-le en lançant la lecture de la vidéo. Comme tout est correct, vous devez maintenant créer le film pour l'enregistrer sur un des supports proposés par Pinnacle Studio.

Créer le film sous Pinnacle Studio

Créer un film consiste à définir sa destination c'est-à-dire le support sur lequel il sera enregistré. Ici, nous allons détailler la procédure d'enregistrement d'un montage sur cassette MiniDV SD ou HD. En effet, vous enregistrez en DV standard si votre caméscope est purement de type MiniDV, et en HD si le caméscope est de type HD enregistrant sur bande MiniDV (tout ceci étant expliqué au début de cet ouvrage). Cliquez sur le bouton 3 Créer film pour accéder aux supports proposés par défaut. Vous affichez l'interface de création représentée sur la Figure 11.37. Vous avez le choix entre :

- **Disque :** Pour créer un film qui sera enregistré sur CD-R en qualité VCD ou SVCD, ou sur DVD-R en qualité DVD. Les trois formats sont lisibles sur la plupart des lecteurs DVD vidéo de salon fabriqués depuis 2002. Vous avez maintenant la possibilité de graver un DVD HD ou un

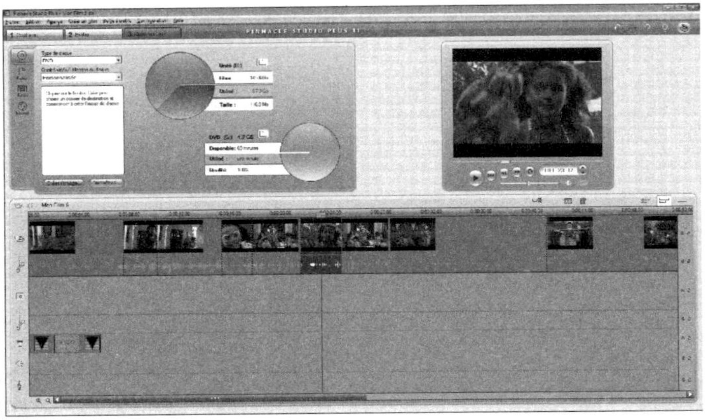

Figure 11.37 : Créer un film dans Pinnacle Studio.

disque AVCHD compatible Blu-ray. Bien entendu, ceci n'est possible que si vous possédez un graveur haute définition. (Il existe une exception mais dont l'étude dépasse le cadre de ce livre.)

- **Fichier :** Crée un fichier vidéo dont le format dépend des paramètres définis. Ce fichier peut consister en une vidéo numérique au format DV, une vidéo destinée au multimédia ou à des systèmes de montage virtuel aux sorties analogiques. Le fichier résultant est alors exploitable dans n'importe quel logiciel de montage virtuel.
- **Bande :** Ici, Studio calcule le film et l'enregistre sur le disque dur avant de l'envoyer vers le caméscope pour l'enregistrer sur bande. Nous verrons cela en détail dans la prochaine section.
- **Internet :** Crée un film téléchargé automatiquement sur le site de diffusion en streaming Yahoo! Video.

Comme je l'ai dit en préambule, voyons comment créer un film destiné à un enregistrement pour la vidéo.

Bande

L'idée qui se cache derrière cette option est fort simple : vous capturez des séquences. Elles sont organisées et montées dans

Studio, et vous désirez tout naturellement enregistrer le film sur une cassette MiniDV pour ne rien perdre de la qualité numérique inhérente à la vidéo informatique et aux caméscopes numériques.

Cette bande, en fonction de votre matériel et de la source du montage (SD ou HD) sera de type MiniDV SD ou MiniDV HD.

Nous partons du principe que la connexion IEEE 1394 entre votre carte d'acquisition et le caméscope est parfaitement réalisée.

Voici comment transférer un montage sur bande vidéo numérique :

1. **Cliquez sur 3 Créer Film.**
2. **Cliquez sur Bande.**
3. **Dans la liste Type de sortie, choisissez Caméscope DV.**
4. **Dans la liste Lecteur choisissez le nom de votre caméscope.**

   Normalement, ce simple choix configure un enregistrement de votre montage sur bande DV dans une résolution standard PAL de 720 x 576, et à une cadence de 25 ips.

5. **Cliquez sur Créer.**

   Studio lance le calcul du rendu du film dans un fichier temporaire. La durée de ce rendu dépend de la vitesse de votre ordinateur, de la complexité et de la durée du montage. Plus il y a d'effets, plus le rendu est long. Patientez !

6. **Une fois le rendu terminé, cliquez sur le bouton Lecture du Lecteur.**

   Cette fois le caméscope passe en mode enregistrement. La lecture du fichier temporaire commence. Studio envoie les images au port IEEE 1394 qui lui-même les transmet au caméscope qui lui-même les enregistre sur bande. Dès que la dernière image du montage est lue, Studio arrête l'enregistrement.

7. **Contrôlez la qualité de l'enregistrement en lisant la bande vidéo de votre caméscope.**

Félicitations ! Vous savez mener de bout en bout un projet dans Pinnacle Studio 11, un logiciel vraiment à la portée de tous. Nous n'avons pu, dans un ouvrage générique sur la vidéo numérique, traiter tous les aspects de ce programme riche et prometteur. Nous espérons que des ouvrages spécialisés sortiront sur le sujet pour que vous exploitiez pleinement les possibilités du montage virtuel sous Pinnacle Studio.

Quatrième Partie

Diffuser vos vidéos

"J'ai trouvé ces deux-là en salle multimédia en train de mettre en ligne un montage dans lequel les professeurs étaient transformés en animaux de ferme."

Dans cette partie...

Lorsque le montage d'une vidéo est terminé, vous devez la diffuser. Le numérique offre de multiples possibilités allant de l'enregistrement sur une cassette analogique ou numérique à la gravure d'un DVD vidéo, en passant par une diffusion sur Internet.

Chapitre 12

Exporter les séquences

Dans ce chapitre :

- Exporter de la vidéo vers une bande magnétique.
- Exporter de la vidéo vers un CD-ROM.
- Exporter de la vidéo vers le Web.
- Exporter de la vidéo dans un courrier électronique.

Exporter une séquence signifie que vous transformez le montage en un fichier vidéo exploitable par tous. En d'autres termes, inutile de posséder un logiciel de montage virtuel comme le vôtre pour apprécier la vidéo montée. L'exportation implique quelques interventions sur le fichier, notamment sa résolution et son type de compression. Ces deux éléments doivent être considérés avec soin pour augmenter les chances de lire la vidéo finale sur un maximum de matériels, ordinateurs, magnétoscopes, lecteurs de CD-ROM et lecteurs de DVD vidéo de salon. L'image, dans tous les cas de figure, s'affiche sur un écran, qu'il s'agisse de celui d'un moniteur ou d'un téléviseur.

Exporter une séquence sur une bande magnétique

N'OUBLIEZ PAS

La qualité de la vidéo numérique peut être comparable à celle de la télévision. C'est pourquoi, quand vous l'exportez depuis votre logiciel de montage, vous tenez autant que possible à conserver cette qualité. Ce n'est pas une mince affaire car, même dans les circonstances les plus favorables, la vidéo numérique exige beaucoup de ressources informatiques. Il est rarement rentable d'exporter la séquence dans un fichier non compressé, et cela pour deux bonnes raisons :

- **La taille du fichier :** Au moment de l'exportation, l'un des plus gros problèmes est celui de la taille du fichier vidéo. Dix minutes de vidéo numérique non compressée occupent plus de 2 gigaoctets sur le disque dur, soit plus de 6 Go pour un film d'une demi-heure. Il va de soi que le disque dur ne saurait être transformé en unité de stockage de fichiers vidéo, ou alors vous allez multiplier très rapidement le nombre de disques durs internes et externes de votre système informatique.
- **Le débit :** Il dépend de la vitesse à laquelle l'ordinateur traite les données, des capacités du système d'exploitation et de l'efficacité du logiciel. Lorsqu'il s'agit de vidéo numérique, il est exclu de jouer de la vidéo plein écran sur un ordinateur sans la carte d'acquisition requise (reportez-vous au Chapitre 8 pour en apprendre plus sur la préparation d'un ordinateur pour la vidéo numérique). La vidéo numérique non compressée est utilisée pour l'exportation vers un support d'enregistrement comme les bandes magnétiques. Enregistrer une vidéo non compressée dans votre disque dur serait aussi aberrant que de construire un voilier dans le sous-sol de votre maison.

Après avoir enregistré la séquence depuis le logiciel de montage ou les utilitaires de votre carte d'acquisition vidéo, le fichier obtenu est transportable vers n'importe quel autre ordinateur, sans perte de qualité audio ou vidéo.

TRUC

Je vous renvoie aux Chapitres 9, 10, et 11 pour apprendre à enregistrer sur bande MiniDV des montages respectivement réalisés avec Windows Movie Maker (sous Windows Vista), iMovie 8 (sous Mac OS X), Pinnacle Studio 11 (sous Windows Vista) et Premiere Pro CS3 (sous Windows Vista et Mac OS X).

Exporter des images sur CD-R

L'un des aspects les plus tentants de la vidéo est la possibilité de jouer les séquences sur l'ordinateur de quelqu'un d'autre. Dans cette section, vous découvrirez les limitations imposées par la compression de fichiers destinés à être gravés sur CD-R, ainsi que les solutions d'optimisation des fichiers.

Toutefois, limiter le CD-R à la gravure de fichiers vidéo relativement dénaturés est une restriction qui n'a plus cours. Aujourd'hui, la plupart des programmes de montage permettent de préparer des fichiers vidéo aux normes VCD et/ou SVCD. Elles permettent de lire des vidéos en plein écran à une cadence de 25 images par seconde avec un son qualité CD aussi bien sur le lecteur de CD-ROM d'un ordinateur que sur une platine DVD vidéo de salon.

CD-ROM multimédia

Quand des gens sont amenés à créer de la vidéo, ils s'arrangent pour qu'elle soit jouée par un logiciel de création multimédia, comme Microsoft PowerPoint. Le terme *multimédia* fait allusion à la possibilité de combiner de la vidéo, du son et du texte dans un fichier.

Du fait de leur taille pour le moins conséquente et des exigences de mémoire de la vidéo numérique, la plupart des programmes multimédias sont souvent stockés sur des CD-ROM mais de plus en plus sur des DVD. Lorsque vous exportez des séquences d'Adobe Premiere ou d'iMovie vers un autre ordinateur, rappelez-vous toujours que vous exportez de très gros fichiers.

Quand vous exportez un fichier depuis le logiciel de montage vidéo, c'est en espérant qu'il puisse être transféré dans un autre ordinateur et joué avec un logiciel comme PowerPoint. C'est effectivement possible, mais des problèmes peuvent néanmoins surgir. Ce chapitre explique comment exporter des séquences susceptibles d'être lues par les ordinateurs des autres et uniquement des ordinateurs !

Le CD-ROM est le support de prédilection du multimédia. En tant qu'auteur, vous pouvez graver les fichiers à l'aide d'un graveur de CD. Un CD enregistrable/réenregistrable est appelé CD-R/RW (*Compact Disc Recordable/Rerecordable*) ; il est lisible sur un lecteur de CD-ROM (*Compact Disc Read Only Memory*). Les graveurs de CD sont devenus abordables (moins de 50 euros), de même que les CD-R vierges (moins de 10 euros la boîte de dix). Un CD-ROM stocke de 650 Mo à 750 Mo de données. Longtemps cantonnée à 650 Mo, la norme semble désormais s'établir à 700 Mo.

Sur les CD-ROM, les vidéos sont généralement affichées à un taux de 15 images par seconde, ce qui représente une charge de travail moitié moindre, pour le microprocesseur, qu'un affichage à 25 images par seconde.

Microsoft AVI ou Apple QuickTime ?

Pour la plupart des applications multimédias, vous vous en tiendrez très souvent au choix entre deux formats : AVI ou QuickTime.

- **Microsoft AVI :** AVI sont les initiales de *Audio-Video Interleaved*, audio et vidéo entrelacés. Un fichier AVI se reconnaît à son extension *.avi*. Microsoft Windows est livré avec un logiciel spécial, le Lecteur de multimédia. Sous Windows Vista, cliquez sur le bouton Démarrer puis choisissez Tous les programmes/Lecteur Windows Media (d'une version à l'autre de Windows, le chemin d'accès à cet utilitaire varie légèrement). Le lecteur de média reconnaît et lit les fichiers dont l'extension est .avi. Une version gratuite pour le Macintosh est aussi téléchargeable depuis le site `www.microsoft.com`. Recherchez-la dans le Centre de téléchargement du site de Microsoft.
- **QuickTime :** QuickTime est aussi un lecteur de médias. Développé par Apple, il existe en versions Macintosh, Windows et UNIX, à condition que l'extension QuickTime ait préalablement été installée. Les fichiers QuickTime se reconnaissent à leur extension *.mov* (N.D.T. : un fichier .mov n'est pas nécessairement un fichier vidéo. Certains ne contiennent que du son). La Figure 12.1 montre l'interface de quickTime.

Figure 12.1 : L'interface de QuickTime.

Exporter vers un CD-ROM à partir de Pinnacle Studio 11

Si vous utilisez Pinnacle Studio, le principe d'exportation d'un montage en vue de le graver sur un CD-ROM lisible depuis n'importe quel ordinateur varie peu de la procédure étudiée pour Premiere. Vous disposez d'un vaste choix de paramètres de compression pour le multimédia :

1. **Une fois le montage terminé, cliquez sur Créer Film.**

   Vous accédez à l'interface de création d'un film en fonction du support de destination.

2. **Cliquez sur l'icône Fichier.**
3. **Dans la liste Type de fichier, choisissez AVI.**
4. **Dans la liste Préréglage, choisissez Personnalisée.**
5. **Cliquez sur Paramètres.**

Vous ouvrez ainsi l'onglet Créer un fichier de la boîte de dialogue Options de configuration de Pinnacle Studio, comme le montre la Figure 12.2.

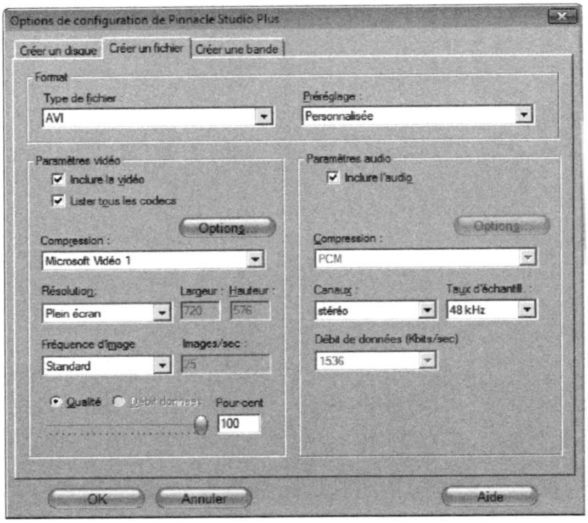

Figure 12.2 : Paramétrer l'exportation d'un montage pour un CD-ROM.

6. **Cochez les cases Inclure vidéo et Lister tous les codecs de la section Paramètres vidéo.**

7. **Cochez l'option Inclure l'audio de la section Paramètres audio.**

   TRUC

   Bien entendu, si vous ne souhaitez inclure que la vidéo ou que l'audio, décochez l'option qui ne vous sert pas.

8. **Dans la liste Compression, sélectionnez Codec Cinepack de Radius.**

9. **Saisissez de nouvelles dimensions et réduisez la cadence initiale.**

   TRUC

   Pour une vidéo destinée à une lecture sur CD-ROM, saisissez une dimension d'image de 320 x 240, et une cadence de 15 images par seconde.

   TRUC

   Pour déterminer ces valeurs, choisissez Personnalisée dans les listes Résolution et Fréquence d'image.

TRUC

Réduisez également la qualité audio. Un format PCM en 16 bits mono avec une fréquence d'échantillonnage de 32 kHz est largement suffisant.

Vous obtenez une boîte de dialogue dont les paramètres sont illustrés à la Figure 12.3.

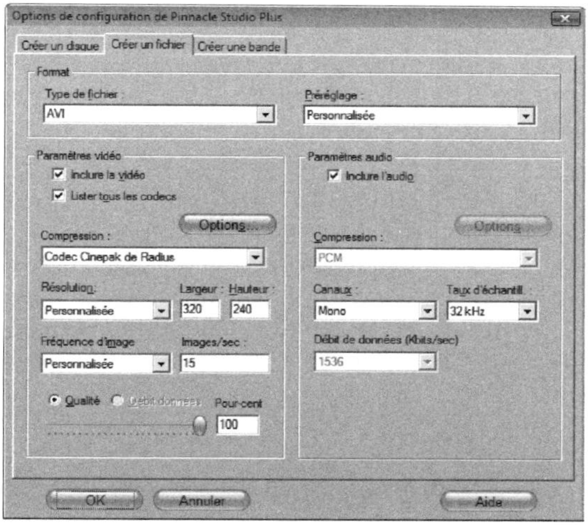

Figure 12.3 : Paramètres d'exportation pour un CD-ROM.

10. **Cliquez sur OK pour revenir à l'interface d'exportation de Studio.**

Comme le montre la Figure 12.4, l'interface indique les paramètres de compression sélectionnés.

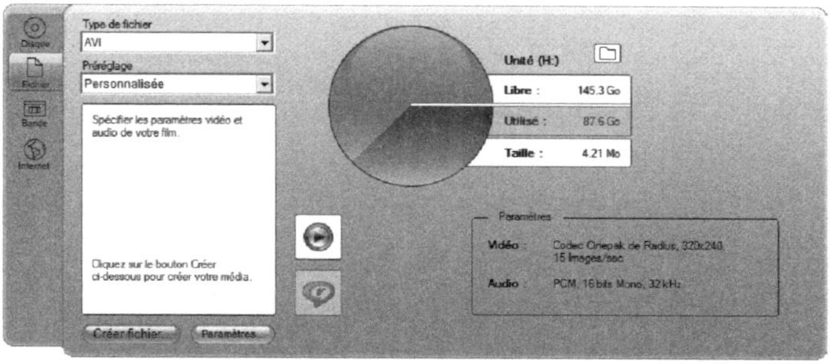

Figure 12.4 : L'interface de création d'un fichier AVI permet de contrôler que vous avez choisi le bon codec.

11. **Cliquez sur le bouton Créer un fichier.**

12. **Dans la boîte de dialogue Enregistrer le fichier sous, localisez le lecteur et/ou le dossier de stockage du fichier AVI compressé ainsi généré. Assignez-lui un nom comportant celui du codec utilisé pour mieux l'identifier ultérieurement, puis cliquez sur OK.**

    Studio crée un film AVI au format Cinepack Codec. Une fois le fichier AVI créé, insérez-le dans une application multimédia ou gravez-le sur CD-R avec votre logiciel de gravure préféré.

    Après gravure sur un CD-R, contrôlez la lecture avec le Lecteur Windows Media ou tout autre lecteur supportant les fichiers AVI comme RealOne Player. Si la lecture est incorrecte, redéfinissez les options de compression soit en diminuant la cadence de lecture, soit en diminuant la compression audio. En revanche, je ne vous conseille pas de définir une taille d'image inférieure à 320 x 240.

Exporter une séquence depuis Movie Maker

Movie Maker est un logiciel devenu intuitif comme en témoigne l'étude que nous en faisons au Chapitre 9. D'aucuns pourraient estimer qu'il manque de fonctions, mais il n'en permet pas moins d'exporter des séquences destinées au stockage sur le disque dur, à la gravure sur CD ou sur DVD, à la diffusion sur Internet, ou à l'enregistrement sur bande vidéo numérique et analogique. Procédez comme suit pour exporter sur CD une séquence depuis Movie Maker :

1. **Avant d'enregistrer la séquence, sauvegardez le projet en cliquant sur Fichier/Enregistrer le projet.**

2. **Dans le volet des tâches, cliquez sur le lien CD-R inscriptible de la tâche Publier, comme à la Figure 12.5.**

    Ceci démarre l'assistant Publier un film.

    Normalement, Movie Maker détecte le graveur et permet d'enregistrer votre vidéo sur CD-R.

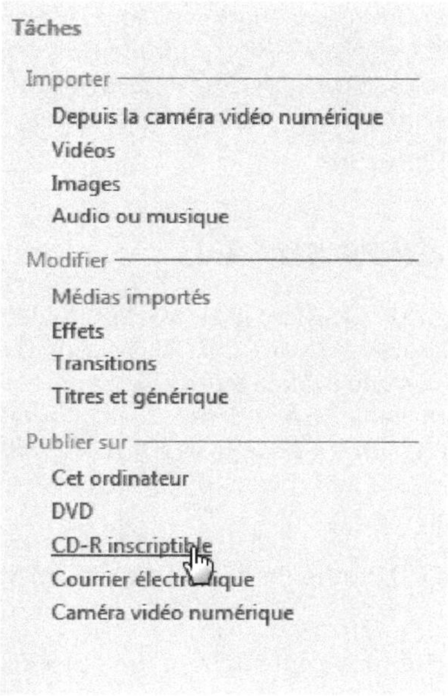

Figure 12.5 : La gravure d'un CD est très simple depuis Windows Movie Maker.

3. **A la demande de l'assistant, insérez un CD vierge dans votre lecteur, et cliquez sur Suivant.**
4. **Donnez un nom au fichier et au disque, et cliquez sur Suivant.**
5. **Choisissez le type de compression.**

   Ici vous pouvez conserver le préréglage par défaut qui compresse le film dans la meilleure qualité possible, ou bien le personnaliser par un clic sur Autres paramètres.

   TRUC

   Tant que la compression choisie génère un fichier qui dépasse la capacité de stockage du disque, le bouton Publier reste inaccessible.

6. **Cliquez sur Publier.**

   Movie Maker produit une vidéo à partir de votre projet (ce processus est appelé *rendu*).

Les fichiers vidéo produits par Windows Movie Maker sont au format WMV. Pour les visionner, votre public doit posséder Windows Player version 6 ou supérieure (nous en sommes déjà à la version 11). Il existe des versions de ce logiciel pour Windows et Macintosh.

Enregistrer les vidéos sur CD

Votre lecteur-graveur de CD-R est livré avec un logiciel qui permet de réaliser la gravure sur CD-ROM. Si vous recherchez d'autres logiciels de gravure, allez sur un site comme `www.01net.com` ou sur celui de Nero (`www.nero.com`). Pour les ordinateurs Mac, faites un tour sur le site Roxio à `www.roxio.fr/fra/store/mac.html`. Quand vous enregistrez un CD, vous devez penser à plusieurs choses :

- La plupart des CD contiennent désormais 700 Mo de données.
- Les CD réinscriptibles sont souvent limités à 650 Mo.
- Achetez vos CD-R en vrac. Ils sont moins chers par 50 ou par 100. Mais il vous faudra acheter les boîtiers ou les étuis séparément.
- Quand vous enregistrez un CD sur un Macintosh, assurez-vous d'avoir formaté le CD de manière à ce que les destinataires y aient accès. Si vous envisagez de le partager uniquement avec des utilisateurs de Macintosh, vous pouvez sélectionner l'option "Volume Macintosh" dans le logiciel de gravure. Mais si vous tenez à ce que les utilisateurs de Windows puissent eux aussi le lire, vous devez choisir l'option "Mac/PC".

Préparer la vidéo pour le Web

Si vous êtes comme moi, vous aurez sans doute fait les frais de cette étrange relation d'amour et de haine que tout auteur de vidéo numérique entretient avec le Web. Cette tumultueuse liaison se nourrit de grandes promesses et de déprimantes déceptions.

Je passe pas mal de temps, pendant les week-ends, à écumer le Web et à m'énerver à cause de tout ce qu'il pourrait m'apporter et qu'il est incapable de fournir. La vidéo sur le Web est l'épicentre de ma relation d'amour et de haine.

Dans cette section, je vous expliquerai comment placer de la vidéo dans le Web. Et je m'efforcerai de vous éviter les affres auxquelles vous vous exposez si vous tentez d'obtenir l'impossible. Le Web est devenu un moyen de diffusion des vidéos tout à fait incroyable.

La préparation de la vidéo pour le Web implique de gros compromis au niveau de la qualité (autant que faire se peut). Vous pouvez dès maintenant donner une vidéo à voir au monde entier, via la "grande toile mondiale". Et vous la créez essentiellement par deux moyens : le premier consiste à produire un fichier AVI, QuickTime, RealVideo, WMV (Windows Media), ou MPEG. Des lecteurs gratuits sont téléchargeables, à la fois pour Windows et pour Macintosh. L'autre moyen consiste à encoder un fichier vidéo pour une visualisation à la demande. Reportez-vous à la section "La vidéo en flux continu" pour en savoir plus sur cette technique.

Un moyen de placer de la vidéo sur le Web consiste tout simplement à l'y stocker. Par stocker, je veux dire qu'il vous est possible de créer et exporter une séquence à partir de votre logiciel de montage, de la mettre sur votre site Web et de créer une page Web qui permet aux visiteurs de télécharger le fichier sur un ordinateur. Ou plus simplement, vous pouvez attacher le fichier vidéo à un message comme pièce jointe. Les fichiers vidéo, notamment ceux au format AVI et QuickTime, ont toutefois tendance à être très gros ; beaucoup de gens ne sont pas disposés à télécharger pendant une heure une vidéo qui ne dure que dix secondes.

En ce qui concerne la vidéo sur le Web, l'une des décisions les plus importantes est aussi la plus pénible : vous devez définir qui pourra et qui ne pourra pas regarder le film. Cette décision dépend de la vitesse du modem et des connexions Internet. Quelques considérations techniques doivent être prises en compte :

- Quoi que vous fassiez, de nombreux internautes ne pourront pas voir votre vidéo. Car, pour en profiter, ils doivent être équipés d'un modem à 56 Kbps (kilobits par seconde) et surtout avoir leur navigateur Web à niveau. Explorer 6 et supérieur est recommandé et le système d'exploitation doit posséder des capacités multimédias.
- Vos visiteurs désirent-ils avoir du son mono ou stéréo ? Ce n'est certes pas d'une importance cruciale, mais la taille du fichier en dépend. Chaque fois que vous améliorez une des composantes de la vidéo, vous augmentez corrélativement la taille du fichier. Et plus il est gros, plus il est long à placer sur le Web, et long à télécharger pour les visiteurs.

Placer une vidéo sur le Web

Les quatre programmes étudiés dans cet ouvrage permettent de préparer des vidéos qui seront publiées sur le Web.

Exporter de la vidéo sur le Web avec iMovie 8.0

La procédure est aussi simple que linéaire :

1. **Cliquez sur Partage/Exporter le film.**

   Vous accédez à un assistant visuel d'exportation illustré à la Figure 12.6.

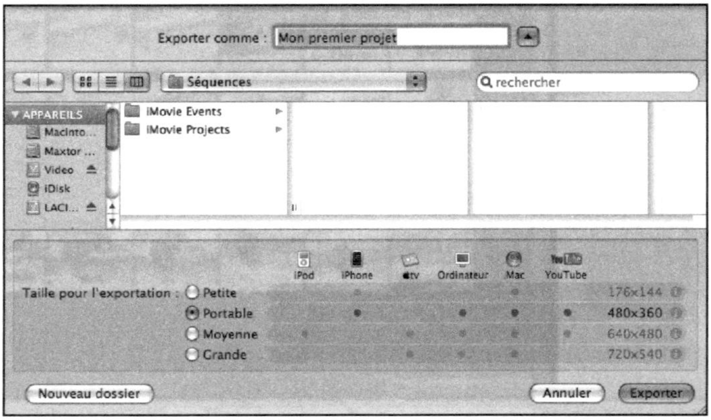

Figure 12.6 : Exporter pour le Web avec iMovie 8.

2. **Choisissez une des options qui permet de créer un fichier utilisable sur Ordinateur et sur YouTube.**

   Il ne s'agit que d'une indication de compression. Rien ne vous oblige à publier la vidéo sur YouTube.

3. **Donnez un nom au fichier, et indiquez un emplacement de stockage.**

4. **Cliquez sur Exporter.**

   La compilation commence ! Vous en suivez la progression dans une boîte de dialogue dédiée.

Si vous possédez un compte sur YouTube, ou si vous envisagez d'en créer un, vous pouvez publier directement votre film sur ce site. Il suffit alors de cliquer sur Partage/YouTube. Indiquez toutes les informations nécessaires à la publication de votre film.

Exporter de la vidéo sur le Web avec Pinnacle Studio

L'exportation d'un montage vidéo pour le Web reprend la philosophie de création d'un film propre à Pinnacle Studio, c'est-à-dire :

1. **Dans l'interface de Pinnacle Studio, cliquez sur Créer Film.**

2. **Cliquez sur Fichier.**

3. **Dans la liste Type de fichier, choisissez Real Media (Figure 12.7).**

   Cela signifie que votre montage va être compressé en un fichier lisible en streaming (temps réel) depuis un site Web.

   Vous pouvez aussi créer des fichiers au format Windows Media

4. **Cliquez sur Paramètres.**

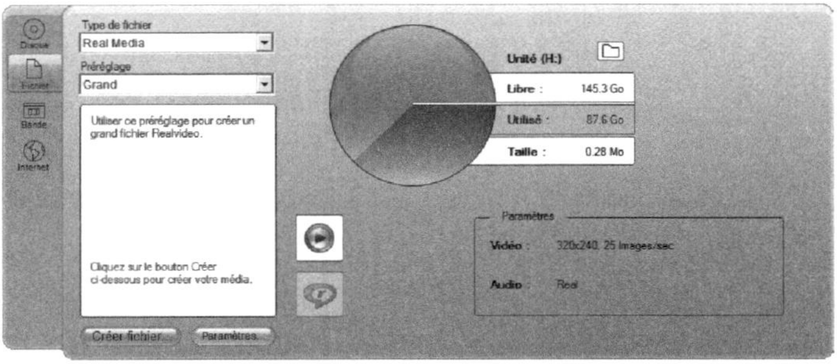

Figure 12.7 : Création d'un fichier Real Media pour une publication sur Internet.

Vous accédez au contenu de l'onglet RealVideo de la boîte de dialogue Options de configuration représentée à la Figure 12.8.

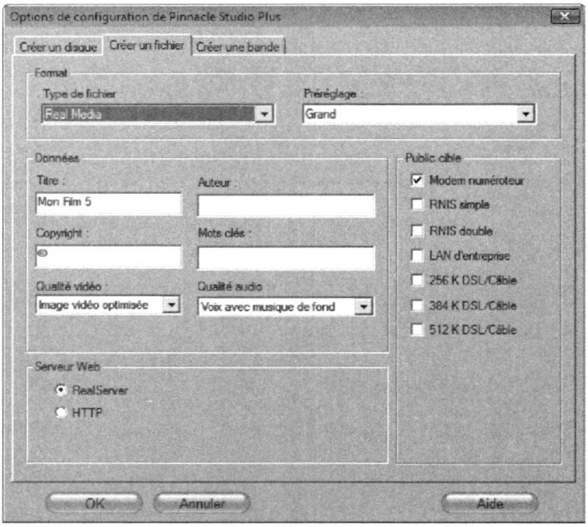

Figure 12.8 : Définissez les paramètres d'encodage du futur fichier RealVideo.

5. **Dans la section Public cible, activez Modem numéroteur.**

   Vous êtes alors certain que la vidéo sera accessible au plus grand nombre.

TRUC

Si vous ciblez un public équipé en connexion haut débit, choisissez une des options DSL/Câble. La qualité de l'image et du son n'en sera que meilleure.

6. **Dans la liste Préréglage, choisissez Moyenne.**

   Vous pouvez également remplir les champs Titre, Auteur, Copyright, Mots clés, avec les informations de votre choix.

   En l'état actuel de notre étude succincte, ne touchez pas au paramètre par défaut Qualité vidéo et Qualité audio.

7. **Activez le paramètre HTTP de la section Serveur Web.**

   En effet, je ne pense pas qu'en tant qu'amateur vous soyez hébergé par un serveur Real.

8. **Cliquez sur OK.**

   Vous voici de retour dans l'interface de création du film.

9. **Cliquez sur le bouton Créer un fichier.**

   La boîte de dialogue du même nom apparaît. Nommez le fichier vidéo. Vous remarquez qu'il porte l'extension .rm typique des fichiers en streaming RealMedia.

10. **Cliquez sur OK.**

    L'encodage RealVideo commence.

    Une fois terminé, lancez la lecture du fichier .rm dans RealOne Player ou tout autre lecteur Real plus ancien.

    Si Real Player n'est pas installé sur votre ordinateur, téléchargez-le gratuitement sur le site Web `http://fr.real.com/player/`.

La publication sur le Web d'un tel fichier relève des procédures d'insertion de fichiers médias dans des programmes comme DreamWeaver ou avec un simple utilitaire FTP. Des informations complémentaires sont données dans la section "Placer une vidéo sur sa page Web personnelle", un peu plus loin dans ce chapitre.

Envoyer une vidéo par courrier électronique

Le courrier électronique est un moyen efficace et rapide d'envoyer une vidéo à quelqu'un ou à un groupe de personnes.

Vous pouvez l'envoyer comme pièce jointe, si votre logiciel de messagerie sait le faire et si votre compte le permet. Windows Movie Maker facilite encore plus les choses en prenant en charge toutes les opérations.

Dans Windows Movie Maker :

1. **Dans la section Publier du volet Tâches, cliquez sur le lien Courrier électronique.**

   L'Assistant d'enregistrement entre en action. Il effectue le rendu du film dans l'optique d'un envoi en tant que pièce jointe d'un courrier électronique (e-mail).

   Une fois l'encodage terminé, vous pouvez soit lire la vidéo, soit l'enregistrer sur le disque dur. Sinon, poursuivez la procédure pour l'envoyer en tant que pièce jointe.

2. **Cliquez sur Suivant.**

   Windows Movie Maker ouvre votre programme de gestion des messages électroniques, par exemple Outlook Express sous Windows XP et Windows Mail sous Windows Vista.

   Le fichier apparaît en tant que pièce jointe. Il s'agit d'un fichier compressé au format WMV.

3. **Indiquez le destinataire du message dans le champ adéquat de votre gestionnaire d'e-mail.**

4. **Saisissez votre message.**

5. **Cliquez sur le bouton Envoyer (ou assimilé).**

6. **Envoyez le courrier comme vous le faites habituellement.**

   Plus assisté que cela tu meurs !

Placer une vidéo sur sa page Web personnelle

Supposons que vous ayez de la place de libre sur le serveur qui héberge votre site Web personnel et que vous brûliez d'impatience d'y transférer votre vidéo afin que quiconque puisse la voir. Comment ferez-vous ? Vous avez deux options :

- Créer une page HTML (*HyperText Markup Language*, langage de description de page hypertexte) à l'aide d'un éditeur de texte puis placer la page sur un serveur Web à l'aide d'un logiciel FTP (*File Transfert Protocol*, protocole de transfert de fichier) client.
- Utiliser un éditeur de pages Web comme Dreamweaver (`www.adobe.fr`). Tous ces logiciels facilitent au maximum la création et la mise sur le serveur des pages Web.

La seconde option est de loin la meilleure, bien que la création d'une page HTML simple ne soit pas si difficile : pour peu que vous ayez un ordinateur, vous avez tous les outils requis. Dans Windows Vista, cliquez sur le menu Démarrage puis sur Tous les programmes/Accessoires/Bloc-notes. Sur un Mac, déroulez le menu Pomme puis choisissez Applications/TextEdit. Saisissez ensuite ceci :

```
<HTML>
<HEAD>
<TITLE> Mes vid&#233o en ligne</TITLE>
</HEAD>
<BODY>
<H1>Mes vid&#233o en ligne</H1>
<P>Cliquez sur le titre pour visionner la vid&#233o.</P>
<P><A HREF="Mariage.wmv">La vid&#233o de mon mariage</A></P>
</BODY>
</HTML>
```

C'est de l'HTML pur et dur. Il a l'air un peu compliqué mais, saisi sous cette forme, vous ouvrirez un fichier vidéo dans n'importe quel navigateur Web, y compris Internet Explorer, Netscape et Opera. Ce que vous modifierez, c'est le fichier spécifié dans le lien hypertexte qui commence par `<A HREF="Mariage.wmv">`. Vous remplacerez le fichier *Mariage.wmv* par le nom de votre propre vidéo. Rappelez-vous aussi qu'un lien rédigé de cette façon suppose que le fichier HTML que vous venez de taper et le fichier de la vidéo se trouvent dans le même dossier, sur le serveur Web. Si vous placiez la vidéo dans un sous-dossier nommé MesFilms, le lien hypertexte devrait être écrit sous la forme `<A HREF="MesFilms/Mariage.wmv">`.

Une fois la saisie du fichier HTML terminée, enregistrez-le avec une extension .html ou .htm. Vous pouvez par exemple l'appeler FILMS.HTML.

Après avoir préparé le fichier HTML et la vidéo, vous devez les placer sur le serveur Web. La procédure de transfert change d'un serveur à un autre et toutes sont relativement compliquées. Certaines se font avec un logiciel FTP client comme WS_FTP for Windows (`www.ipswitch.com`) ou, pour les possesseurs de Macintosh, avec Fetch (`http://fetchsoftworks.com/`). Informez-vous auprès de votre fournisseur d'accès Internet pour savoir comment charger des fichiers sur son serveur. Il doit aussi être en mesure de vous donner des indications concernant les noms de fichier.

Ce n'est pas avec ce que nous venons d'expliquer que vous créerez une somptueuse page Web, mais vous avez au moins une idée de ce qu'est un fichier HTML, un client FTP, toutes choses qui ne sauraient être approfondies dans le cadre de cet ouvrage. Vous pourrez en savoir plus en lisant *Créez des pages Web pour les Nuls*, de Bud Smith et Arthur Bebak, paru chez First.

La vidéo en flux continu

Le téléchargement depuis le Web en flux continu est une solution séduisante. Appelée aussi *streaming*, cette technique permet à une vidéo d'être affichée sur l'écran avant même qu'elle ait fini d'être téléchargée, ce qui est très agréable pour le visiteur, qui n'a plus à patienter. Sur Internet, les médias de streaming les plus connus sont actuellement RealVideo et RealAudio, qui utilisent les formats de Real Networks (`www.real.com`). Les outils de développement de RealVideo sont malheureusement très coûteux et vous ne pouvez les exploiter pleinement si vous n'êtes pas propriétaire d'un serveur Web tournant à temps complet.

Chapitre 13

L'univers du DVD, du Blu-ray, et du DVD-HD

Dans ce chapitre :

- Les principes du DVD.
- Créer des VCD, SVCD, et des DVD.
- Graver des DVD.
- Créer un DVD avec Pinnacle Studio 11.

Monter vos vidéos dans un contexte numérique devrait vous inciter à ne jamais le quitter, surtout pour diffuser vos œuvres. Le prix des graveurs de DVD (on en trouve à moins de 30 euros en version interne) doit vous conduire à sortir vos films non plus sur cassette, mais bel et bien sur un DVD vidéo que vous lirez sur votre lecteur de DVD de salon.

Vous verrez à quel point il est magique de sortir le disque du graveur, de l'insérer dans le lecteur, et de contempler votre superbe travail.

Ce chapitre montre comment diffuser des vidéos sur DVD. Si vous possédez un simple graveur de CD, vous constaterez qu'il est également possible, en conservant une bonne qualité, de créer des VCD ou des SVCD diffusables sur un lecteur de DVD compatible.

Les principes du DVD

Les films sur DVD ont fait l'apparition au milieu des années 90. Dans le cœur et dans les foyers, les lecteurs de DVD supplantent progressivement les magnétoscopes. Cela tient au fait que la qualité d'image et de son est exceptionnelle. De plus, le support étant optique, les films ne se détériorent pas au fur et à mesure qu'on les regarde. Ce support ne subit pas la mauvaise influence des champs magnétiques qui finissent par abîmer le contenu de vos cassettes VHS.

L'inconvénient majeur du DVD face à la cassette VHS est que son enregistrement est encore complexe. Mais de cet inconvénient découle un avantage qu'on ne saurait avoir sur une cassette : l'interactivité. Avec de petits moyens, il est possible de créer un DVD contenant des menus comme ceux des professionnels de la vidéo diffusion. Pinnacle Studio 11 est orfèvre en la matière pour qui n'a pas d'énormes exigences dans ce domaine.

Bien sûr, vous pourriez vous orienter vers l'enregistreur de DVD de salon. Il est possible d'enregistrer en temps réel le contenu de vos cassettes MiniDV (ou autre) sur un DVD, mais aussi vos programmes télé. Mais, dans ce cas, vos vidéos ne sont ni montées, ni sonorisées, et ne peuvent bénéficier d'un menu et/ou de bonus dignes de ce nom.

Se préparer au DVD

Si votre objectif est de copier vos vidéos sur cassette VHS, vous n'avez pas besoin d'un ordinateur. En revanche, si vous désirez créer de vrais DVD vidéo, il va falloir vous équiper correctement. Pour faire de la vidéo numérique avec diffusion sur DVD vous devez posséder :

- **Un graveur de DVD :** Pour une vingtaine d'euros (modèles d'entrée gamme) jusqu'à environ 80 euros (pour les modèles externes), vous pouvez équiper votre ordinateur d'un graveur de DVD. Il remplacera sans problème votre graveur de CD car, souvent en informatique, qui peut le plus peut le moins. Donc si votre graveur enregistre des

DVD, il est capable d'enregistrer des CD. Les graveurs se connectent sur un port IDE de l'ordinateur, vous trouverez des modèles externes de type USB 2.0 et FireWire. Bien qu'il existe aujourd'hui des graveurs universels qui acceptent n'importe quel type de DVD enregistrable, je vous conseille de veiller à ce que le vôtre supporte les DVD+R/+RW qui ont une compatibilité plus étendue avec les lecteurs DVD de salon.

- **Des DVD vierges :** Un DVD vierge ressemble à un CD. La grande différence est qu'il accepte jusqu'à 4,7 Go de données, soit 60 minutes de vidéo en pleine qualité numérique, et jusqu'à 2 heures en qualité légèrement diminuée mais bien meilleure que celle du VHS. Si vous gravez sur des disques doubles couches, vous multipliez par deux ces valeurs. Le seul problème est, qu'en France, un DVD+R ou -R, voir -RW et +RW reste cher. Si vous n'avez pas peur d'acheter sur Internet, et au prix actuel de l'euro par rapport au dollar, faites vos emplettes aux USA. La tendance est à une nette baisse des prix du DVD vierge. Consultez les magasins en ligne ou votre grande surface. Même si je ne peux pas me permettre d'indiquer un prix, sachez qu'au-delà de 3 euros le disque vierge, changez de crémerie.

- **Un logiciel de gravure de DVD :** Il s'agira plus spécifiquement d'un programme dit d'*authoring DVD* qui permet à la fois de créer l'interface du DVD (les menus) et d'en graver le contenu. Sur Mac, vous disposez d'un utilitaire propriétaire appelé iDVD. Sur PC, le choix est bien plus vaste et dépend du programme de montage virtuel que vous utilisez. Par exemple, de nombreuses solutions de l'éditeur Pinnacle sont livrées avec le programme de montage et d'authoring DVD Studio 11. Les utilisateurs de Premiere Pro CS3 profiteront de Adobe Encore DVD CS3. Les utilisateurs de Windows Vista pourront graver des DVD grâce au nouveau programme Création de DVD Windows, gracieusement livré avec certaines versions de ce système d'exploitation.

Les logiciels d'encodage de DVD proposent généralement des outils de création de menus. Les menus permettent à l'utilisateur de consulter différentes sections du disque, d'accéder directement à des scènes, ou de lire des bonus. La Figure 13.1 montre un menu réalisé avec un tel programme.

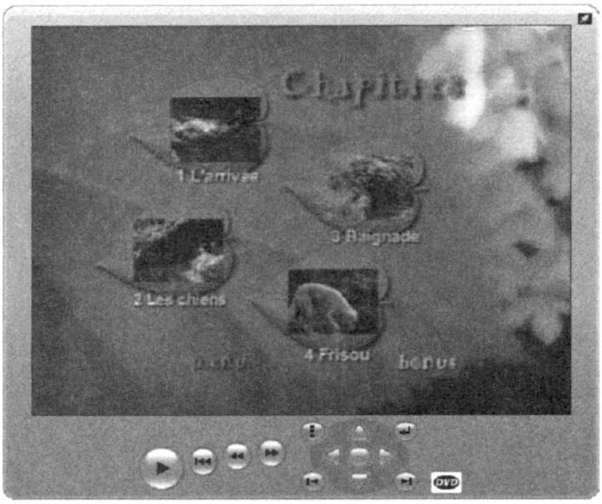

Figure 13.1 : Un programme d'authoring DVD permet de créer des menus comme celui-ci.

Les différents standards de DVD

Ce que j'aime dans le VHS est que ma cassette est lisible sur n'importe quel magnétoscope PAL/SECAM. Pour le DVD fait maison, les choses sont un peu plus complexes. Certains anciens lecteurs de salon ne les acceptent pas.

Quelle durée puis-je graver ?

La capacité actuelle des DVD enregistrables sur la majorité des graveurs est de 4,7 Go. Cela vous fait une belle jambe de le savoir dans la mesure où vous souhaitez enregistrer non pas une quantité de données, mais une durée. Pour conserver une bonne qualité de restitution, la durée ne devra pas excéder 2 heures. En effet, plus la durée est longue, plus l'encodage doit compresser les images pour qu'elles puissent tenir dans cet espace de stockage de 4,7 Go. Le Tableau 13.1 dresse la liste des types de DVD, de leur capacité, et de la durée vidéo maximale qu'ils peuvent contenir sans altérer l'image outre mesure.

Tableau 13.1 : Capacités des DVD.

Type	Capacité	Durée approximative de la vidéo
Simple face, simple couche	4,7 Go	Jusqu'à 2 heures en bonne qualité, et 6 heures en qualité VHS
Simple face, double couche	8,5 Go	4 heures en pleine qualité DVD
Double face, simple couche	9,4 Go	4,5 heures
Double face, double couche	16 Go	Plus de 8 heures

Les DVD double couche sont principalement ceux que vous achetez dans le commerce pour jouir de vos films préférés en qualité audio et vidéo cinématographique. Malheureusement, il n'est pas possible de trouver, à prix raisonnable et avec une compatibilité totale, des graveurs double couche. Par conséquent, et à l'heure où je couche (ah ah !) ces mots sur le papier, vous ne pourrez pas enregistrer plus de deux heures de vidéo en qualité numérique respectable sur votre ordinateur.

DVD-R/RW +R/RW et puis quoi encore ?

Il aurait été trop beau que le DVD existe en un seul type. Comment choisir et pourquoi choisir un DVD-R/-RW, +R/+RW ? Essayons de vous guider quelque peu.

- **DVD-R (DVD-Recordable [DVD-Enregistrable]) :** C'est comme un CD-R. Vous ne pouvez l'enregistrer qu'une seule fois.
- **DVD-RW (DVD-ReWritable [DVD-Ré-enregistrable]) :** C'est comme un CD-RW, c'est-à-dire que vous pouvez enregistrer une vidéo, l'effacer pour en graver une autre, et ceci autant que vous le souhaitez.
- **DVD-RAM (DVD-Random Access Memory) :** Ces disques peuvent également être enregistrés et effacés. Le problème est que ce type de DVD n'est compatible qu'avec les lecteurs de DVD-RAM. La majorité des lecteurs DVD de salon ne reconnaissent pas ce format.

La différence entre le DVD-R et DVD-RW est simple. L'un s'efface et l'autre pas. Vous ne pouvez utiliser ce type de disque que dans un graveur compatible DVD-R/-RW. A côté de ce format, il y a le DVD+R/+RW. La différence est dans le + ! Intrinsèquement, ces DVD fonctionnent comme les –R/-RW. Toutefois, vous ne pouvez graver des +R/+RW que dans des graveurs compatibles. Aujourd'hui, la tendance est au développement des graveurs qui acceptent absolument tous les supports.

Toutefois, pour une raison de compatibilité avec les lecteurs de DVD de salon, nous recommandons l'achat d'un graveur qui supporte les +R/+RW, et surtout d'utiliser ces disques pour diffuser vos vidéos. Sinon, vous risquez une incompatibilité de lecture. Les disques +R/+RW sont un peu plus chers que les -R/-RW.

Qu'est-ce qu'un VCD et un SVCD ?

Vous pouvez créer des pseudo DVD même si vous n'avez qu'un graveur de CD. Oui ! Vous avez bien lu ! Techniquement il ne s'agit pas d'un DVD puisque le support et l'encodage ne sont pas les mêmes. Mais, il en résulte un support lisible par la plus grande majorité des lecteurs DVD de salon.

- **VCD (Video CD) :** Ces disques CD-R peuvent contenir environ 70 minutes de vidéo de qualité VHS. (C'est dommage de perdre tout le bénéfice du numérique pour se retrouver avec une image digne d'une cassette vidéo.)
- **SVCD (Super VCD) :** Il s'agit d'un CD-R qui peut contenir 20 minutes de vidéo de qualité très correcte. La différence avec le VCD n'est pas le support, qui reste du CD-R, mais l'encodage, qui compresse moins l'image dont la taille, par ailleurs, est plus grande.

Ces deux formats sont une alternative en attendant que vous investissiez dans un graveur de DVD. Faites-le ! Vous ne le regretterez pas !

L'avantage des VCD et des SVCD est que vous pouvez créer immédiatement un disque lisible dans votre lecteur DVD de salon (vérifiez quand même qu'il est compatible avec ces deux formats).

Si vous avez la chance ou le mérite de comprendre un peu l'anglais, allez sur le site VCDHelp.com. Vous y trouverez des tableaux indiquant les caractéristiques de tous les lecteurs DVD de la planète. Vous saurez alors si le vôtre est compatible VCD, SVCD, DVD-R/-RW, +R/+RW, et peut-être même tous à la fois.

Exporter la vidéo pour créer des VCD, SVCD et des DVD

Cerise sur le gâteau du numérique : la bande vidéo semble devoir mourir dans la décennie en cours. Les vidéos peuvent dès aujourd'hui être enregistrées sur CD-R/RW au format VCD et/ou SVCD, et sur DVD-R/RW au format DVD vidéo. Cette exportation spécifique se fait soit depuis le logiciel de montage qui prend en charge la gravure sur CD ou DVD, soit par la création d'un fichier au format compatible VCD, SVCD et/ou DVD.

Nous verrons également que quelques applications permettent de créer ces disques quand le programme de montage ne le permet pas, ou si vous ne possédez pas un tel logiciel.

Nous allons voir la procédure de création directe d'un VCD, SVCD et DVD dans Pinnacle Studio 11.

VCD, SVCD et DVD dans Pinnacle Studio 11

La procédure de création d'un VCD, SVCD ou DVD depuis Studio est d'une facilité confondante. La procédure décrite ici vaut pour les trois supports. La grande différence est que pour créer un DVD, vous devez posséder un graveur de DVD compatible avec Studio.

Voici comment faire :

1. **Cliquez sur Créer Film.**

2. **Cliquez sur Disque.**

   Vous accédez à l'interface de gravure de DVD comme à la Figure 13.2.

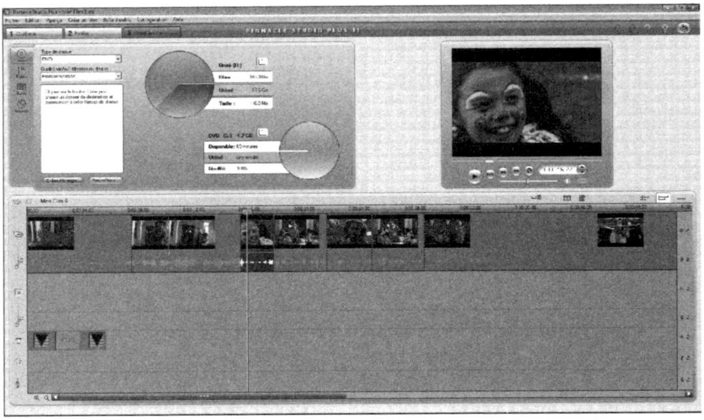

Figure 13.2 : Interface de gravure de DVD de Pinnacle Studio 11.

3. **Dans la liste Type de disque, choisissez le disque à graver comme le montre la Figure 13.3.**

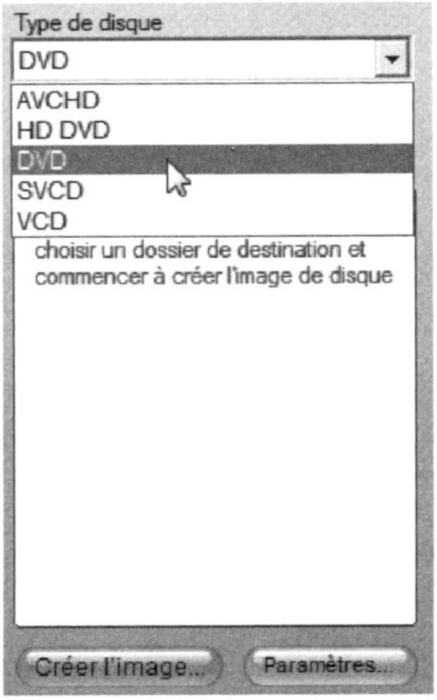

Figure 13.3 : Sélectionnez le type de disque à graver.

VCD pour une gravure de qualité VHS sur un CD-R. Vous pouvez graver environ 70 minutes de vidéo.

SVCD pour un CD au format MPEG-II proche de la qualité DVD sans pour autant l'égaler. Ici, vous graverez environ 25 minutes de vidéo sur un CD-R.

DVD pour créer un DVD vidéo.

HD DVD pour créer un disque haute définition au format HD DVD.

AVCHD pour créer un disque haute définition au format Blu-ray que vous pouvez graver sur un simple DVD standard. (Dans ce cas, vous gravez une durée bien moins importante que sur un DVD Blu-Ray.)

A priori, tous les disques créés ici sont lisibles par votre lecteur DVD vidéo de salon. Assurez-vous de la compatibilité VCD et SVCD dans le manuel d'utilisation de votre lecteur ou sur le site VCDHelp.com.

Si vous gravez des DVD haute définition, ils ne peuvent être lus que par des lecteurs haute définition. Le disque AVCHD que vous gravez sur un DVD standard ne pourra pas être lu sur un lecteur de DVD standard. Il sera lisible sur un lecteur Blu-ray, dont la PS 3 de Sony.

4. **Cliquez sur le bouton Paramètres pour définir les options du périphérique de support.**

   Le contenu varie en fonction du support CD ou DVD.

   Sélectionnez le graveur. Cela est important si vous avez à la fois un graveur de CD-R/RW et un graveur de DVD-R/RW.

5. **Validez vos options en cliquant sur OK.**

6. **Cliquez sur le bouton Créer disque.**

   Studio prépare le montage et le traduit dans un format compatible avec le type de disque à graver. Ensuite, il lance la gravure.

7. **Une fois la gravure terminée, sortez le CD et insérez-le dans votre lecteur DVD de salon pour profiter de cette**

nouvelle manière d'enregistrer vos vidéos sur un support numérique.

Créer un DVD avec menu

Je serais étonné que vous ne soyez pas habitué aux DVD commerciaux. Vous en connaissez la structure qui compose les disques en différents menus. Un DVD classique permet de sélectionner la langue, les sous-titres, et de regarder le film sous forme de chapitres, permettant alors d'accéder à une séquence spécifique du film en une ou deux pressions sur les touches de la télécommande. Les menus représentent une phase essentielle de la conception d'un DVD. Lorsque vous créez un menu, vous devez :

- Concevoir la structure générale des menus.
- Créer les boutons des menus.
- Définir des liens sur ces boutons pour accéder à différentes parties du film.

La prochaine section explique comment créer un menu aussi efficace qu'esthétique.

Créer un menu

Bien que les étapes de création d'un menu varient d'un programme à un autre, les principes de base restent les mêmes. Dans Pinnacle Studio, par exemple, commencez par sélectionner un menu standard que vous personnaliserez pour répondre à vos besoins. Voici comment procéder :

1. **Lorsque le montage de la vidéo est terminé, placez la tête de lecture au début du film dans le Plan de montage.**

2. Cliquez sur le bouton Afficher les menus de disque. Dans la liste des menus, sélectionnez Menus Standard pour accéder aux menus fixes et animés prédéfinis de Studio, comme à la Figure 13.4.

3. **Sélectionnez un des 41 menus disponibles. Glissez déposez-le au début du montage.**

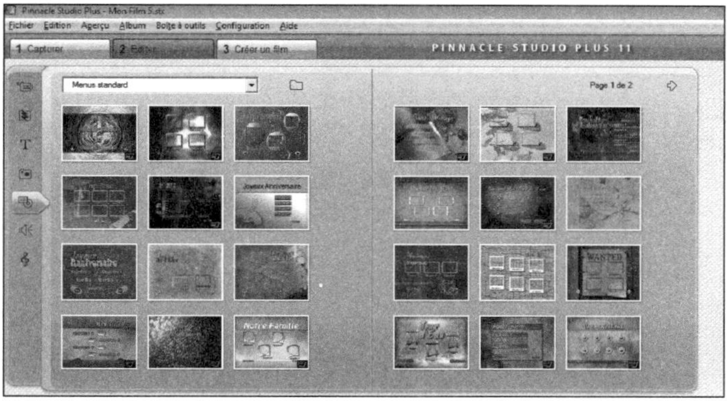

Figure 13.4 : Les menus prédéfinis de Pinnacle Studio 11.

Studio vous demande si vous désirez que le programme crée automatiquement les liens des chapitres en se basant sur le découpage des clips de votre montage. Ceci n'est pas une bonne idée car vous risquez d'avoir deux chapitres pour une même séquence fractionnée pour des questions de montage et/ou d'application d'un effet particulier. Activez l'option de création manuelle, puis cliquez sur OK.

Le menu s'ouvre dans une fenêtre d'édition, comme le montre la Figure 13.5. C'est ici que vous allez définir et les chapitres et les liens vers ces chapitres.

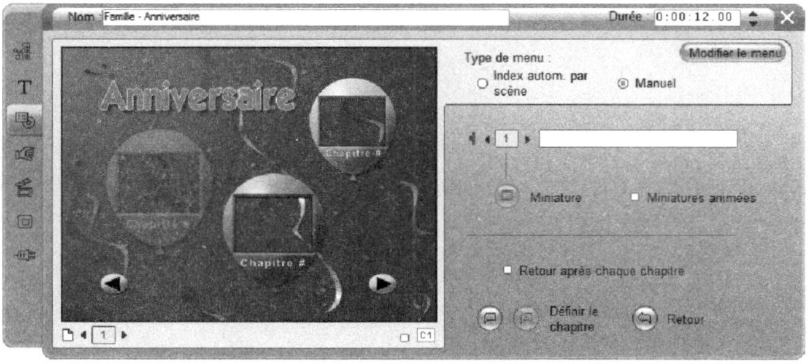

Figure 13.5 : Mode d'édition sommaire du menu.

4. **Dans la fenêtre d'édition du menu, cliquez sur le premier cadre (ici le ballon rouge) pour le sélectionner.**

Le ballon devient vert, preuve de sa sélection.

5. **Cliquez et, sans relâcher le bouton de la souris, glissez le pointeur au début du premier plan de la séquence où vous souhaitez définir le Chapitre 1, comme à la Figure 13.6.**

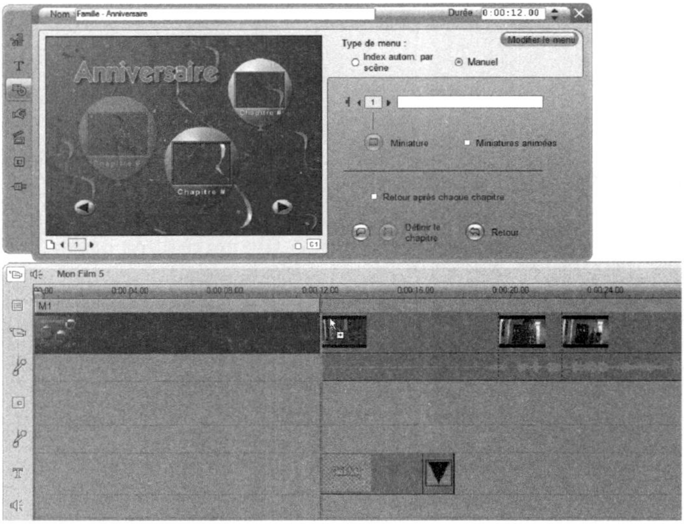

Figure 13.6 : Créez intuitivement les chapitres de votre menu.

Immédiatement, une icône C1 apparaît au début de la séquence et la première image de cette séquence s'affiche dans le menu comme le montre la Figure 13.7.

6. **Répétez cette opération en sélectionnant d'abord le cadre du menu qui va renvoyer au chapitre, puis en définissant le chapitre dans le Plan de montage.**

Comme le montre la Figure 13.8, il ne m'a pas fallu plus de trois minutes pour définir trois chapitres dans cette petite vidéo.

7. **Vous pouvez renommez les chapitres qui se nomment par défaut Chapitre #. Pour cela, sélectionnez le cadre du chapitre à renommer. Dans la zone où est inscrit Chapitre #, saisissez le nom du chapitre.**

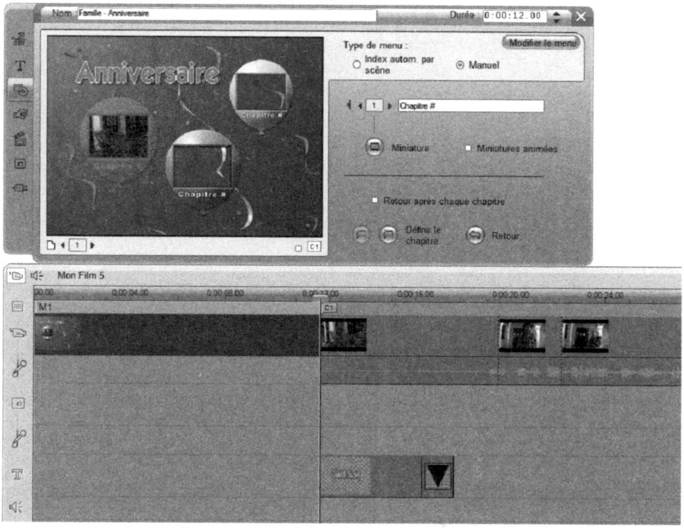

Figure 13.7 : Définition d'un premier chapitre avec l'image correspondante dans le menu du disque.

Figure 13.8 : Trois chapitres définis en moins de temps qu'il ne faut pour le dire.

8. **Testez vos chapitres. Pour cela, cliquez sur le bouton DVD du Lecteur de Studio 11.**

   Le moniteur affiche le menu comme à la Figure 13.9. Vous constatez que la partie inférieure du moniteur ressemble à une télécommande de lecteur de DVD.

Cliquez directement sur les cadres pour accéder au chapitre de votre choix.

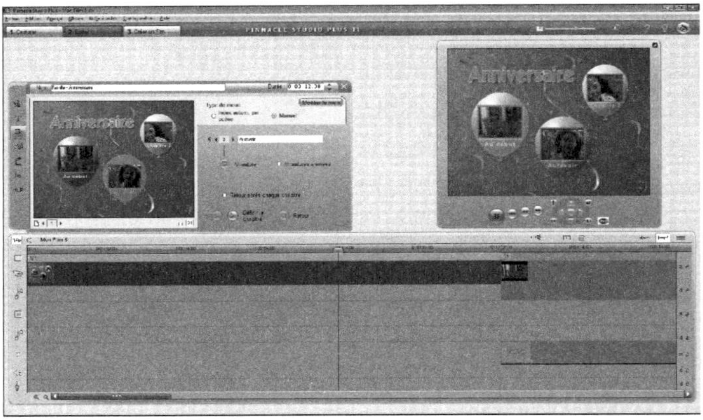

Figure 13.9 : Test du DVD !

A priori, les liens fonctionnent. Mais ne vous arrêtez surtout pas là. En effet, il est important qu'à la fin du film, l'utilisateur revienne au menu principal. Procédez comme à l'étape 9.

9. **Si nécessaire, double-cliquez sur le menu dans le Plan de montage pour ouvrir son éditeur.**

10. **Dans le Plan de montage, placez la tête de lecture sur la dernière image du film.**

11. **Cliquez sur le bouton droit de la souris et, dans le menu contextuel, choisissez Définir le retour au menu.**

    L'icône M1 apparaît, indiquant qu'à ce point précis du film le menu 1, c'est-à-dire celui que vous venez de créer, va s'afficher. (Voir la Figure 13.10.)

    Vous pouvez pousser plus loin la personnalisation des menus en cliquant sur le bouton Modifier le menu de l'interface de définition des liens vers les différents chapitres du film. Vous accédez à un éditeur à la fois complet et complexe que seule la lecture d'un ouvrage dédié à Studio vous permettra de maîtriser totalement.

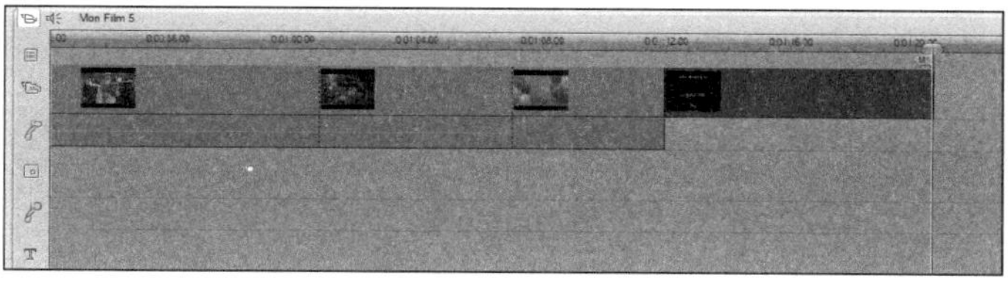

Figure 13.10 : Définissez le retour au menu principal.

C'est dans cet éditeur illustré à la Figure 13.11 que vous créerez de toute pièce vos menus personnels.

Figure 13.11 : De quoi personnaliser et même créer des menus.

C'est fait ! Votre premier menu de DVD est créé. Il ne reste plus qu'à sauvegarder ce projet et à vous lancer dans la gravure du DVD en cliquant sur le bouton Créer film de Pinnacle Studio 11.

Cinquième partie

Les dix commandements

Dans cette partie...

Vous voulez faire de la vidéo d'amateur, mais vous êtes un peu dépassé par tout ce que vous avez à faire ? Pas de problème. Vous trouverez ici de quoi vous aider. En fait, cette partie est remplie d'informations de toutes sortes, de la prise de vues au montage.

Chapitre 14

Dix conseils pour réaliser de remarquables films d'amateur

Dans ce chapitre :

- Améliorer une séquence avec des clips.
- Éveiller l'intérêt en racontant une histoire.
- Voir à travers les yeux d'autrui.
- Maintenir la cohérence de la narration.
- Ajouter du son à un film.
- Mettre les gens à l'aise.
- Savoir être amusant.
- Choisir des angles de prise de vues originaux.
- Informer par des titrages.
- Bien finir un film.

Regardons les faits en face : au sein de notre société, la démocratisation de la vidéo tient plus de l'institution d'une nouvelle forme de torture mentale que d'un loisir qui élève l'esprit. Mais, avec un soupçon de créativité et un peu de montage, une séance de vidéos de vacances peut se transformer en un véritable plaisir pour d'autres que vous. Dans ce chapitre, vous découvrirez comment vous faire une réputation d'un vidéaste doué.

Améliorer une séquence avec des clips

Rappelez-vous toujours que la prise de vues n'est que la moitié du processus de réalisation d'une vidéo réussie. Il faudra ensuite monter les plans, qui auront d'abord été découpés en clips dans le logiciel de montage. Chaque clip est comme le paragraphe visuel d'une narration qui sera manipulé par le logiciel de montage de la même manière qu'un traitement de texte manipule des paragraphes. Le montage permet de raccourcir les clips, d'en prélever une partie pour la placer ailleurs, d'ordonner la succession des séquences à votre guise. Pendant que vous filmez, pensez à tous les clips que vous devrez monter pour obtenir une histoire qui tienne la route. En appliquant ces quelques préceptes, vous vous faciliterez la tâche :

- Commencez à filmer avant l'action et finissez de filmer un peu après. Vous serez certain qu'aucun moment fort n'est coupé. Vous pourrez toujours supprimer les temps morts au montage.
- Recherchez les sujets qui feront de bons clips pour des plans de coupe ou des effets spéciaux. Par exemple, à l'entrée d'un zoo, filmez l'enseigne, cela fera une parfaite introduction pour la séquence consacrée à la visite de ce lieu. De même, un clip ne montrant qu'un monument ou tout autre élément fortement symbolique pourra servir de fond à un autre clip. Par exemple, le clip d'un drapeau flottant au vent pourra être surimpressionné au montage à une séquence montrant un panoramique sur un cimetière militaire.
- Filmez un même sujet sous plusieurs angles. Vous aurez ainsi une plus grande latitude de travail au montage, notamment pour choisir un plan selon son éclairage (N.D.T. : dans le même esprit, revenez à des moments différents de la journée ; une scène à contre-jour le matin ne le sera plus à midi ou le soir).

- N'hésitez pas, si vous ne vous sentez pas capable de créer de petits clips musicaux que vous insérerez au beau milieu de votre film, à utiliser des fonctions comme SmartMovie de Pinnacle Studio 11, ou de tout autre logiciel proposant ce type de montage quasi automatique.

Raconter une histoire

Vous voulez réaliser un film intéressant. Vous avez filmé les enfants et les chiens, la famille et les amis, différents lieux et événements. Qu'est-ce qui vous empêche d'en faire une histoire ? Absolument rien, du moment que vous avez une petite idée de ce que vous voulez raconter.

Quelles que soient les qualités de vos clips et leur intérêt, ils ne sont rien s'ils ne racontent pas une histoire. Une narration apporte au spectateur un fil conducteur qui lui donne envie de connaître la suite.

Bien. Mais comment créer une histoire ? L'un des moyens les plus efficaces, c'est de laisser la vidéo s'exprimer par elle-même. En principe, vous avez filmé des lieux ou des événements qui, à votre avis, valent la peine d'être montrés. Vous devez avoir cette notion d'intérêt toujours présente à l'esprit. Filmez-vous le Grand Canyon parce qu'il mérite de l'être, ou seulement pour prouver que vous y étiez ?

Dans 90 % des cas, c'est hélas la seconde raison qui prévaut. Quand vous filmez le Grand Canyon, vous devez vous mettre à la place du spectateur et imaginer comment il réagira. L'image est-elle intéressante ? Surprenante ? Qu'est-ce qui empêcherait la séquence d'éveiller l'intérêt du public ? Pour répondre à toutes ces questions, vous feriez mieux de penser à votre entourage qu'à la grande faille géologique qui s'étend devant vous.

Une visite au Grand Canyon – ou toute autre destination prestigieuse – ne serait pas complète sans quelques séquences sur ce sujet. Accordez-vous du temps pour réaliser des clips nombreux et variés. Ils n'apparaîtront certes que brièvement dans le film terminé, mais ils rendront la narration plus vivante.

Choisir un angle

Choisissez un angle pour la narration. En terme de reportage, l'angle est la manière d'aborder le sujet, qu'il s'agisse de personnes, de lieux ou de choses. Si vous réalisez une vidéo de vacances, évitez la simple succession chronologique des événements. Annoncez le sujet dès le début du film afin de susciter l'intérêt du public ; la vidéo révélera en effet votre regard sur les événements ou montrera ces événements vus sous un autre regard. Vous pourrez par exemple filmer vos vacances telles que les voit un très jeune enfant.

Après avoir choisi un angle, efforcez-vous de maintenir la cohérence du regard d'un plan à un autre. Si la vidéo montre une visite à Disneyland, et que vous avez choisi de montrer le parc à travers les yeux de votre enfant, n'oubliez pas de filmer aussi ses réactions. Mickey Mouse peut être une source d'émerveillement, mais c'est dans les yeux de votre enfant qu'elle sera à jamais fixée pour la postérité.

S'en tenir à l'histoire

Quand vous filmez, vous devenez un conteur. À ce titre, vous avez le devoir de maintenir l'intérêt de votre public. Si vous avez choisi de montrer un événement à travers les yeux de votre enfant, tenez-vous strictement à cet angle. Les gens (y compris les adultes de tous âges) aiment bien se mettre dans la peau d'un autre. Ils adorent que leur imagination soit titillée. Donc, si vous avez décidé de montrer vos vacances à travers les yeux d'un enfant, ne perdez pas cette convention de vue tout au long du tournage et pendant le montage. Vous découvrirez que, loin de limiter les possibilités narratives, le choix d'un angle les augmente considérablement. Cette contrainte stimule aussi le plaisir de filmer.

Ajouter commentaires et musique

Exploitez les fonctionnalités audio de votre logiciel de montage non linéaire. Vous augmenterez notablement la qualité de votre film avec une musique d'ambiance et/ou des commentaires.

Un fond musical peut relever quelque peu l'intérêt d'une vidéo qui serait autrement fort ennuyeuse, et les commentaires ajoutent une dimension humaine plus chaleureuse.

La prochaine fois que vous irez au cinéma, oubliez un peu l'histoire et intéressez-vous surtout à la musique de fond. Remarquez comment elle participe directement à l'ambiance de la scène, et comment elle suggère les émotions et les réactions du spectateur.

La musique doit être placée dans la piste audio de votre logiciel de montage avant que vous ajoutiez les clips vidéo et les images fixes. C'est ainsi que procèdent les monteurs professionnels. La raison est fort simple : c'est le rythme de la musique et le phrasé des dialogues qui imposent souvent le commencement et la fin d'une séquence. Vous vous apercevrez rapidement que coucher d'abord la bande musicale est autrement plus facile que de monter d'abord toutes les images et d'essayer après coup de les synchroniser avec le son.

Un commentaire est un excellent moyen de donner une consistance au film. Il n'est pas nécessaire de l'enregistrer sur place, au moment du tournage. Vous y penserez seulement après avoir filmé les séquences, les avoir transférées dans l'ordinateur puis montées. Une fois le montage terminé, vous déciderez quelles séquences peuvent se passer de commentaires et celles qui gagneraient à en avoir. Vous rédigerez alors le script des commentaires.

Écrivez vos commentaires dans un style décontracté, ni ampoulé ni emphatique, grammaticalement exact mais sans exagération (gare aux subjonctifs trop littéraires). Soyez concis. Au moment de l'enregistrement, lisez la phase d'une voix claire et sûre. N'hésitez pas à recommencer en cas d'hésitation ou d'erreur. Certaines phrases seront bonnes dès la première prise de son, d'autres exigeront des prises supplémentaires. Transférez ensuite les clips audio dans l'ordinateur à l'aide de la carte d'acquisition. Ces clips ressembleront à des captures vidéo, mais vous pourrez supprimer la partie vidéo vide dans le logiciel de montage. Répartissez ensuite les clips audio sur la ligne de temps. Reportez-vous au Chapitre 8 pour en savoir plus sur l'acquisition des données.

Il n'est pas toujours possible d'emporter tout le matériel en vacances ou en week-end. Et, souvent, c'est le microphone qu'on oublie, ce qui oblige à utiliser celui qui est intégré au caméscope, dont la qualité est discutable. L'ajout d'un fond musical et/ou d'un commentaire est un bon moyen de masquer la prise de son médiocre effectuée avec le micro du caméscope.

Laisser les gens être naturels

Comment faire pour que les gens gardent leur naturel face à la caméra ? La réponse n'est pas facile. Il est parfois difficile d'obtenir des gens qu'ils restent eux-mêmes pendant le tournage. À vrai dire, les enfants sont plus faciles à filmer que les adultes. Ils oublient la caméra au bout de quelques secondes. On ne peut en dire autant des adultes. Il suffit de regarder un débat télévisé, quand des politiciens mal à l'aise s'efforcent de paraître naturels. Et eux, ce sont des professionnels !

Alors, comment réagir face à des gens si merveilleux, si intéressants dans la vie courante, qui se figent lamentablement dès qu'une caméra est pointée vers eux ? Comment les mettre à l'aise ? Mon expérience en ce domaine va de l'échec total à une certaine réussite.

Plusieurs années de tournage m'ont néanmoins appris quelques petites choses sur la nature humaine. La plus importante, c'est que face à quelqu'un qui se fige devant la caméra, vous ne pouvez pas vous permettre une patience infinie. Quand vous filmez, vous filmez. Personne sur le plateau ne sera disposé à attendre que vous ayez fini de mettre un invité à l'aise. Il vous faut donc "faire avec". De toute façon, quels que soient vos efforts, certaines personnes sont immanquablement bloquées face à une caméra. Si vous en rencontrez (et vous en rencontrerez), gardez votre calme, essayez de comprendre leur embarras et faites votre travail.

Être drôle et amusant

Amuser les foules est une chose sérieuse. C'est sûrement vrai si l'on considère les sommes délirantes que les annonceurs dépensent en publicité, convaincus par les "créatifs" qu'un spot drôle qui passe à la télé incitera les spectateurs, tirés de leur léthargie, à se lever en masse et à se précipiter, comme la misère sur le monde, dans le supermarché d'à côté pour y acheter leur produit.

Vous n'avez fort heureusement pas à dépenser des sommes folles pour être drôle. Il vous suffit de l'être. Comment ? Ben... je n'en sais trop rien... il suffit juste d'être marrant... Dans une vidéo, la drôlerie va de la tarte à la crème à l'humour tout en subtilité. Elle naît généralement d'un moment privilégié, volontaire ou non. Les gags les plus drôles sont spontanés. Vous pouvez les souligner au montage par un effet sonore ou visuel.

Mais, s'il est important que ce qui est drôle fasse rire, il est encore plus important que ce qui est sérieux le reste. Je m'explique : l'un de mes plus cuisants souvenirs de producteur fut d'avoir vu des gens rigoler au mauvais moment.

N'OUBLIEZ PAS

Voici un conseil d'un maître en gags : les gens sont durs, inhumains, quand ils regardent une vidéo. Ils sont prêts à rire de choses qui ne les feraient pas rire dans la réalité (N.D.T. : d'où le succès navrant de ces vidéogags filmés par des amateurs irresponsables, prêts à blesser physiquement et humilier leur entourage pour passer à la télévision).

La vidéo nous détache de la réalité comme nous sommes détachés des sentiments d'autrui. Ainsi, si quelque chose paraît bizarre dans la vidéo d'un enterrement ou de tout autre événement tragique, les gens riront. Si c'est vous qui avez tourné la scène, vous saurez ce que signifie le mot "mortifié". Faites toujours extrêmement attention lorsque vous filmez des moments qui ne prêtent pas à rire.

Choisir un angle original

Quand vous établissez le point de vue d'une vidéo (en plaçant par exemple la caméra à hauteur d'œil d'un enfant), vous devez faire preuve de créativité non seulement au tournage mais aussi au montage. La créativité est un subtil mélange de liberté et de contraintes. Elle s'exerce dans un but précis. Vous êtes aussi créatif parce que vous savez garder votre esprit ouvert à tout ce qui pourrait apporter quelque chose à votre œuvre.

Une bonne idée c'est bien. Encore faut-il qu'elle se manifeste tout au long de la narration. Par exemple, si vous filmez les vacances à travers les yeux de votre enfant, le maintien de ce point de vue sur le monde exige néanmoins que, dans quelques plans, le spectateur puisse occasionnellement rétablir sa relation vis-à-vis de l'enfant. Vous devez pour cela choisir judicieusement l'emplacement de la caméra et faire preuve de créativité au montage.

Soyez vigilant à la manière dont l'orientation de la caméra révèle le sujet. Si une vidéo est entièrement filmée depuis le point de vue visuel d'un adulte, de haut en bas, l'enfant sera écrasé et perdra de son importance. Il est souvent nécessaire de descendre la caméra pour que le sujet à l'écran ait l'importance qu'il a dans la réalité.

La notion de point de vue est très subjective. Par exemple, si vous filmez un enfant qui se déplace en vélo avec une caméra placée sur un trépied, le spectateur se sentira étranger à l'enfant car ce dernier ne fait que passer. Mais, si la caméra se déplace en même temps que l'enfant à bicyclette, le spectateur aura l'impression de l'accompagner, ce qui le rendra plus proche de lui. Dans cet exemple, le tournage doit être réalisé en tenant compte des impératifs du montage.

Pour donner de la force à une séquence, vous ne devez filmer que ce qui est intéressant. Éliminez du cadre tout ce qui n'apporte rien à l'image. Moins le regard du spectateur est sollicité par des détails secondaires, plus ce dernier se concentre sur l'action.

Utiliser des titres et des dessins

N'oubliez jamais que votre logiciel de montage est capable d'incruster ou de surimpressionner des images les unes pardessus les autres. Ces fonctions servent surtout à créer des titres et à ajouter des images :

- Un titre est ajouté à une vidéo grâce aux fonctions de titrage du logiciel de montage. Celles-ci permettent notamment de créer des titres animés, qui se déplacent, apparaissent ou disparaissent à l'écran.
- Un texte griffonné à la main donne souvent une touche de spontanéité et d'originalité à un titrage. Un logiciel comme Adobe Photoshop permet de mêler des images et du texte.

Finir comme cela avait commencé

Les bonnes histoires ont souvent une fin qui renvoie au début. Par exemple, dans un film de vacances, si le clip de début montre la famille qui remplit le coffre à bagages de la voiture en prévision du voyage, la conclusion pourrait être la voiture qui roule vers le soleil couchant. Ce n'est qu'un exemple, mais il illustre le besoin de "boucler la boucle". Quand le sujet s'y prête, essayez de finir une histoire comme elle a commencé ou de suggérer qu'une autre histoire commence.

Chapitre 15

Dix accessoires à moins de 150 euros

Dans ce chapitre :

- Ajouter du son.
- Utiliser des fichiers musicaux.
- Animer les vidéos.
- Trouver une bonne carte d'acquisition.
- Les CD enregistrables.
- Une aide à l'écriture pour vos scripts.
- Archiver les images numériques.
- Travailler sur pied.
- La crosse pour caméscope.
- Préparer la vidéo pour le multimédia.

Ce chapitre présente plusieurs produits qui valent la peine d'être connus. Ils sont utilisés depuis des années par de nombreux vidéastes. Ce ne sont évidemment que des suggestions, et c'est à vous de voir si vous en avez réellement besoin.

Quelques-uns de ces produits sont disponibles sur le Web, ce qui est une bonne chose car vous ne les trouveriez que dans les grandes villes et pas forcément partout dans le monde. Comme chaque site décrit ces produits tantôt en français, tantôt en anglais, je serai bref. Un dernier point : ce n'est pas parce que je vous envoie sur le Web que vous ne devez pas voir s'il existe mieux ou moins cher dans une boutique près de chez vous.

Des effets sonores numériques

Jusqu'à combien êtes-vous disposé à débourser pour des bruitages numériques que vous pourriez placer dans vos vidéos ? Rien du tout ? C'est bien ce que je pensais... Dans ce cas, il vous suffit de vous connecter sur le Web pour télécharger une foule d'effets sonores. Sur `www.hollywoodedge.com` vous trouverez un accès immédiat à toutes sortes de bruitages en cliquant sur Product puis sur le lien All Sound Effects. Attention, ces bruitages coûtent cher, entre 55 et 500 dollars. Vous pouvez également trouver des bruitages et des musiques pour vos montages vidéo sur le site ressources `www.boncap.com/Video/Ressources/Banques_sonores/`. Cliquez sur les liens proposés et, cette fois, téléchargez gratuitement des sons de toutes sortes. Vous trouverez aussi des solutions musicales et des bruitages sur le site Web `www.smartsound.com/music/`. Ici, les effets coûtent aux environs de 100 euros.

Utiliser la musique d'autrui

Votre projet nécessitera parfois de la musique. Si vous n'êtes pas vous-même musicien, vous devrez utiliser la musique composée par quelqu'un d'autre. Comment contourner les épineux problèmes de droit d'auteur ou de copyright ? Pour utiliser la musique d'autrui, il vous faudra obtenir une autorisation écrite ; sinon, vous devrez la composer vous-même.

La plupart des morceaux de musique que vous trouvez en boutique ou ailleurs ne *peuvent pas* être utilisés sans autorisation dans une vidéo ou dans toute autre présentation. S'il vous faut absolument un accompagnement musical, je vous invite à aller sur le site `www.musique-libre-de-droit.fr/` qui propose une grande variété de styles musicaux pour un investissement moyen de 45 euros. Des musiques sont également disponibles sur le site Filmtv Tracks à l'adresse `www.filmtv-tracks.com`. Vous y obtiendrez le droit de copier et d'utiliser de la musique provenant de leur base de données.

La série des programmes Studio de Pinnacle est livrée avec l'utilitaire Scorefitter. La grande force de ce programme est de pouvoir créer une ambiance musicale qui s'adapte à la durée de votre vidéo. Par exemple, si vous choisissez d'accompagner musicalement votre film avec *La marche turque* de Mozart, le petit programme calculera de lui-même l'introduction du morceau, le nombre de boucles nécessaires à la répétition du thème principal, et le final de la musique. Étonnant et incroyablement efficace dans une simplicité déconcertante. Vous pouvez acquérir des musiques supplémentaire pour Scorefitter à l'adresse suivante `www.pinnaclesys.com/PublicSite/fr/Products/Consumer+Products/Home+Video/Studio+Family/studio11+plug-ins.htm`.

Ajouter des animations à votre vidéo

Vous recherchez des animations pour vos vidéos ? Allez sur `www.animfactory.net`, le site de Animation Factory. Toutes les animations qui s'y trouvent ont été fabriquées par l'équipe des graphistes de la société. Elles peuvent être utilisées dans les pages Web, dans des séquences envoyées par courrier électronique, dans des présentations multimédias et dans des vidéos.

Il est plus facile que vous le pensez de créer ses propres animations 3D. Le logiciel Ulead Cool 3D (`http://www.ulead.fr/cool3d/runme.htm`) permet de créer rapidement des titres et des animations tridimensionnelles. Ce programme propose de nombreux effets spéciaux impressionnants prédéfinis et personnalisables, auxquels s'ajoute la possibilité de créer des sphères, des cônes et autres volumes en 3D. Le logiciel contient un grand nombre de textures ; combinées aux effets spéciaux, elles étendent à l'infini la variété des effets graphiques.

Les cartes d'acquisition et leurs logiciels

Pinnacle Systems propose ses cartes d'acquisition Studio 500 et Studio 700 ainsi que son logiciel Pinnacle Studio 11. Ils permettent de transférer de la vidéo plein écran du caméscope vers le PC. Le logiciel permet de capturer des clips vidéo et des images fixes depuis le caméscope, et ce dans n'importe quel ordre. Il est de plus doté de fonctions de titrage et de montage élémentaires. La carte d'acquisition au standard IEEE-1394 est parfaitement compatible avec le standard IEEE 1394 OHCI.

Les cartes Pinnacle et les solutions externes MovieBox et MovieBoard peuvent être achetée en lignes sur le site `www.pinnaclesys.com`.

Il serait étonnant que vous ne trouviez pas votre bonheur dans la gamme de produit Pinnacle complet et au prix tout à fait raisonnable.

Enfin, sachez que pour les plus exigeants, de nombreux constructeurs comme Pinnacle, Matrox et d'autres proposent des cartes très sophistiquées aux possibilités impressionnantes. Revers de la médaille de cette performance semi-professionnelle : le prix. N'envisagez pas de débourser moins de 800 euros. En revanche, ces cartes sont généralement livrées avec un programme de montage haut de gamme. Par exemple, la solution Matrox RT.X2 fournit la version complète des logiciels Premiere Pro CS3 et Adobe Encore DVD CS3, pour la "modique" somme de 1 700 euros.

Si vous n'avez besoin que d'une bonne carte d'acquisition IEEE-1394 (FireWire), vous trouverez d'autres solutions à moins de 60 euros. Mais, avant de vous lancer dans un achat apparemment avantageux, vérifiez ces trois points :

- Assurez-vous que la carte IEEE-1394 est conforme OHCI (*Open Host Controller Interface*, interface contrôleur hôte ouverte). Si cette conformité n'est pas clairement mentionnée dans la documentation, elle risque de ne pas pouvoir capturer de la vidéo numérique.
- Vérifiez que le câble IEEE-1394 de la carte a six broches d'un côté et quatre de l'autre. Le connecteur à six broches se branche à la carte, celui à quatre broches sur le caméscope. Comme ces câbles ne sont pas faciles à trouver, vous avez intérêt à ce qu'ils soient livrés avec la carte.

Les DVD enregistrables et réenregistrables

Le prix des graveurs de DVD a considérablement baissé ces dernières années. Rapides et fiables, on en trouve à moins de 30 euros dans quasiment n'importe quelle boutique informatique. Les DVD vierges ont vu leur prix largement baisser, d'autant qu'il existe des boutiques sur Internet qui cassent radicalement les prix en question. Pour 0,50 euro l'unité, vous pouvez acheter des DVD de marques sur lesdits sites.

Un graveur de DVD peut s'avérer fort utile. Les disques acceptent jusqu'à 4,5 Go de données en simple couche, et 8,5 Go en double couche.

Ces deux supports que sont les DVD +R/-R et +RW/-RW permettent avec un logiciel adapté, comme Pinnacle Studio 11, de créer des DVD vidéo compatibles avec la plupart des lecteurs de salon.

Voici les programmes de montage virtuel les plus répandus qui permettent de créer des DVD vidéo :

- Création de DVD Windows. Ce programme est livré avec certaines versions de Windows Vista. Il permet de graver sur DVD vidéo le contenu d'un montage réalisé dans Windows Movie Maker, ou de tout fichier vidéo au format MPEG-2. Ce programme dispose de menus prédéfinis que vous pouvez personnaliser.
- iDVD sur Mac. Il s'agit d'un programme disponible sur tout nouvel ordinateur Mac. Il permet d'encoder des fichiers DV `.mov` (ou autre) en MPEG-2, puis de structurer un DVD avec des menus prédéfinis que vous pouvez personnaliser.
- Pinnacle Studio 11. Probablement le programme le plus complet sous Windows. Vous créez vos menus de DVD directement sur la table de montage. Les menus prédéfinis sont personnalisables à souhait, et vous pouvez même créer les vôtres.
- Adobe Encore DVD CS3. Programme de création de DVD livré avec Premiere Pro CS3. Très complet et très complexe, ce logiciel permet de créer des DVD professionnels aussi sophistiqués que ceux que vous achetez ou louez dans le commerce.

  L'équivalent sur Mac est le programme DVD Studio Pro.

TRUC

Certains de ces programmes permettent dès aujourd'hui de créer des DVD haute définition de type Blu-ray et/ou DVD-HD.

Pour cela, il est préférable de monter en HD des vidéos tournées en HD. Il faut, bien entendu, posséder un graveur de DVD Blu-ray ou DVD-HD, matériel qui coûte très cher.

Les aides à l'écriture

Vous est-il jamais arrivé de vouloir écrire un script ou scénario sans savoir par où commencer ? Vous ne seriez pas le seul. L'écriture n'a rien de facile, même pour les professionnels. Ce que ces pros ne vous diront pas, c'est qu'ils utilisent souvent un petit logiciel très puissant, peu coûteux, nommé DreamKit. Il vous conduit pas à pas dans le dédale de l'écriture, de l'idée brute jusqu'au produit fini. Le logiciel quasi incontournable en la matière se nomme Final Draft. Vous pouvez vous informer sur ce logiciel à `http://finaldraft.online.fr/` et l'acheter pour 280 euros environ. (L'art mérite tous les sacrifices !)

Archiver les photos numériques

De nombreux logiciels permettent d'archiver des images numériques. L'un des plus connus et des plus agréables à utiliser est incontestablement ACD See, distribué en France par AB Soft. Vous en saurez plus en allant sur la page Web d'ACD Systems, à l'adresse `http://fr.acdsee.com/`.

Travailler sur pied

Si vous utilisez beaucoup votre caméscope, vous finirez tôt ou tard par acheter un trépied ainsi qu'une rotule. Ce matériel peut être extrêmement coûteux. Le prix d'un modèle professionnel dépasse les 2 000 euros. La plupart des amateurs se rabattent sur des modèles plus accessibles. Le site `www.prophotofrance.com` en propose une sélection. Je n'irai pas jusqu'à dire qu'ils proposent un matériel professionnel (comme le suggère leur publicité) mais le rapport qualité/prix est tout de même très bon.

TRUC

Les boutiques photo vendent des trépieds pour quelques dizaines d'euros. Beaucoup sont soi-disant conçus pour la vidéo et il est certain que vous pourrez y fixer votre caméscope. Le problème, avec les trépieds bon marché, c'est que quand vous effectuerez un panoramique, la rotule manquera de douceur, d'où un mouvement saccadé. Les trépieds professionnels sont équipés d'une rotule à bain d'huile qui assure un mouvement d'une parfaite régularité, sans aucun à-coup.

La crosse pour caméscope

Si vous avez vu le film *The Blair Witch Project*, vous avez certainement remarqué qu'une bonne partie de ce film a été tournée par des gens qui marchaient ou couraient, comme le révèlent les mouvements parfois un peu désordonnés de la caméra. Ces déplacements mal maîtrisés étaient intentionnels car l'équipe de tournage faisait partie de l'histoire. Mais vous, vous souhaiterez que les mouvements soient aussi fluides et coulés que possible. C'est facile lorsque le caméscope est placé sur un trépied, mais si vous le tenez à la main, et surtout si vous devez vous déplacer, vous aurez du mal à obtenir un mouvement régulier.

La Steadicam DV est une bonne solution, mais cet accessoire dépasse largement la barre des 150 euros. Le support d'épaule est une alternative moins onéreuse. À l'instar de la crosse d'un fusil, il se cale contre le corps pour stabiliser le caméscope. Vous pourrez en acquérir auprès de magasins spécialisés dans le matériel vidéo.

Un diaporama basé sur le Web

Ne serait-ce pas fabuleux de pouvoir créer un diaporama à partir d'images fixes extraites de votre vidéo et d'en faire un diaporama qui serait visible depuis n'importe quel endroit du monde ? RealNetwork, une société célèbre pour son application de vidéo en flux continu RealPlayer, propose un produit permettant de placer des images dans un diaporama lui-même stocké sur un serveur Web gratuit. RealNetwork a harmonisé ses solutions au sein du logiciel Helix Producer qui encode de la vidéo pour le streaming (lecture en flux continu sur Internet), mais qui autorise aussi la création de diaporamas. La version de base de Real Producer est gratuite, alors que la version complète coûte 199,95 dollars. Vous en saurez plus en allant sur le site `http://www.realnetworks.com/products/producer/index.html`.

Annexe

Glossaire

Un terme technique vous échappe ? Vous n'avez pas bien compris le sens d'un mot ? Vous trouverez sans doute les réponses à vos questions dans ce glossaire.

720p : Format haute définition d'une résolution d'image de 1280 x 720 pixels.

1080i : Format haute définition d'une résolution d'image de 1920 x 1080 pixels. Il est plus connu sous le nom de *Full HD*.

A/B roll : Type de montage effectué avec deux lecteurs de cassettes, une cassette source A et une cassette de destination B. Cette technique permet de créer une transition (volet ou fondu) ou un effet spécial en utilisant simultanément les deux signaux vidéo.

Acquisition : Enregistrement de données sous forme numérique, provenant d'une source extérieure, comme un caméscope, un enregistreur, un détecteur ou un capteur.

Anticrénelage : Atténuation de l'effet d'escalier par interpolation des pixels se trouvant de part et d'autre de la ligne de démarcation. On emploie aussi le terme anglais *Antialiasing*. Voir ***Crénelage***.

Argentique : Qui concerne les techniques traditionnelles de la photo et du cinéma, dans lesquelles films et papiers produisent une image grâce à une action photochimique sur des halogénures d'argent.

AV : Abréviation de Audio/Vidéo.

AVCHD : Format vidéo numérique haute définition de certains caméscopes grand public. Ce format est compatible Blu-ray.

AVI : *Audio Visual Interleaved*, audiovisuel entrelacé. Format de fichier dans lequel les données audio et visuelles sont stockées dans des blocs alternés. Le format AVI est le format de fichier de l'extension Vidéo pour Windows.

Balance des blancs : Étalonnage visant à obtenir un blanc franc quelle que soit la température de couleur de la lumière environnante.

Betacam : Caméscope professionnel fabriqué par Sony.

Betacam numérique ou **Beta numérique :** Caméscope professionnel Betacam enregistrant les images en numérique.

Betacam SP : Version améliorée de la Betacam. Son rapport signal/bruit est beaucoup plus élevé. Une Betacam SP utilise des cassettes à particules métalliques.

BIOS : *Basic Input/Output System*. Système d'entrée/sortie de base. La configuration de base d'un PC est stockée dans un composant appelé BIOS. Il gère notamment les informations concernant la mémoire vive, le type du ou des disques durs, le lecteur de disquettes, l'écran, le clavier, etc.

Bit : Unité d'information binaire élémentaire, en informatique. Les informations colorimétriques sont notamment exprimées en bits. Plus ils sont nombreux, plus la palette de couleur est riche :

- **Couleur codée sur 1 bit :** Un pixel est soit noir, soit blanc.
- **Couleur codée sur 4 bits :** Un pixel peut avoir jusqu'à 16 couleurs ou nuances de gris.
- **Couleur codée sur 8 bits :** Un pixel peut avoir jusqu'à 256 couleurs ou nuances de gris.
- **Couleur codée sur 16 bits :** Un pixel peut avoir jusqu'à 65 536 couleurs (codage recommandé pour l'Internet).
- **Couleur codée sur 24 bits :** Un pixel peut avoir jusqu'à 16 777 216 couleurs (couleurs dites "vraies").

Blu-ray: DVD haute definition développé par Sony. Ce format est le concurrent du DVD-HD.

BNC : *Bayonet Neill Concelman.* Connecteur à baïonnette pour câble vidéo coaxial. Il se verrouille par rotation d'un quart de tour.

Broadcast : Qualité vidéo conforme pour la télédiffusion.

Bruit vidéo : Il se manifeste sous la forme de points sombres qui dansent à l'écran. Il est généralement dû à une sous-exposition des photosites du capteur CCD. Dans ce cas, lorsque le photosite est insuffisamment chargé en électricité, le caméscope remplace l'information manquante par une information de son cru, d'où ces points aléatoires. Voir ***CCD***, ***Photosite***, ***Pixel***.

Câble compensé : Câble audio conçu pour éliminer le bruit ou le souffle. Un câble compensé est souvent équipé d'un connecteur XLR.

Capture : Anglicisme pour "acquisition" désormais utilisé en France. Voir ce mot.

Carte d'acquisition : Carte installée dans l'ordinateur, chargée de convertir un signal provenant de l'extérieur (un signal vidéo en l'occurrence) en données exploitables par l'ordinateur. Ces cartes font également office de restitution, c'est-à-dire qu'elles renvoient les images vidéo de l'ordinateur vers un périphérique extérieur connecté à la sortie de la carte.

CCD : *Charge-Coupled Devices*, capteur à transfert de charges. Réseau de petites cellules photosensibles appelées photosites (voir ce mot) qui joue un rôle équivalent à celui d'un film, en photo et cinéma argentique.

CD-R : *Compact Disc-Recordable*, CD-ROM enregistrable. Les informations sont définitivement gravées sur la galette.

CD-ROM : *Compact Disc-Read Only Memory*, CD à lecture seule. L'Académie française préconise la graphie "cédérom" qui vide le terme original de tout son sens. Un CD-ROM est la version enregistrée d'un CD-R.

Chroma Key : Voir ***Incrustation par chrominance***.

Chrominance : Partie du signal vidéo qui transporte l'information de teinte et de saturation. Voir ***Luminance***.

Chronocode : Voir ***Code temporel***.

Clap, clapette : Panneau équipé d'un volet et comportant les références de la prise qui va être tournée. Le claquement sec produit devant la caméra servira de base au monteur pour synchroniser l'image et le son.

Coaxial : Câble fortement blindé transportant à la fois les signaux audio et vidéo.

Codec : Contraction de compression/décompression. Utilitaire de compression et de décompression des images qui commence par réduire la taille d'un fichier puis la restitue à sa taille d'origine. Cette technique facilite ainsi la gestion des fichiers par l'ordinateur.

Code temporel : Convention de mesure du temps dans une vidéo. Un instant précis est exprimé sous la forme heure:minute:seconde:image. Par exemple, le code temporel 02:33:44:55 se rapporte à l'image qui se trouve très exactement à l'heure 02, à la minute 33, à la seconde 44 et à l'image 55 de cette seconde.

Collection : Dossier de clips dans Microsoft Movie Maker.

Compensation d'images : La norme de télévision américaine NTSC n'est pas à 30 images par seconde, comme la vidéo numérique, mais à 29,97 images par seconde. Élaboré par les ingénieurs de la SMPE (*Society of Motion Picture Engineers*), le principe de la compensation d'images consiste à maintenir le taux d'image en dépit de ce léger décalage entre la vidéo numérique et la norme de télévision en supprimant quelques trames (images) de temps en temps. Les logiciels de montage vidéo comme Premiere gèrent la compensation et la non-compensation des images. Voir ***Non-compensation d'images***.

Continuité : Cohérence dans la narration. Par exemple, dans deux plans différents qui montrent une personne ouvrant une porte, la même main doit être posée sur la poignée. Autrement, il se produirait une rupture de continuité.

Contrechamp : Séquence tournée à un angle de 180° par rapport à la précédente. Le champ-contrechamp est classiquement utilisé lors d'une interview ou d'un débat, lorsque le visage de deux interlocuteurs qui se font face est filmé tour à tour.

Contre-jour : Éclairage placé à l'arrière du sujet, plus ou moins orienté vers l'objectif. Il sert à mieux détacher le sujet du fond.

Convertisseur de balayage : Dispositif électronique qui fait varier la fréquence de balayage d'un signal vidéo. Il permet à une image informatique d'être enregistrée sur une bande magnétique puis affichée sur un écran de télévision.

CPU : *Central Processing Unit*, unité de traitement central. Le terme désigne en fait le microprocesseur.

Cran de diaphragme : Encoche située sur la bague du diaphragme, qui facilite le maintien d'une ouverture donnée. On l'appelle aussi *f-stop*. Voir ***Diaphragme*** et ***Plan focal***.

Crénelage : Effet d'escalier indésirable apparaissant sur les lignes inclinées. Il est dû à l'incapacité de l'ordinateur d'afficher des lignes autrement que sous la forme de carrés successifs. Voir ***Anticrénelage***.

DAT : *Digital Audio Tape*, bande audio numérique. Cassette d'enregistrement numérique de haute qualité. Elle utilise une bande de 4 mm de large et autorise un échantillonnage jusqu'à 48 kilohertz (contre 44,1 kHz pour un CD audio).

Découpage : Document papier décrivant avec une extrême précision tous les plans à tourner, leur durée, les actions, les dialogues, les effets à appliquer. C'est le document de travail du metteur en scène.

Diamètre utile : Diamètre du diaphragme réellement exploitable par la lumière.

Diaphragme : Mécanisme optique constitué de lamelles métalliques disposées en iris. L'action sur la bague ouvre ou ferme l'iris, ce qui permet de régler le diamètre de l'ouverture utile.

Digital-8 : Format de vidéo numérique basé sur des cassettes au format 8mm ou Hi8. Sony et Hitachi proposent tous deux des caméscopes au format Digital-8, appelé aussi D8.

Drapeau : Sur un plateau de tournage, écran opaque en tissu ou en matériau rigide léger destiné à canaliser un éclairage.

Drop frame : Voir ***Compensation d'images***.

Dure (Lumière) : Source de lumière unique, violente, qui produit des ombres très nettes.

Durée : Longueur d'un clip vidéo ou d'une animation.

DV : *Digital Video*, vidéo numérique. Format de stockage de données audiovisuelles sous forme numérique. Ce format se caractérise par l'absence de bruit et de perte de données, qui sont les deux inconvénients des formats analogiques comme le VHS et le S-VHS.

DVD : *Digital Versatile Disc*, disque numérique polyvalent. Semblable en apparence à un CD audio ou à un CD-R, le DVD contient jusqu'à 17 Go de données, bien que la norme actuelle le limite à 4,7 Go en simple couche. Il remplace peu à peu les bandes VHS de la vidéo domestique.

DVD-HD : Format de DVD haute définition concurrent du Blu-ray de Sony.

Éclairage d'ambiance : Voir ***Lumière principale***.

EIDE : *Enhanced IDE*, IDE amélioré. Version plus rapide de l'interface de disque dur IDE. Voir ***IDE*** et ***Ultra ATA***.

Entrelacé : Alternance des données audio et visuelles à l'intérieur d'un fichier (AVI par exemple). Cette disposition est régie par le codec chargé de compresser les données.

Exportation : Transfert d'un fichier informatique d'un logiciel à un autre.

Extension : Partie du nom d'un fichier située à droite du séparateur (le point). L'extension d'un fichier indique son type. Les extensions qui suivent sont couramment utilisées en infographie et en vidéo numérique :

- **.ai :** Dessin vectoriel créé dans Adobe Illustrator. Ces fichiers peuvent être utilisés par Premiere pour placer des dessins par-dessus une vidéo.
- **.aiff :** Fichier audio, principalement utilisé dans l'environnement Macintosh.
- **.avi :** Fichier audiovisuel propre à l'environnement Windows, produit par de nombreux logiciels de créations graphiques (Premiere, logiciels d'animation comme Maya, 3D Studio MAX, etc.). L'extension .avi est reconnue par Vidéo pour Windows, le module multimédia de Windows.
- **.bmp :** Fichier graphique conçu pour Windows et OS/2. Selon les versions, il contient 256 ou 16,7 millions de couleurs.
- **.gif :** Format de fichier créé par Unisys pour CompuServe. Très utilisé sur le Web en raison de sa compacité, il ne gère que 256 couleurs, dont une peut être définie comme couleur de transparence.
- **.mov :** Fichier audiovisuel au format QuickTime. Propre au monde Macintosh il est néanmoins aussi utilisé sous Windows à condition que QuickTime ait été installé. Dans ce cas, Premiere reconnaît ce type de fichier et peut les importer.
- **.psd :** Fichier graphique à multiples calques et sélections créé avec Adobe Photoshop.
- **.rm :** Fichier RealPlayer produit par l'encodeur RealProducer de RealNetworks ou Helix Producer le successeur de RealProducer. Les fichiers .rm sont généralement des fichiers .avi, .mov ou .wav créés dans un logiciel comme Adobe Premiere puis transcodés afin d'être téléchargeables directement depuis l'Internet. Premiere 6.5 peut créer directement des fichiers RealMedia.
- **.tif :** Format de fichier produit par les scanners, les appareils photo numériques et d'autres périphériques et logiciels. Il contient jusqu'à 16,7 millions de couleurs

auxquelles peut s'ajouter une couche supplémentaire monochrome codée sur 8 bits, utilisée pour produire jusqu'à 256 niveaux de transparences.

- **.wav** : Fichier audio propre à l'environnement Windows.
- **.wma** : Fichier Windows Media Audio. Concurrent direct du MP3, il génère des fichiers audio très compressés avec une perte de qualité très faible. Force est de constater qu'à niveau de compression équivalent, les fichiers WMA sont de meilleure qualité que les fichiers MP3. Revers de la médaille : le .wma reste marginal par rapport au MP3.
- **.wmv** : Fichier Windows Media Video. Les vidéos enregistrées dans Movie Maker le sont à ce format.

FireWire : Marque déposée par Apple. Nom généralement donné au standard de connexion IEEE-1394. Les caméscopes numériques communiquent avec l'ordinateur au travers d'un port FireWire. Voir ***IEEE-1394***.

Foyer : Point vers lequel converge la lumière concentrée par une ou plusieurs lentilles. Le foyer est généralement situé à mi-chemin entre le centre optique et le plan focal.

Fréquence d'images : Nombre d'images affichées chaque seconde. Appelé aussi "taux d'image".

Génération : Nombre de fois qu'un clip est copié, recopié ou traité. La vidéo analogique se détériore de manière exponentielle de génération en génération.

Hi-8 : Format vidéo utilisant les cassettes 8mm. La qualité du Hi-8 est équivalente à celle du format S-VHS.

Homothétie : Proportions identiques. Des images aux résolutions de 210 x 160 pixels et de 420 x 320 pixels sont homothétiques car leur rapport largeur/hauteur est le même. Voir ***Rapport largeur/hauteur***.

IDE : *Integrated Drive Electronics*. Interface de disque dur très répandue, utilisée par de nombreux PC. Voir ***EIDE*** et ***Ultra ATA***.

IEEE : *Institute for Electrical and Electronics Engineers*, Institut des ingénieurs en électricité et électronique. Organisme américain chargé de définir les standards des dispositifs et périphériques électriques et électroniques.

IEEE-1394 : Interface numérique à faible coût développé par Apple pour les ordinateurs, les caméscopes et les enregistreurs. Des adaptateurs IEEE-1394 peuvent être utilisés pour connecter des disques durs externes, des imprimantes et autres périphériques. Voir ***FireWire***.

Image : En vidéo, image complète généralement formée par les deux trames. Voir ***Trame***.

Image clé : Image sélectionnée sur la ligne de temps, qui correspond au temps fort d'un effet (début, fin...), et qui permet de paramétrer son action dans le temps. Indispensable aux effets spéciaux vidéo et audio.

Image fixe : Même image répétée un certain nombre de fois sur une certaine durée. Dans Premiere, par exemple, une image fixe s'étend sur trente images, c'est-à-dire pendant une seconde. Cette durée est paramétrable.

Incrustation par chrominance : Recouvrement d'un signal vidéo par un autre. Les zones d'une couleur spécifique appelée "couleur d'incrustation", généralement du bleu ou du vert, deviennent transparentes à l'écran. À la télévision, les cartes météorologiques sont incrustées par chrominance (le présentateur est filmé sur un fond coloré et vérifie ses gestes sur un écran de contrôle).

JPEG : *Joint Photographic Expert Group*, Groupe commun d'experts en photographie. Organisme notamment chargé de définir les standards de la compression d'image.

Kelvin : Unité de mesure de la température (K) basée sur un corps noir à -273,15 °C. Le kelvin d'une lumière indique la température de couleur de son rayonnement. Voir ***Température de couleur***.

LCD : *Liquid Crystal Display*, afficheur à cristaux liquides. Équipe surtout les montres-bracelets, mais aussi certains instruments de mesure et afficheurs de caméscopes, appareils photo, etc.

Ligne de temps : Dans un logiciel d'animation ou un montage virtuel, règle graduée en code temporel. Les clips vidéo et audio sont placés dans les pistes qui se trouvent sous cette ligne.

Log : Journal de bord dans lequel sont consignés les codes temporels indiquant le début et la fin de chaque prise, pendant le tournage.

Longueur focale : Distance entre le centre optique de l'objectif et le foyer.

Lumière principale : Principale source lumineuse éclairant une scène. Elle fixe la direction des ombres.

Luminance : Partie d'un signal vidéo transportant l'information de brillance.

Mémoire vive : Mémoire située sur la carte mère de l'ordinateur. Elle contient les données en cours de traitement. Ces données sont volatiles et disparaissent dès que le courant est coupé (d'où la nécessité d'enregistrer les fichiers sur le disque dur). La mémoire vive d'un ordinateur se mesure en mégaoctets.

MIDI : *Musical Instrument Digital Interface*, interface numérique pour les instruments de musique. Standard de transmission de données audio entre l'ordinateur et des périphériques électroniques, comme les claviers musicaux et les synthétiseurs.

MiniDV : *Mini Digital Video*. Format DV miniaturisé, élaboré par un consortium de fabricants dont Canon, JVC, Panasonic et Sony. Les cassettes MiniDV sont compatibles avec certains matériels professionnels, comme les DVCAM de Sony.

Mise en place : Pendant un tournage, placement des acteurs dans la scène, juste avant que l'action commence.

Module : Logiciel venant se greffer à un autre logiciel afin de lui apporter des fonctions supplémentaires. Photoshop et Illustrator peuvent recevoir de nombreux modules. On les appelle aussi des *Plug-ins*.

Moirage : Interférence visuelle produite par la superposition de deux motifs géométriques réguliers.

Moniteur : Écran dépourvu de tuner, conçu pour afficher des données informatiques ou, dans le cas de la vidéo numérique, pour recevoir un signal vidéo composant et/ou composite directement depuis un magnétoscope ou un caméscope.

Montage : Vidéo finalisée, après que les diverses séquences ont été mises bout à bout dans un ordre défini. Synonyme : postproduction.

Montage linéaire : Transfert direct et séquentiel d'un enregistreur source vers une autre bande. Les séquences se succèdent dans l'ordre où elles sont transférées.

Montage non linéaire : Montage vidéo effectué sur un ordinateur. Comme l'indique son nom, le montage non linéaire permet de couper, déplacer, ajouter ou modifier librement des séquences vidéo, sans aucune contrainte. Synonyme : montage virtuel.

MPEG : *Motion Picture Expert Group*, Groupe d'experts pour l'imagerie animée. Organisme chargé de définir les standards de compression des images animées. Type de compression qui réduit la taille et la nécessité de bande passante d'un signal vidéo.

Multimédia : Utilisation de texte, de son et d'animations au sein d'un même média. Une présentation multimédia est généralement faite par un ordinateur.

Non-compensation d'images : Affichage de la vidéo effectué à 30 images par seconde. Lue avec un matériel à la norme NTSC, cette vidéo accusera une avance de 8 images par heure de diffusion. Voir ***Compensation d'image***.

NTSC : *National Television Standards Committee.* Organisme chargé de gérer la norme de télévision du même nom. Basée sur un balayage de 525 lignes et environ 60 trames par seconde, la norme NTSC est en vigueur en Amérique du Nord et dans plusieurs autres pays du monde, dont le Japon.

Numérisation : Conversion d'un signal analogique, comme le signal sinusoïdal du signal vidéo VHS, en signal codé en binaire.

Objectif normal : Objectif censé respecter la perception des perspectives par l'œil humain. Sa focale se situe entre le grand angulaire et la longue focale (téléobjectif).

Octet : Groupe de 8 bits, soit huit 0 et/ou 1. Exemple : 10100110 (en base décimale, la valeur de cet octet est 166).

Ouverture : Contrôle de la quantité de la lumière transmise vers le plan focal. L'ouverture est le quotient du diamètre utile de l'objectif et de la distance focale (entre le centre optique et le foyer). L'ouverture est commandée par la bague de réglage du diaphragme. Plus la valeur du diaphragme est élevée (par exemple, 2.0, 4.0, 5.6, etc.), plus l'ouverture, et par conséquent la quantité de lumière traversant l'objectif, est réduite. Voir ***Crans de diaphragme***, ***Diaphragme*** et ***Foyer***.

Ouverture maximale : Le plus grand diamètre utile d'un objectif.

PAL : *Phase Alternating Line*, ligne à alternance de phase. Amélioration du standard NTSC, le système PAL est la norme utilisée en Europe, à l'exception de la France, de la Grèce et de l'Albanie. Il est basé sur un balayage de 625 lignes à 50 champs par seconde (25 images par seconde ou encore 25 trames par seconde). Il faut 50 champs vidéo pour créer une trame.

Panoramique : Rotation de la caméra sur son axe.

PCI : *Peripheral Component Interconnect*, interconnexion de composants périphériques. Bus local de transport de données sur 32 bits. Un bus PCI est capable de transférer 132 mégabits par seconde à une fréquence d'horloge de 33 MHz.

Photoscope : Appareil photo numérique.

Photosite : Cellule d'un capteur CCD. Un capteur peut en compter plusieurs millions. Chaque photosite réagit à la lumière qu'il reçoit en transformant l'énergie photonique en charge électrique qui est ensuite mesurée puis convertie en valeur numérique.

Pinnacle Studio : Solutions vidéo complètes grand public de très haute tenue.

Piste d'asservissement : Équipement de montage vidéo qui lit l'information de la piste d'asservissement des deux magnétoscopes source afin de synchroniser le montage entre les deux platines source. L'édition d'une piste d'asservissement n'est pas aussi précise que le montage basé sur le code temporel.

Pixel : Contraction de *picture element*, élément d'image. C'est le plus petit élément d'une image colorée sur un moniteur informatique. Il est lui-même formé de trois luminophores rouge, vert et bleu chargés de restituer la couleur selon le dosage des trois composants RVB et la luminosité selon le voltage appliqué aux luminophores.

Plan : Séquence filmée en une seule fois, sans arrêter la caméra.

Plan de réaction : Synonyme de contrechamp.

Plan focal : En optique, plan sur lequel l'image projetée est d'une netteté parfaite.

Plug-in : Voir ***Module***.

Point d'entrée : Première image d'un point de montage dans une séquence à couper. Les images supprimées sont contenues entre le point d'entrée et le point de sortie. Cette suppression n'est que virtuelle, c'est-à-dire que les images ne sont pas effacées du disque dur mais uniquement du montage.

Point de sortie : Dernière image d'un point de montage dans une séquence à couper. Les images supprimées sont contenues entre le point d'entrée et le point de sortie. Cette suppression n'est que virtuelle, c'est-à-dire que les images ne sont pas effacées du disque dur mais uniquement du montage.

Précision d'image : Capacité d'un matériel vidéo ou de montage à démarrer et/ou à s'arrêter à une image précise, ou à trouver une image donnée. La précision d'image est obtenue par le code temporel. Voir ***Piste d'asservissement***.

Prémontage : Ajout à la fin d'une bande déjà enregistrée. Le prémontage au milieu d'un programme existant produit un décalage indésirable entraînant un changement brutal de la synchronisation du signal vidéo.

Prises : Diverses variantes d'un plan. Le metteur en scène peut demander autant de prises qu'il le juge nécessaire avant de décider que le plan est bon.

Profondeur de champ : Zone de tolérance de netteté de part et d'autre du plan de mise au point de l'objectif. Elle varie selon la longueur focale de l'objectif, la distance et le diaphragme. Voir ***Plan focal***.

Profondeur de couleurs : Nombre de bits utilisés pour coder la couleur des pixels. Voir ***Bit***.

RAM : *Random Access Memory*, mémoire à accès aléatoire. Voir ***Mémoire vive***.

Rapport largeur/hauteur : Proportions d'une image. Celui d'un écran de télévision ou d'un moniteur informatique est de 4:3, celui de la norme HDTV (dite 16/9e) est de 16:9 (en anglais, il est aussi appelé *widescreen*).

Rapport signal/bruit : Il quantifie l'amplitude du signal par rapport au bruit parasite. Le rapport signal/bruit est exprimé en décibels (dB).

RCA : Prise largement utilisée en hi-fi et en vidéo grand public. La quasi-totalité des caméscopes est équipée de trois connecteurs RCA, un pour la vidéo, deux pour le son, ce qui permet de les brancher à un magnétoscope analogique.

Repiquage : Duplication du son ou de l'image.

Résolution : Taille d'une image exprimée en pixels (largeur x hauteur ou, ce qui est fréquent en vidéo, en nombre total de pixels).

Scénarimage : Synonyme de ***Storyboard***.

Scène : Enregistrement vidéo contenant une action entière, du début à la fin.

Script : En informatique, fichier contenant une liste de commandes que l'ordinateur exécutera. En vidéo ou cinéma, document papier consignant toutes les observations de la scripte (identification des plans, position de la caméra, position des acteurs, éléments du décor, erreurs éventuelles, plans à conserver sur ordre du réalisateur, et tout ce qui permet d'assurer la continuité).

SECAM : Séquentiel à mémoire. Norme de télévision inventée en 1956 par l'ingénieur Henri de France. Elle est en vigueur en France, en Russie et dans plusieurs autres pays d'Afrique et du Moyen-Orient. Le procédé SECAM affiche une image en 819 lignes à 50 trames par seconde (25 images par seconde).

Son ambiant : Fond sonore capté par le microphone, comme par exemple le bruit de la climatisation d'un bureau ou celui de la circulation routière.

Storyboard : Sorte de bande dessinée du film. Il montre les temps forts de l'action, séquence par séquence.

SVCD : Format vidéo MPEG-II enregistré sur CD-R et pouvant être lu sur un lecteur DVD de salon compatible. Ne peut contenir que 20 minutes de vidéo dans une qualité légèrement inférieure à celle du DVD.

Taux de transfert : Quantité de données informatiques transférées à chaque seconde.

Taux d'images : Voir ***Fréquence d'images***.

Température de couleur : Mesure colorimétrique basée sur le rayonnement d'un corps noir au zéro absolu. Elle est exprimée en kelvins (0 K est égal à -273,15 °C). Voir ***Kelvin***.

Tête de lecture : Dans un logiciel de montage virtuel, repère indiquant l'image actuellement affichée à l'écran.

Timecode : Voir ***Code temporel***.

Trame : Une image vidéo est généralement constituée de deux demi-images qui contiennent chacune une ligne sur deux de l'image originale. Ces demi-images entrelacées, faites de lignes paires ou impaires, sont des champs. Il faut deux champs pour constituer une trame. Tous les systèmes de télévision (NTSC, PAL et SECAM) affichent les images par trames afin d'éviter le scintillement.

Travelling : Déplacement de la caméra en avant ou en arrière. Dans un travelling latéral, la caméra avance ou recule en étant tournée de côté.

Ultra ATA : *Ultra AT Attachement*. Interface de disque dur utilisée avec des lecteurs EIDE, permettant des transferts de données jusqu'à un taux de 3,3 Mo par seconde. Voir ***EIDE*** et ***IDE***.

USB : Interface de transfert de données présent sur les ordinateurs PC et Mac. Certains caméscopes transfèrent leur vidéo compressée via un câble USB 2.0.

VCD : Format vidéo MPEG enregistré sur CD-R et pouvant être lu sur un lecteur DVD de salon compatible. Contient 70 minutes de vidéo dans une qualité équivalente au VHS.

VGA : *Video Graphics Adapter*. Standard d'affichage des PC. Sa résolution est de 640 x 480 pixels. Il est largement dépassé par les nouveaux standards d'affichage.

VHS : *Video Home Systeme*, vidéo domestique. Utilisé pour enregistrer et jouer la vidéo avec un magnétoscope, le système VHS est basé sur un signal composite analogique transportant l'information de couleur et de brillance.

Vidéaste : Personne qui filme avec un caméscope.

Vidéo analogique : Signal vidéo représenté par une onde sinusoïde. Voir ***DV***.

Vidéo numérique : Voir ***DV***.

Vitesse d'obturation : Durée de l'exposition de la surface sensible (le capteur CCD en l'occurrence) à la lumière. Une vitesse d'obturation élevée évite le flou de mouvement des sujets rapides. Judicieusement réglée, elle sert aussi à éliminer le scintillement d'un écran, lorsqu'il est filmé.

XLR : Connecteur à trois brins équipant le matériel audio haut de gamme, utilisé pour les signaux compensés. Voir ***Câble compensé***.

Y/C : Signal formé de deux composants : un signal Y pour la brillance et C pour la couleur. Le format S-VHS utilise un signal Y/C.

Zone de sécurité : Cadre affichable dans le viseur des caméscopes haut de gamme ou dans les logiciels graphiques, qui délimite la zone utile de l'image. La partie hors de la zone de sécurité risque d'être recouverte par l'ébénisterie des téléviseurs au moment de la diffusion. Un titrage ou un générique doit par exemple toujours se trouver à l'intérieur de la zone de sécurité.

Index

D

E

F

G

H

N

O

P

Q

R

S

T

V

W

Z

Achevé d'imprimer par Corlet, Imprimeur, S.A. - 14110 Condé-sur-Noireau
N° d'Imprimeur : 113615 - Dépôt légal : juillet 2008 - *Imprimé en France*